Edition Argo
Weisheit im
Abendland

Erleuchtung Texte aus Nag Hammadi

Marsanes
Über die Achtheit und Neunheit
Allogenes
Zostrianos
Das Ägypterevangelium
Das Zeugnis der Wahrheit
Die Auslegung der Erkenntnis
Asklepios
Die Sprüche des Sextus

Vollständige Texte
neu formuliert und kommentiert von
Konrad Dietzfelbinger

Edition Argo
Weisheit im Abendland

Dingfelder Verlag

Die koptischen, auf nicht erhaltenen griechischen Originalen beruhenden Handschriften der hier herausgegebenen Texte sind zum Teil zerstört. Außerdem scheinen gelegentlich Fehler bei der Übersetzung vom Griechischen ins Koptische unterlaufen zu sein. Hinzu kommt, daß manchmal auch der erhaltene koptische Text verschiedene Übersetzungsversionen zuläßt.

Die hier vorgelegten Formulierungen beruhen auf einem Vergleich einiger englischer und deutscher Übersetzungen. Vermutungen, die verderbten Textstellen und Textlücken betreffend, wurden teils aus diesen Übersetzungen entnommen, teils durch andere ersetzt, die mir dem Zusammenhang besser zu entsprechen scheinen. Auch erschien es mir besser, überhaupt eine Vermutung anzustellen, sei sie auch zweifelhaft, als gar keine. Nur so ist ein Fortschritt in der Diskussion möglich. Das gilt auch für die Deutung mancher dunklen Textstelle.

Zusätze des Herausgebers, die den Sinn verdeutlichen, sind in runde Klammern ( ) gesetzt. Vermutungen bei Textlücken, verderbten Stellen oder möglichen Doppeldeutigkeiten bzw. Fehlern des koptischen Textes gegenüber dem griechischen Original stehen in eckigen Klammern [ ]. [...] bedeutet, daß längere oder kürzere Stellen fehlen oder bis zur Unverständlichkeit verstümmelt sind.

Dem Leser, der sich über die möglichen Versionen und bisherigen Vermutungen an den entsprechenden Stellen orientieren möchte, stehen die auf Seite 329f. genannten Übersetzungen zur Verfügung, die auch Grundlage des hier vorgelegten Textes sind.

ISBN 3-926253-22-3 Ebr
ISBN 3-926253-23-1 Ln
© 1994 by Dingfelder Verlag, Andechs,
Inh.: Gerd Erich Gmelin
Alle Rechte, auch die des auszugsweisen Nachdrucks, der fotomechanischen Wiedergabe und der Übersetzung vorbehalten.
Satz: Dingfelder Verlag, Andechs
Druck und Bindung: Josef C. Huber, Dießen am Ammersee
Printed in Germany

INHALT

Einleitung	7
Zu „Marsanes"	21
Marsanes	33
Zu „Über die Achtheit und Neunheit"	43
Über die Achtheit und Neunheit	57
Zu „Allogenes"	71
Allogenes	91
Zu „Zostrianos"	111
Zostrianos	133
Zum „Ägypterevangelium"	169
Das Ägypterevangelium	187
Zum „Zeugnis der Wahrheit"	209
Das Zeugnis der Wahrheit	229
Zur „Auslegung der Erkenntnis"	247
Die Auslegung der Erkenntnis	255
Zu „Asklepios"	267
Asklepios	289
Zu den „Sprüchen des Sextus"	297
Die Sprüche des Sextus	299
Anhang: Zu den Texten	329

Einleitung

Angesichts der unzähligen drängenden Probleme der Gegenwart könnte man sich fragen: Hat es überhaupt einen Sinn, sich mit den alten Schriften aus Nag Hammadi zu beschäftigen? Können diese vor etwa 1800 Jahren verfaßten Texte dem heutigen Menschen irgend etwas vermitteln, das ihm zu seiner Lebensbewältigung dienlich ist?

Gewiß, diese Texte könnten auch einfach nur einen Unterhaltungswert haben oder das Interesse des Religionshistorikers hervorrufen. Der Religionshistoriker möchte alles, was je geglaubt und gedacht wurde, kennen und miteinander vergleichen. Er versucht, irgendwelche Abhängigkeiten zwischen den geistigen Strömungen aufzufinden: Geht die Gnosis, der diese Texte zuzuordnen sind, auf andere Religionen oder Philosophien zurück? Ist das eine gnostische System vom anderen abgeleitet? Wer sind die Verfasser der Schriften? In welcher Zeit sind sie geschrieben, bei welchen Gelegenheiten verwendet worden? Man setzt dann Meinung gegen Meinung, Theorie gegen Theorie, und wenn wirklich einmal ein Sachverhalt einwandfrei geklärt ist, ist man beruhigt.

Aber wäre man dadurch diesen Texten gerecht geworden? Das Wichtigste hätte man dabei doch vergessen: die Auseinandersetzung mit dem Inhalt. Nicht die distanzierte Auseinandersetzung, die Inhalt mit Inhalt vergleicht und die Gegebenheiten nur beschreibt, sondern die Frage, ob diese Texte wahr sind und ob sie deshalb Maßstäbe für unser Sein und Handeln heute abgeben können. Das ist der Grund, weshalb nun auch der vierte

Band mit Nag-Hammadi-Texten, der letzte Band, erscheint. Denn die Texte müßten jeden Menschen, der nach der Wahrheit – nach der Erfahrung der Wahrheit – sucht, interessieren. Sie sind Ausdruck von Erfahrungen, die nicht etwa nur einer bestimmten historischen soziologischen und psychologischen Situation entspringen, sondern die existentielle Lage des Menschen schlechthin beschreiben und Antworten auf immer aktuelle grundlegende Lebensfragen geben – natürlich in einem zeitbedingten Stil. Sie erklären dem Menschen, damals wie heute, warum er in der Welt ist, woher er in diese Welt geraten ist und wie er aus dieser Welt wieder hinausfindet in eine Daseinsmöglichkeit, die die gegenwärtige Welt gleichzeitig übersteigt und umfaßt. Sie zeigen dem Menschen diese Daseinsmöglichkeit, erklären ihm, daß und wie sie seiner innersten Anlage und Bestimmung entspricht und beschreiben ihm auch den Weg zur Verwirklichung. Sie verheißen ihm, daß er, verwirklicht er sie, im Einklang mit seinem innersten Wesen handelt, frei von der Spaltung, die jetzt zwischen der Praxis seines Lebens und der Ahnung herrscht, er verfehle durch diese Praxis den eigentlichen Lebenssinn.

Es handelt sich bei diesen Texten also nicht um besonders raffinierte philosophische Systeme, vom erfinderischen Menschengeist erdacht, um Entlastung in einer unerträglichen Situation der Orientierungslosigkeit zu geben, sondern um einen Vorgang, bei dem der Mensch gerade darauf verzichtet, zu spekulieren und zu kompensieren. Er verzichtet darauf, seine Sehnsucht nach Sicherheit und Wahrheit durch vorschnelle Theorien und psychische Techniken abzureagieren. Er hält die Situation des Fragens und der Fragwürdigkeit der Welt aus und schaltet weder den Verstand, noch das Gefühl, noch den Willen ein, um Antworten zu „produzieren".

Die Verfasser der Nag-Hammadi-Texte waren Menschen, die *warten konnten*, was ihnen in der Situation der Fragwürdigkeit der erscheinenden Welt die Wirklichkeit der Welt und des eigenen Wesens sagen würde. Dadurch daß sie bewußt auf die Produktion von Antworten verzichteten und sich in einen Zustand höchster Wachheit und Aufmerksamkeit der Wirklichkeit gegenüber begaben, ließen sie Quellen der Einsicht und Erkenntnis zu, die dem Menschen selbst durch angestrengte Aktivität des Verstandes, der Emotion und des Wollens verschlossen sind. Es wurden in ihnen Kräfte der Wahrnehmung und Erkenntnis wirksam, die bisher unbewußt gewesen waren, jetzt aber ins fragende Bewußtsein einströmten. Man könnte sagen: Das innerste Wesen des Menschen fragt, wenn der Verstand, das Gefühl und der Wille aufhören, zu fragen. Der Mensch befindet sich dann mit seinem ganzen Wesen im Fragezustand. Und wer diesen Zustand lange genug aufrechterhält und wirken läßt und die damit verbundene Wahrheit nicht durch voreilige oder von außen übernommene Antworten zerstört, lockt selbst die richtige Antwort hervor, und zwar aus Schichten der Wirklichkeit, die dem innersten Wesen des Menschen entsprechen. Es ist dasselbe, was, auf einer anderen Ebene, zum Beispiel ein Erfinder tut, der, ganz Frage geworden, sich wartend vor ein Problem stellt, dessen Struktur er vorher natürlich bis in alle Einzelheiten bewußt erkundet haben muß. Angestrengtes Grübeln wird ihm den Einfall nicht bringen. Es ist die fragende Verbindung mit dem Problem und seiner Struktur, die im Fragenden schließlich die Lösung bewußt werden läßt. Wer mit seinem ganzen Wesen nach dem Sinn des Lebens und dieses Wesens fragt und wach auf die Antwort wartet, wird eine Antwort ganz eigener Art erhalten.

Es ist sicher auch deutlich, daß eine solche Haltung des Fragens eine vollkommene innere Selbständigkeit erfordert. Jede Übernahme einer fremden Antwort stört diesen Prozeß der Erfahrung der Antwort. Der Zustand des Fragens bedeutet die Mobilisierung aller inneren Kräfte und das Vertrauen darauf, daß der Fragende auch würdig ist, eine Antwort zu erhalten, und überdies fähig ist, eine Antwort, wenn sie kommt, aufzunehmen und auch zu ertragen. Und trotzdem wird auch der so Fragende erfahren, daß seine eigenen Kräfte nur eine notwendige, aber noch keine hinreichende Voraussetzung dafür sind, daß eine Antwort kommt. Es ist immer erforderlich, daß er sich in einer Umgebung befindet und bewegt, aus der ihm Kräfte zufließen, die seine eigenen Kräfte anregen und unterstützen.

Die in diesem Band gesammelten Texte sind geeignet, einen Einblick besonders in diese Frage- und Antwortvorgänge zu geben. Sie beschreiben einen Fragezustand des Wesens und Bewußtseins des Menschen und die Art, wie dann aus Schichten der Wirklichkeit, die dem innersten Wesen des Menschen entsprechen, Antworten kommen. Sie beschreiben den Ausgangspunkt: den Fragezustand selbst, die Vorkehrungen, die der Mensch treffen muß, um keine vorschnellen Antworten durch Verstand, Gefühl und Willen zu geben und um den Fragezustand rein zu erhalten, damit sich weder von außen noch von innen Frage und Antwort verzerrende Faktoren einschleichen. Sie beschreiben die besondere Selbständigkeit, die der Fragende besitzen muß, aber auch seine Verbindung mit helfenden Kräften. Sie beschreiben den Zustand, in dem er sich befindet oder in den er gerät, wenn die Antworten auftauchen. Und sie beschreiben schließlich auch, weniger ausführlich, die Antworten selbst.

Die ersten drei Bände der Edition Argo mit Texten aus Nag Hammadi stellten im wesentlichen die Antworten dar, die der auf die eben beschriebene Weise zur Frage gewordene Mensch erhält. Der erste Band schilderte schwerpunktmäßig die neue Daseinsmöglichkeit, die sich aus den neuen Erfahrungen des Menschen, aus der Antwort auf die Frage nach dem Sinn der Existenz, ergibt. Der zweite Band gab ein Bild der Erfahrungen, die der Mensch über seine Herkunft aus der Welt des Geistes und seine „Verbannung" in die Welt der Erscheinungen machen kann. Der dritte Band machte mit dem Weg vertraut, auf dem der Mensch aus der Welt der Erscheinungen in die Welt des Geistes zurückgelangt, und über die Hilfe, die er dabei aus der Welt des Geistes empfängt.

Die Texte des vierten Bandes stellen vor allem die psychische und geistige Verfassung des Menschen dar, die die Grundlage für den Empfang von Antworten aus der geistigen Welt ist. Damit geben sie dem Leser Mittel an die Hand, selbst zu prüfen, ob es sich bei solchen Zuständen um Verwirrungen des Verstandes, Exaltationen und Defekte des Wahrnehmungsapparates handelt oder um Zustände klarer Bewußtheit, die den nüchternen Verstand – sofern er sich nicht vorlaut einmengt – und die Wahrnehmung der gewöhnlichen Realität nicht nur nicht ausschalten, sondern auf neue Weise einbeziehen. Hat sich ein Mensch erst einmal davon überzeugt – und eine Möglichkeit dazu bieten diese Texte –, daß die hier geschilderten seelischen und geistigen Zustände nicht Störungen der gewöhnlichen Instrumente der Wahrnehmung und Erfahrung, sondern neue Instrumente sind, die noch zuverlässiger und vertrauenswürdiger als die alten arbeiten, so wird er auch die so gemachten neuen Wahrnehmungen und Erfahrungen ernst nehmen. Er wird die in den ersten drei Bänden geschilderten Erfahrungen über Zukunft, Herkunft und Weg des Menschen leichter akzeptieren können, da er dann weiß, wie sie zustandegekommen sind.

Ein wesentliches Merkmal dieser Zustände und Erfahrungen ist, daß der Mensch dabei von Stufe zu Stufe geht, in immer neue Zustände, die ihm immer neue Schichten des Daseins erschließen. Man kann das so ausdrücken, daß der Mensch immer höher hinaufsteigt – denn die nächste Stufe umgreift und leitet jeweils die vorhergehende. In dieser Weise verfahren die hier gesammelten Texte gewöhnlich. Man kann es aber ebensogut auch so ausdrücken, daß der Mensch immer mehr in die Tiefe geht: Aus seiner eigenen inneren Tiefe schiebt sich eine Schicht nach der anderen ins Bewußtsein hinauf, wobei die tiefere jeweils die nächsthöhere umfaßt und ihr ihre Bedeutung gibt. Und noch anders könnte man sagen, daß der Weg von außen nach innen geht. Es ist, als wäre der Mensch eine Blume. Sein Innerstes ist der Sproß, der wächst und zunächst Blätter, dann Kelchblätter, dann Blütenblätter, dann Staubblätter und Fruchtknoten aus sich entläßt. So ist das Innerste des Menschen wie der Sproß einer Blume von vielen Hüllen umgeben, die sich wie konzentrische Kreise ausbreiten, die aber alle aus dem Innersten entstanden sind und somit zum Menschen gehören. In der Regel befindet sich das Bewußtsein des Menschen im äußersten Kreis, fest mit ihm verbunden: in der Welt der Erscheinungen, der Sinneswahrnehmungen. Auf dem Stufenweg, der zur Bewußtwerdung des innersten Wesens und der damit verbundenen geistigen Welt führt, tritt dem Menschen zunächst die zweite – von außen gesehen – Hülle ins Bewußtsein, vielleicht seine seelischen Eigenschaften. Eine neue Welt erschließt sich ihm, von der aus die äußerste Hülle, die Sinneswahrnehmungen, eine neue Bedeutung gewinnt und neu geordnet wird. Und so geht es weiter: die dritte Schicht – von außen gesehen – erschließt sich dem Bewußtsein des Menschen – etwa die Welt der Gedanken –, bis das Allerinnerste, der Sproß der Blume, in dem alles Leben und die ganze künftige Gestalt der Blume konzentriert sind, bewußt und wirksam wird. Damit hat der Mensch an der „Quelle des Alls", wie es die Verfasser der Schriften oft ausdrücken, Anteil, ja er ist Bestandteil dieser Quelle geworden und sprudelt in ihr und mit ihr. Von diesem Zentrum aus kann dann wieder nach außen gewirkt und alles nach dem in dieser Quelle angelegten Muster neu gestaltet werden.

Auf diesem Weg geht also der Mensch vom äußersten Kreis stufenweise nach innen, bis zum Zentrum, vom äußersten Blatt bis zum innersten Sproß. Um auf eine neue Stufe, in einen mehr nach innen gelegenen Kreis zu gelangen, muß er von den Gesetzen, die auf dem bisherigen Kreis galten, frei werden und sich den Gesetzen des neuen Kreises unterstellen. Dadurch setzt er aber die alten Gesetze nicht außer Kraft – er durchdringt sie jetzt nur mit den neuen. Auf jeder Stufe erlebt er die zu dieser

Stufe gehörigen Erscheinungen, Gesetze und Wesen und tritt mit ihnen in Kontakt.

Man hat den Gnostikern immer wieder vorgeworfen, sie begingen Weltflucht und zögen sich in die Innerlichkeit zurück. Betrachtet man jedoch diesen Weg nach innen und die für ihn geltenden Gesetze, so zeigt sich, daß dieser Vorwurf unberechtigt ist. Es ist zwar richtig: Der Weg besteht darin, daß sich der Mensch zunächst dem Einfluß entzieht, den zum Beispiel die Gesetze des äußersten Kreises auf ihn ausüben. Er tut das aber nur deshalb, weil er deutlich spürt, daß diese Gesetze seinem innersten Wesen nicht entsprechen, so daß es, wollte er sich *nur* auf diesem Kreis ausdrücken, unaufhörlich geknechtet wird und sich nicht entfalten kann. Werden nun aber auch die zur Mitte hin gelegenen Kreise bewußt und lebendig, ja sogar das innerste Zentrum selbst, dann erfährt der Mensch, daß er an allen Kreisen Anteil hat und daß jeder Kreis seine Berechtigung hat – nur daß jeweils das Äußere vom Inneren her organisiert sein muß. Er zieht sich dann also nicht von der äußeren Welt zurück, sondern entzieht ihr nur das, was nicht zu ihr gehört, nämlich sein Innerstes. Und wenn das Innerste, der Geist, in ihm lebendig geworden ist, wirkt er auf neue Weise in der äußeren Welt. Er überläßt sie gerade nicht sich selbst, weiß er doch, daß sie als seine äußerste Hülle auch zu ihm gehört. Aber er weiß auch, daß sie nur dann ihre Funktionen erfüllt, wenn sie sein Innerstes nicht mehr knechtet, sondern das Innerste sie umgekehrt durchdringt, verändert und ordnet.

So ist auch der gegen die Gnostiker erhobene Vorwurf, sie wollten sich selbst erlösen, angesichts dieser Texte nicht haltbar.

Selbsterlösung würde bedeuten, daß der Mensch durch die Bemühungen seines Verstandes, seines Gefühls und seines Willens Erkenntnisse oder Zustände anstrebt, die für ihn die Erlösung bedeuten. Aber damit strebt ja immer nur der allein auf Verstand, Gefühl und Willen setzende Mensch nach Erlösung. Der Weg der Verfasser dieser Texte besteht im Gegensatz dazu gerade darin, Verstand, Gefühl und Willen des Menschen, die immer nur vorschnelle Antworten geben, schweigen zu lassen, damit neue Schichten im Menschen, sein wahres Selbst, zum Vorschein kommen und die eigentlichen Antworten geben können. Darin besteht die Erlösung: in einer Bewußtwerdung und Freiwerdung des innersten Wesens des Menschen, das von den Gesetzen und Einflüssen der äußeren Kreise allmählich frei wird. Es wird aber erstens ein ganz anderer Mensch erlöst, als der, dessen Interessen auf der äußeren Ebene der Dinge liegen. Dieser interessengebundene Mensch wird auf diesem Weg überhaupt verschwinden. Und zweitens erlöst sich der innere Mensch, der von den äußeren Interessen gelöst, erlöst wird, um aus der Quelle des Alls zu leben und so seinem wahren Wesen zu folgen, nicht selbst. Stattdessen braucht er auf jeder Stufe des Weges die Kräfte der Wesen, die auf dieser Stufe leben, damit seine eigene Kraft angeregt und belebt wird. Insofern aber ist der Ausdruck Selbsterlösung richtig, als es sich bei diesem Weg um Vorgänge im eigenen Selbst des Menschen handelt, die er selbst erfahren und durchleben muß, und die er selbständig fragend in sich hervorlocken muß. Ein Glaube daran, daß ihn ein äußerer Erlöser durch bestimmte Taten erlöst hat, kann ihm hier nicht helfen und würde die

Erfahrung der Vorgänge im eigenen Wesen nur blockieren.

Die in diesem Band vereinigten Texte stammen aus unterschiedlichen gnostischen Traditionen und „Systemen". So wird zum Beispiel manchmal von 9 Stufen des Weges und entsprechend 9 Stufen der Wirklichkeit gesprochen, manchmal von 13. Ein Außenbeobachter würde sagen: Das kann doch nicht stimmen, entweder sind es 9 oder 13; man sieht also, daß es sich hier nur um Theorien, nicht um die Wahrheit handelt. Aber es ist ja möglich, daß zum Beispiel zwei Schichten, die einander verwandt sind, zusammengefaßt werden, oder daß der Weg nur bis zur 9. Stufe beschrieben wird, wo er zu einem vorläufigen Abschluß gelangt. Ein und dieselbe Erfahrung kann durch die verschiedensten Symbole ausgedrückt, ein und derselbe Weg auf unterschiedliche Arten eingeteilt werden. Deshalb bleibt es doch immer die eine Erfahrung und der eine Weg. Es wird daher die Aufgabe einer Interpretation dieser Texte sein, von der äußeren Symbolik aus zu den durch sie ausgedrückten Erfahrungen vorzudringen, und es wird sich herausstellen, daß es sich bei den Erfahrungen selbst immer um die selben Vorgänge handelt. Das ist ja auch ein weiterer Grund, warum es nicht ausreicht, nach irgendwelchen Abhängigkeiten des einen Systems vom anderen zu fragen: Hätte man auch solche Abhängigkeiten festgestellt, so wäre damit über die Erfahrungen, die von diesen Systemen ausgedrückt werden, doch nichts gesagt. Es kommt darauf an, sich die *Erfahrungen* selbst zu vergegenwärtigen. Und ebensowenig reicht es aus, nach der Herkunft des jeweiligen Systems zu fragen, nach Abhängigkeiten von irgendwelchen geistesgeschichtlichen Traditionen.

Die Erfahrungen der Verfasser unserer Texte sind Erfahrungen, die *immer* möglich sind. Ihre Quelle liegt nicht in der Geschichte, sondern im Menschen. Und wenn man auch einen historischen Ursprung für alle Systeme gefunden hätte, irgendwo in weiter Vergangenheit – dieser Ursprung selbst, woher käme er? Er muß doch einmal in *Menschen* aufgetreten und erfahren worden sein. Die Quelle der Wahrheit liegt immer im Menschen. Und was einmal im Menschen wachgeworden ist, kann zu allen Zeiten wieder in ihm wachwerden.

Marsanes

Zu „Marsanes"

Zwar ist die Schrift „Marsanes" nur sehr fragmentarisch erhalten. Doch sind die Bruchstücke geeignet, sozusagen den „Rahmen" erkennen zu lassen, innerhalb dessen die Erfahrungen gemacht werden, von denen die noch folgenden Texte sprechen. Sie beschreibt die Stufen der Wirklichkeit, die ein Mensch durchlaufen muß, bis er eins mit dem unendlichen Geist, dem „Schweigen", der Quelle des Alls, wird. Sie charakterisiert diese Stufen von einer bestimmten Höhe an jeweils durch ein Geistwesen, das den Kern der auf dieser Stufe gemachten Erfahrungen und der auf ihr geltenden Wirklichkeit verkörpert. Sie macht auch knappe Angaben über „Wirkungen", die vom Menschen auf der jeweiligen Stufe erfahren werden. Die Erleuchtung selbst und ihre Struktur, die von der achten Stufe ab erlebt wird, deutet sie nur an. Ausführlichere Darstellungen in dieser Hinsicht geben erst die folgenden Schriften.

Marsanes selbst ist ein Erleuchteter, der von Stufe zu Stufe geschritten ist und die entsprechenden Erfahrungen gemacht hat. Er spricht über diese Stufen zu einer Gruppe von Menschen, die „zur Erkenntnis" gelangt, das heißt in der Lage sind, begreifend zu verstehen, was er ihnen sagt. Selbst erleben können sie diese Erfahrungen noch nicht. Sie sind überdies „reinen Herzens". Denn nur ein von allen Leidenschaften und irdischen Interessen freies Herz ist aufnahmefähig für Mitteilungen eines Erleuchteten. Nur eine Vernunft, die sich auf ein reines Herz stützen kann und ebenfalls nicht von Leidenschaften und Interessen bestimmt ist, ist imstande, die Mitteilungen eines Erleuchteten zu verstehen. Wegen ihres reinen Herzens konnten die Hörer den Erleuchteten überhaupt finden und kann er zu ihnen sprechen. Er ist selbst frei geworden von allem Bösen, nämlich den Einflüssen der Leidenschaften und Interessen. Durch die Verbindung mit ihm empfangen sie seine Kraft und bleiben daher vor allem Bösen geschützt. Das Böse kann sie nicht „treffen".

Marsanes informiert seine Zuhörer über 13 „Siegel" und, am Ende des Textes, über 12 „Wirkungen", die jeweils auf 12 Siegel bezogen werden können. Die 13 Siegel beschreiben Stufen des Seins, der Wirklichkeit, an denen der Mensch Anteil hat oder haben kann, sei es bewußt, sei es unbewußt. Die Öffnung eines Siegels bedeutet, daß die jeweilige Stufe der Wirklichkeit, die dem Menschen vorher unbewußt war, ihm jetzt bewußt und in ihm bewußt wirksam wird. Statt Stufen des Seins könnte man auch „Hüllen" des Seins sagen, wobei die unterste Stufe der äußersten Hülle entspricht. Der Mensch lebt mit seinem Bewußtsein zunächst nur in der äußersten Peripherie, es kann sich ihm aber Spirale um Spirale, Hülle um Hülle zum Zentrum hin erschließen, bis das Innerste bewußt wird.

Marsanes erklärt, daß die ersten drei Siegel, also die drei äußeren Hüllen, das Kosmische und Materielle sind. Ihre „Wirkungen" – am Ende des Textes beschrieben – sind die der Einheit, Zweiheit und Dreiheit. Die äußerste Hülle, das erste Siegel, ist die ungestaltete, „chaotische" Materie, die „Einheit", die auch den Körper des Menschen aufbaut. Die zweite Hülle ist die in sich differenzierte, zu Gestalten ausgeformte Materie, die „Zweiheit". Die dritte ist die geordnete Materie, der „Kosmos". Auch der Körper des Menschen hat als geformte und in sich geordnete Materie an der zweiten und dritten Stufe teil. Lebt der Mensch mit seinem Bewußtsein ganz in diesen drei äußeren Hüllen, so ist er den Gesetzen des Körperlichen, Materiellen und Kosmischen unterworfen. Es sind ihm nur drei Siegel der Wirklichkeit geöffnet, und er erkennt nur die materielle Welt mit ihren Gesetzen. Sein Leben, seine Empfindungen und Gedanken werden von den Notwendigkeiten des Materiellen bestimmt. Möglicherweise ist ihm dabei auch bewußt, daß er Gedanken und Empfindungen hat, ja daß seine ganze Kultur und Gesellschaft aus den Gedanken und Empfindungen der Menschen leben. Dennoch kann er so weit gehen, zu behaupten, die Gesetze der materiellen Welt seien auch in der Welt des Lebendigen und Seelischen gültig, und kann er versuchen, sein Leben, seine Gesellschaft und Kultur nach den materiellen Gesetzen zu ordnen. Zieht man zur Verdeutlichung noch einmal die Blume heran, die als Bild für den Menschen steht, so würden diese drei Stufen der Wurzel, dem Stengel und den Pflanzenblättern entsprechen.

Das vierte bis sechste Siegel beziehen sich auf die Welt der Seele, die psychische Welt, vergleichbar den Kelchblättern, die den Blütenboden der Blume bilden. Wenn sich diese Siegel öffnen, das heißt die Funktionen der Seele dem Menschen bewußt werden, gewinnt er eine gewisse Unabhängigkeit vom Körperlich-Materiellen – vorausgesetzt, er erkennt die Eigenständigkeit des seelischen Bereiches an. Daher sind diese Siegel, wie Marsanes sagt, „droben", im Vergleich zu den „unteren" Schichten des Materiellen.

Über das vierte Siegel sagt er weiter nichts, doch bei den Wirkungen auf dieser Stufe spricht er vom „Empfang der Elemente". Das bedeutet, der Mensch, dem sich dieses Siegel öffnet, beginnt mit den den Kosmos und die Materie „beseelenden" Elementen Feuer, Wasser, Luft und Erde zusammenzuwirken. Es handelt sich dabei nicht um chemische Elemente, sondern um Energien, die die Materie durchdringen und ihre Aggregatzustände bestimmen. Der Mensch auf dieser Stufe trägt den Gesetzen des Lebendigen Rechnung und unterwirft sich nicht mehr nur den Gesetzen der Materie.

Das fünfte Siegel „bezieht sich auf die Reue derer, die in mir sind, und auf die, die an diesem Ort wohnen". Was ist diese Reue? Es ist die Erfahrung, die in allen gnostischen Schriften eine große, ja entscheidende Rolle spielt. Es kann nämlich im Leben eines Menschen der Zeitpunkt kommen, da er sich, auf der Basis des Lebendigen, das er in sich wirken läßt, fragt, ob denn sein Leben in der Materie und nach den Gesetzen der Materie der Sinn und das Ziel seines Daseins sein kann. Er fühlt sich zeitweise oder beständig mit Macht in eine andere Richtung gezogen, weg vom völligen Aufgehen in der materiellen Welt. Dieser mächtige Zug aus dem Inneren des Menschen ist die Reue. Er stammt aus seinem Zentrum, dem Geist, und die Menschen, „die in mir sind" – so spricht der Geist des Erleuchteten –, werden von diesem Zug erfaßt. Sobald dies geschieht, entsteht ein neues Verhältnis dieses Menschen zu Menschen in ähnlicher Situation. Die „Reue" verbindet alle, die „an diesem Ort wohnen", das heißt, die sich ebenfalls im Zustand der Reue befinden. Die Wirkung, die auf dieser Stufe auftritt, ist die der Eintracht: Einerseits wird der Mensch zum Geist, von dem er sich durch die Ausrichtung auf die Materie getrennt hatte, angezogen und mit ihm wiederverbunden. Andererseits stiftet dieser Zug des Geistes unter den von ihm erfaßten Menschen eine neue Gemeinsamkeit.

Sind einmal die Abwendung des Menschen von der Materie und die Zuwendung zum Geist erfolgt, stehen der Öffnung der weiteren Siegel keine unüberwindlichen Hindernisse mehr im Wege. Der Mensch, frei geworden von der Gefangenschaft in der Materie, orientiert sich nun nicht mehr am Äußeren, sondern findet allmählich die Maßstäbe für sein Leben in seinem Inneren. Daher bezieht sich das sechste Siegel auf die „Selbsterzeugten", die aus eigenem Urteil und eigener Kraft denken und handeln. Sie erzeugen ihr Leben und Sein kraft der in sie hineingelegten Vernunft selbst. Es ist eine Vernunft, die von innen her, vom Geist, erleuchtet ist. Sie erkennt aber die in der Geistwelt herrschenden Gesetze noch nicht unmittelbar – das ist dem Zustand des Menschen in höheren Stufen vorbehalten –, sondern in philosophische Begriffe und religiöse Symbole eingehüllt. In diesem Zustand der „Selbsterzeugten" befinden sich die Adressaten der Rede des Marsanes. Was er selbst in den Zuständen der noch folgenden höheren Stufen erfährt – die unmittelbare Schau der Gesetze und Kräfte der Geistwelt –, können sie mit der für geistige Wahrheiten geöffneten Vernunft entgegennehmen und als Philosophie begreifen, als Symbol verstehen. Es ist eigene, selbständige Einsicht in das Wesen des Menschen und der Welt, die ihr Leben von nun an bestimmt.

Das auf dieser Stufe des sechsten Siegels wirkende Wesen ist der „Selbsterzeugte", wie er später genannt wird. Er ist die Verkörperung der vom Geist erleuchteten Vernunft, der Vernunfterkenntnis. Die „Wirkung" auf dieser Stufe ist die „Vollkommenheit". Es ist der Zustand eines „unkörperlichen Seins", denn das Leben eines solchen Menschen wird von der Vernunft, nicht mehr von den Gesetzen der Materie, den Leidenschaften und den Bedürfnissen des Körpers geleitet. Dennoch ist dieser Mensch noch „unvollständig", da sich ihm die weiteren Siegel und die von ihnen verschlossenen Schichten der Wirklichkeit noch nicht geöffnet haben. Er wird daher noch weiter nach innen gehen und sich die siebte Hülle, von außen gesehen, zu erschließen suchen. Jetzt wird ihm die „Kraft" der Selbständigkeit bewußt, das Siegel, das die „selbsterzeugte Kraft" betrifft. Er wird den Kern in sich verspüren, der ihm eine selbständige Existenz, nach den Maßstäben der Vernunft, ermöglicht. Damit berührt ihn die Sphäre des Geistes – noch nicht unmittelbar, aber so, daß sich die Ordnung des Geistes in einem harmonischen Leben und Denken ausdrückt. Die Wirkung auf dieser Stufe des siebten Siegels ist denn auch die „Schönheit". Man könnte sagen, jetzt ist der seelische Blütenboden verlassen, und der Mensch erhält Anteil an der äußersten Hülle der Blüte selbst, die den Geist darstellt.

Von da aus ist der Schritt in die achte und neunte Sphäre möglich, in die weiter nach innen zu gelegenen Blütenblätterspiralen. Wer wie Marsanes diese beiden Siegel zu öffnen weiß, wird, auf der achten Stufe, vom „Geist, der männlich ist", erleuchtet. Es ist der schöpferische Geist, die Welt der kreativen Gedanken, der jetzt von der weiblich vorgestellten Seele empfangen wird. Das ist Erleuchtung im eigentlichen Sinn: unmittelbare Erfahrung des Lichtes des Geistes.

Diese Gedanken des Geistes, diese „Ideen", sind nicht

etwa bloße Abstraktionen des menschlichen Verstandes. Es sind keine Begriffe, sondern es sind die „Gedanken Gottes", die der Welt und allen ihren Wesen zugrundeliegenden, sie erfüllenden und ihre Entwicklung vorantreibenden schöpferischen Formeln. Die Gesetze, um mit Goethe zu sprechen, nach denen der Mensch und die Dinge angetreten sind. Sie machen sich auf der achten Stufe bewußt im Menschen geltend.

Und auf der neunten erscheint ihm das Innerste des Geistes, die Kraft, die die Gedanken Gottes bewegt, der Quell, aus dem sie hervorkommen – ähnlich wie ihm auf der siebten Stufe die Kraft der Vernunft als bewegendes Zentrum der Vernunft erschienen war.

Marsanes ist nun von den Stufen des „Selbsterzeugten" und seiner „Kraft" zur achten und neunten Stufe aufgestiegen. Hier sind ihm die „Gedanken Gottes", die allem Seienden und Erscheinenden zugrunde liegen, unmittelbar bewußt geworden. Er hat das Licht des Geistes, die Erleuchtung erfahren. Er erlebt es als schöpferische Formen und Kräfte, als Gedanken Gottes. Aber noch ist ihm sein Innerstes nicht bewußt geworden. Doch will es in ihm bewußt werden. Es drängt zur Bewußtwerdung. Deshalb „sucht" Marsanes fortwährend. Er sucht nach dem „Reich des dreifach Mächtigen". Er fragt nach seiner Wirksamkeit und seinem Wirkbereich. „Woher kam er und machte sich ans Werk, den ganzen Ort mit seiner Kraft zu füllen?" Marsanes wird ganz zur Frage. Sein innerstes Wesen sucht nach seiner eigenen Identität. Ins Reich des dreifach Mächtigen einzutreten, ist möglich, wenn der Mensch in einer neuen Transformation auch die Zustände der achten und neunten Stufe überschreitet und in eine geistige Verfassung, eine höhere Erleuchtung gelangt, die dem Reich des dreifach Mächtigen entspricht.

Wer ist dieser dreifach Mächtige? Es ist die Identität des ursprünglichen Geistes, das „Herz" des ursprünglichen Geistes. Die schöpferischen Gedankenformen und -kräfte, die Marsanes auf der achten und neunten Stufe erlebt hatte, sind nur sein Gewand. In den noch folgenden Schriften wird diese Identität des Geistes u.a. als „Christus" bezeichnet. Er repräsentiert drei miteinander verbundene Ebenen, weshalb er der dreifach Mächtige genannt wird: die Ebene der Identität des individuellen menschlichen Geistes, die Ebene der Identität des Menschheitsgeistes und die Ebene der Identität des Vatergeistes, des ursprünglichen, alles hervorbringenden Geistquells.

Diese dreifache Identität des Geistes befindet sich auch im Menschen, weshalb er sie bewußt erfahren kann. An einer späteren Stelle des Textes heißt es: „Euch ist der dritte Teil der Geistkraft dessen gegeben, der die drei Mächte besitzt." Das bezieht sich auf die Tatsache, daß der individuelle menschliche Geist mit der untersten Ebene des Christusgeistes identisch ist, der untersten Macht des dreifach Mächtigen. Aber durch dieses Drittel ist der individuelle Mensch auch mit den beiden höheren Mächten, dem Geist der Menschheit und dem Vatergeist, verbunden, so daß sie in ihm wirksam und bewußt werden können.

Das Reich des dreifach Mächtigen in unserem Text ist im engeren Sinn die elfte Stufe. Aber er verbindet auch die zehnte mit der zwölften Stufe. Seine unterste Ebene, die des menschlichen Geistes, ist die Ebene der „männlichen Jungfrau". Der menschliche Geist ist ein verwirklichender Geist. In ihm werden die Impulse des Vatergeistes empfangen und nehmen Gestalt an. Deshalb ist von einer „Jungfrau" die Rede: der menschliche Geist empfängt. Und „männlich" ist diese „Jungfrau", weil sie, befruchtet vom Vatergeist, selbst schöpferisch werden und verwirklichen kann. An späterer Stelle heißt es: „Die Jungfrau wurde männlich, weil sie sich vom Männlichen geschieden hatten." Der ursprünglich undifferenzierte Geist differenziert sich aus in einen empfangenden (weiblichen) und einen zeugenden (männlichen) Aspekt. Durch diese Scheidung wird Bewußtheit, Geisterkenntnis möglich. Diese Erkenntnis steht zunächst „außerhalb von ihr", außerhalb des empfangenden Bewußtseins. Aber wenn das Bewußtsein nach Geisterkenntnis, nach dem „Männlichen", sucht, wird ihm diese Erkenntnis zuteil.

Diese Struktur des menschlichen Geistes als „männliche Jungfrau", als nach Geisterkenntnis suchendes Prinzip, dem alsbald die Geisterkenntnis zuteil wird und das aus dieser Erkenntnis handelt, wird Marsanes bewußt, als ihm das 10. Siegel geöffnet wird. Es bezieht sich auf die Barbelo, die „männliche Jungfrau".

Die oberste Ebene des dreifach Mächtigen, die des Vatergeistes, ist identisch mit dem „Geist, der kein Sein besitzt", mit der „ersten Unerzeugten". Es ist der weibliche Aspekt des ursprünglichen Vaters, des „Schweigenden, der niemals gekannt wurde". Die zwölfte und dreizehnte Stufe bilden gemeinsam den Urquell, aus dem der Sohn, das Herz des Vaters, der dreifach Mächtige, hervorgeht. Und Marsanes, eins geworden mit der Identität des Geistes, begreift, daß der Sohn, der dreifach Mächtige, „vom Schweigen aus" wirkt. Die Identität des

Geistes, das Licht, führt ihn zum „Schweigen", zum Urquell allen Seins, in dem alles Fragen und Suchen zur Ruhe kommt.

Denn der dreifach Mächtige gibt dem Geist des Menschen seine Kraft, die ihn erleuchtet. Daher kann der unsichtbare menschliche Geist „an seinen Ort" emporeilen. Und in der Kraft des dreifach Mächtigen wird ihm „der ganze Ort erleuchtet". Sein eigenes Haupt wird ihm erleuchtet. Das Licht strahlt von ihm wie eine „große Krone". In diesem Licht wird ihm das All erhellt.

So kann der Mensch durch Lebenserfahrung und Verarbeitung dieser Erfahrungen ein Siegel nach dem anderen öffnen, eine Stufe nach der anderen betreten. War er zunächst ganz dem Äußeren hingegeben, den Blättern der Pflanze, und dadurch vom Äußeren versklavt, so befreit er sich, gezogen durch das Innere, schrittweise vom Äußeren und befreit dadurch die Kräfte des Inneren in sich. Er wird sich ihrer bewußt, sie wirken bewußt in ihm, und es erschließen sich ihm immer höhere Funktionen und Kräfte des Daseins, die jeweils die nächstniederen ordnen und durchdringen. Am Ende stehen die Einheit mit dem „Schweigen", dem Zentrum des Seins, und die Beherrschung aller Funktionen von innen nach außen. Statt sich nur auf der Peripherie zu bewegen, steht jetzt der Mensch im Zentrum der Blüte und betrachtet die Spiralen der Blütenblätter, Kelchblätter und Pflanzenblätter von innen nach außen. Der Geist ist im Einklang mit den innersten Ursachen, er erleuchtet das Denken, das Denken ordnet das Empfinden, das Empfinden gestaltet das Leben und das Leben formt die Materie. Es formt sie um, bis sie zu einem reinen Ausdruck und Instrument aller höheren Funktionen des Geistes geworden ist. Denn Marsanes erkennt, „daß in jeder Hinsicht auch die Welt der Sinneswahrnehmung es wert ist, in ihrer Gesamtheit gerettet zu werden".

Die 13 Stufen der Marsanes-Schrift stellen den Aufbau der gesamten Schöpfung dar. Der Mensch, der selbst Teil der Schöpfung ist, ist dazu bestimmt, sich dieser gesamten Schöpfung bewußt zu werden. Der in dieser und den folgenden Schriften beschriebene Weg ist also keine willkürliche, beliebige Entwicklung des Menschen, sondern sie ist in ihm und in der ganzen Schöpfung angelegt. Sie entspricht seiner Bestimmung.

Die siebte Stufe, die „Kraft des Selbsterzeugten", ist die Mitte der Entwicklung des Menschen und der Struktur der Schöpfung. Unterhalb von ihr sind sechs Stufen, die der irdischen Welt zugehören, oberhalb von ihr sechs Stufen, die der geistigen Welt zugehören. Die siebte Stufe, die Kraft der Vernunft, ist also die Verbindung, die Schaltstelle zwischen irdischer und geistiger Welt. Erkennt man, daß immer zwei Stufen ein Paar bilden, so lassen sich drei irdische Ebenen und drei geistige Ebenen erkennen, die jeweils einen positiven und einen negativen, einen „männlichen" und einen „weiblichen" Aspekt haben. Die siebte Stufe ist dann wie ein Spiegel oder eine Linse, durch die die oberen drei Ebenen in die drei unteren projiziert werden. Die unterste Stufe entspricht der obersten, die zweitunterste der zweitobersten usw.. Durch die Vernunft ist der Mensch fähig, das Oben mit dem Unten, das Unten mit dem Oben zu verbinden. Aber sie muß nach beiden Seiten geöffnet sein. Ist sie nur nach unten geöffnet, so wird sie zum Sklaven der irdischen Welt. Sobald sie sich nach oben öffnet, kann sie den Weg erkennen, der in die Welt des Geistes führt.

Der Mensch wird dann, erleuchtet durch den Geist, in der Lage sein, aus der Welt des Geistes über die Vernunft in die irdische Welt hineinzuwirken.

Marsanes

(Marsanes spricht zu denen, die ihn verstehen können.) [...] Sie gelangten zur Erkenntnis. Mit reinem Herzen fanden sie ihn. Bei ihm kann sie das Böse nicht treffen.

„Allen, die euch aufgenommen haben, wird der von ihnen ersehnte Lohn gegeben werden, weil sie ausgeharrt haben, und er wird das Böse von ihnen fernhalten. Es soll aber niemand von uns in Not geraten und in seinem Herzen denken, der große Vater [des Alls kümmere sich nicht um ihn]. Denn er sieht auf das All und trägt Sorge für alle. [...]

Was das dreizehnte Siegel betrifft, so habe ich es zusammen mit der Grenze der Erkenntnis und der Gewißheit der Ruhe eingesetzt. Das erste und das zweite und das dritte (Siegel) sind die kosmischen und materiellen (Siegel). Ich habe euch über sie unterrichtet, damit ihr eure Körper [von den Leidenschaften befreien könnt]. Und die [Gefangenschaft in] der Sinneswahrnehmung wird denen [genommen werden], die ruhen wollen, und sie werden vor Leidenschaften und der Spaltung der Einheit bewahrt bleiben.

Das vierte und fünfte (Siegel), die droben sind – ihr habt sie kennengelernt [...]. Das fünfte bezieht sich auf die Reue derer, die in mir sind, und auf die, die an jenem Ort wohnen.

Doch das sechste, das sich auf die Selbsterzeugten bezieht, auf das unkörperliche Sein, das unvollständig existiert, aber gemeinsam mit denen, die in der Wahrheit des Alls existieren [...]. Und das siebte, das die selbsterzeugte Kraft betrifft [...] Und das achte, das sich auf den Geist, der männlich ist, bezieht, der am Anfang in Erscheinung trat, und auf das unkörperliche Sein und die Welt der Gedanken. Das neunte [bezieht sich auf die Wirkung] der Kraft, die am Anfang erschien. Das zehnte, das sich auf die Barbelo bezieht, die männliche Jungfrau [Mutter] des Äons. Das elfte und zwölfte sprechen von dem Unsichtbaren, der drei Mächte besitzt, und dem Geist, der kein Sein besitzt, da er zu der ersten Unerzeugten gehört. Das dreizehnte spricht über den Schweigenden, der niemals gekannt wurde, und die Erstlingschaft dessen, der nie unterschieden wurde.

Denn ich bin jemand, der versteht, was in Wahrheit existiert, sei es in teilweiser, sei es in ganzheitlicher Form, entsprechend den Prinzipien Unterschied und Identität; der versteht, daß sie von Anfang an überall an dem Ort existieren, der ewig ist, das heißt all die, die in die Existenz getreten sind, sei es ohne oder mit einem Sein, alle die ungezeugt sind, und die göttlichen Äonen mit den Engeln, und die Seelen, die ohne Arg sind, und die Seelen-Gewänder, die Bildnisse der ‚Einfachen'. Und danach wurden sie mit denen gemischt, die ihnen ähnlich sehen. [...] Schließlich wurde die ganze Verderbnis gemeinsam mit der Unsterblichkeit dieses weiblichen Wesens gerettet. Ich sann nach und gelangte zur Grenze der Welt der Sinneswahrnehmung. Ich erkannte Schritt für Schritt den ganzen Ort des unkörperlichen Seins, und ich erkannte auch die Gedankenwelt. Ich erkannte, als ich so nachsann, daß in jeder Hinsicht auch die Welt der Sinneswahrnehmung es wert ist, in ihrer Gesamtheit gerettet zu werden.

Denn ich ließ nicht ab, vom Selbsterzeugten zu sprechen [...]. Er stieg herab. Von neuem stieg er vom Unerzeugten, der kein (begrenztes) Sein besitzt und Geist ist, herab. Er, der vor ihnen allen existiert, gelangt schließlich zum göttlichen Selbsterzeugten. [...]

Aber nach all diesem suchte ich fortwährend das Reich des dreifach Mächtigen, der keinen Anfang kennt. Woher kam er und machte sich ans Werk, den ganzen Ort mit seiner Kraft zu füllen? Und auf welche Art traten die Unerzeugten ins Dasein, da sie ja nicht erzeugt wurden? Und welches sind die Unterschiede zwischen den Äonen? Und was die Unerzeugten betrifft – wie viele sind es? Und in welcher Hinsicht unterscheiden sie sich voneinander?

Als ich diesen Dingen nachforschte, begriff

ich, daß er vom Schweigen aus gewirkt hatte. Von Anfang an existiert er unter denen, die in Wahrheit existieren, die zu Ihm, der existiert, gehören. Noch einen anderen gibt es, der auch von Anfang an existiert und zu Ihm gehört, der im Schweigenden wirkt [...]. Er wirkt aus dem Schweigen heraus, das zu dem Unerzeugten unter den Äonen gehört, und von Anfang an hat er kein Sein. Es ist die Kraft des dreifach Mächtigen, der Unerzeugte, der vor dem Äon steht, der kein materielles Sein hat. Und es ist möglich, die Hoheit des Schweigens des Schweigenden zu schauen, das heißt die Hoheit der Kraft des dreifach Mächtigen. Und er, der existiert, der schweigt, der über dem Himmel [...] ist, er offenbarte den dreifach Mächtigen, den Erstvollkommenen.

Als er die Kräfte [ins Dasein rief], freuten sie sich alle. Alle, die in mir sind, wurden, zusammen mit den übrigen, vervollkommnet. Und sie segneten den dreifach Mächtigen, einer nach dem andern, ihn, der der Erstvollkommene ist. Sie segneten ihn in ihrer Reinheit und priesen den Herrn, der vor dem All existiert [...] den dreifach Mächtigen. [...] und ich will stets weiterforschen, wie sie das Schweigen erlangt haben. Ich will die Macht, die ich verehre, auch verstehen.

Die dritte Kraft des dreifach Mächtigen sagte, als sie ihn (den Schweigenden) wahrgenommen hatte, zu mir: ‚Schweige, damit du erkennst. Komme eilends, und tritt vor mich hin. Aber wisse, daß dieser im Schweigen war, und verstehe es.' Denn die Kraft ist bei mir, sie geleitet mich in den Äon, der die Barbelo ist, die männliche Jungfrau.

Die Jungfrau wurde deshalb männlich, weil sie sich vom Männlichen geschieden hatte. Die Erkenntnis stand außerhalb von ihr, weil sie zu ihm gehört. Und sie, die existiert, sie, die suchte, besitzt sie, ebenso wie der dreifach Mächtige sie besitzt. Sie zog sich von ihnen zurück, von diesen zwei Mächten, da sie außerhalb des Großen existiert, da sie [...], der über dem [Himmel] ist, der im Schweigen ist, der auch den Befehl gibt, im Schweigen zu sein. Seine Erkenntnis und seine Gestalt und seine Energie sind die Dinge, von denen die Kraft des dreifach Mächtigen sprach. Sie sagte: ‚Wir haben uns alle auf uns selbst zurückgezogen. Wir sind zum Schweigen gelangt, und wir sind dahin gelangt, ihn zu kennen, nämlich den dreifach Mächtigen.' Wir verneigten uns tief [...], wir segneten ihn [...].

[...] der unsichtbare Geist eilte empor an seinen Ort. Der ganze Ort wurde offenbar. Der ganze Ort entfaltete sich, bis er die obere Region erreichte. Und wieder entfernte er sich von dort. Er bewirkte, daß der ganze Ort erleuchtet wurde, und der ganze Ort wurde erleuchtet.

Und euch ist der dritte Teil der Geistkraft dessen gegeben, der die drei Mächte besitzt. [...] Er sagte: ‚Ihr alle, die ihr an diesen Orten wohnt, ihr müßt jene erkennen, die höher als diese sind, und von ihnen zu den Kräften sprechen. Denn du wirst in den letzten der Tage auserwählt sein mit den Auserwählten, wenn der unsichtbare Geist emporeilt.'
Und ihr, eilt mit ihm hinauf, denn ihr habt die große Krone empfangen [...].

[...]

(Es folgt ein Vergleich der Buchstaben – Konsonanten, Vokale, Diphthonge – mit den Zuständen der menschlichen Seelen und den Zuständen der „Engel" und „Götter". Leider sind die Lücken in diesem Abschnitt so beträchtlich, daß der Sinn der Stelle nicht mehr erhellt werden kann.)

Es gibt auch bestimmte Wirkungen. Die erste, die gut ist, kommt von der Drei. [...] die Zweiheit und die Einheit haben keine Ähnlichkeit mit irgendetwas, aber sie existieren als erste. Die Zweiheit ist gespalten, nämlich gespalten aus der Einheit heraus, und gehört zur Gestalt. Doch die Vierheit hat die Elemente empfangen, und die Fünfheit empfing die Eintracht, und die Sechsheit wurde durch sich selbst vollkommen. Die Siebenheit empfing Schönheit, und die Achtheit empfing [...]. Und die Zehnheit offenbarte den gesamten Ort. Doch die Elfheit und die Zwölfheit haben [...].

Und der Lohn, der so für ihn bereitgestellt ist, ist die Erlösung. Aber das Gegenteil wird dem geschehen, der Sünde begeht. [...]"

Marsanes

Über die Achtheit und Neunheit

Zu „Über die Achtheit und Neunheit"

Die Schrift „Über die Achtheit und Neunheit" schildert die Erfahrungen eines Menschen, der bewußt von den Kräften und vom Licht des Geistes durchdrungen wird – der erleuchtet wird. Und sie gibt detailliert die Voraussetzungen an, die zuvor erfüllt sein müssen.

Nachdem der „Marsanes"-Text die Stufen beschrieben hat, über die der Weg des Menschen von seiner Verstrickung in die Materie bis zu seiner eigentlichen Bestimmung, dem bewußten Aufgehen in der Welt des Geistes, verläuft, ist es möglich, zu erkennen, was die „Achtheit" und die „Neunheit" in der Schrift „Über die Achtheit und Neunheit" sind. Diese Schrift und der Marsanes-Text stammen zwar aus verschiedenen gnostischen Traditionen bzw. „Systemen". Und doch bildet in beiden die Siebenheit eine bestimmte Grenze, nämlich die Grenze zwischen dem für die Vernunft des Menschen höchst Erreichbaren – und der Erleuchtung. Die „Achtheit" bildet in beiden Schriften die Sphäre, in der der Geist im Menschen bewußt wird. Die „Neunheit" wird in der Schrift „Über die Achtheit und Neunheit" nicht weiter beschrieben. Sie könnte dem neunten Siegel in der Marsanesschrift entsprechen. Wahrscheinlicher aber ist, daß sie die Zusammenfassung aller Siegel vom 9. bis zum 13. ist. Umgekehrt müssen die Erfahrungen, die der Schüler in der Schrift „Über die Achtheit und Neunheit" bis zur siebten Stufe gemacht hat, identisch mit den beim Öffnen der ersten sieben Siegel gemachten Erfahrungen sein. Denn es ist auch hier die Rede von der „Schönheit", die der Schüler bis zur siebten Stufe „Schritt für Schritt erlangt" hat. Es ist die „Erbauung der

Seele", die durch die Erfahrungen auf den ersten sechs Stufen bis zur Siebenheit gelangt ist, weil sie „fromm ist und im Gesetz des Geistes" wandelt.

Dies ist die erste Voraussetzung, um die Schau des Geistes, die bewußte Erkenntnis des Geistes zu erlangen: Die Seele muß durch verschiedene Zustände gegangen und reif geworden sein, aufgebaut zur „Schönheit". Sie muß die drei Siegel des Materiellen geöffnet haben und frei von diesen Sphären geworden sein. Sie muß das Siegel des Lebendigen geöffnet und das Lebendige – Triebe, Leidenschaften, die Elemente des Daseins – in sich zugelassen, es aber auch wieder überwunden haben. Sie muß vor allem den Zustand der Reue, der Abwendung vom Irdischen und Hinwendung zum Geist durchlebt haben, um dann aus den Kräften und Gesetzen der Vernunft selbständig leben zu können. Sie ist „fromm" und wandelt im Gesetz des Geistes, das sich ihr noch nicht unmittelbar mitgeteilt, sondern vorerst nur in der Vernunft gespiegelt hat. So hat sie gelernt, alle Hüllen des irdischen Daseins zu akzeptieren, ohne sich jedoch von ihnen beherrschen zu lassen, und ruht in sich. Würde sie die Bedürfnisse des Körpers und die Leidenschaften und Interessen nicht wirklich durchlebt und überwunden, sondern nur verdrängt haben, so würden sie sich bei der kommenden Begegnung mit dem Geist – wenn es überhaupt zu einer solchen Begegnung käme –, einmischen und statt des Geistes würde die Seele nur ein durch Leidenschaften und Interessen getrübtes Bild erblicken, ohne unterscheiden zu können, ob es die Wirklichkeit ist oder nicht.

Die zweite Voraussetzung, den Geist schauen zu können, ist, daß der Mensch der Kraft des Geistes in einem anderen Menschen begegnet, in dem sie schon wirksam ist. Das wird in diesem Text durch das Vater-Sohn-Verhältnis ausgedrückt. Hermes, der „Vater", „zeugt" den Sohn durch seine Kraft. Seine Kraft zeugt die Erkenntnis im anderen. Was ist damit gemeint? Gemeint ist, daß, wie die Öffnung jedes neuen Siegels einen neuen Zustand des Menschen bedeutet, dem Bewußtsein und Sein nach, so auch die Öffnung des achten Siegels, das Betreten der achten Stufe. Das bisherige Sein und Bewußtsein des Menschen verschwindet gleichsam und wird durch ein neues Sein und Bewußtsein ersetzt, das auf der neuen Stufe Gültigkeit hat. Es wird ein neuer Mensch geboren, und der alte verschwindet. So einschneidend ist die neue Ordnung, in der der Mensch dann lebt, daß er sich tatsächlich wie ein neues Wesen fühlt. Er wird jetzt ja von ganz neuen Kräften und Gesetzen erfüllt, lebt aus diesen Kräften und Gesetzen und ordnet alle vorherigen Stufen des Seins nach diesen Gesetzen und Kräften neu. Diese Erfahrung ist beim Übergang von der siebten zur achten Stufe noch einschneidender als bei den vorhergehenden, weil bei diesem Übergang alles gewohnte Körperlich-Seelische überstiegen und etwas Geistiges bewußt in den Menschen eintritt.

Da es sich um einen neuen Seinszustand auf einem neuen Energieniveau handelt, ist verständlich, daß dem Menschen wirklich auch neue Kräfte zugeführt werden müssen, wenn er in diesen Seinszustand gelangen soll. Zwar ist die Anlage zum Leben in der Achtheit, in der Geistwelt, im Menschen vorhanden. Um sich aber entfalten zu können, braucht sie ein entsprechendes geistiges Umfeld, das nur durch Menschen, die schon auf dieser Stufe leben und von der Quelle des Geistes genährt werden, zur Verfügung gestellt werden kann. Solche Menschen brauchen dem Schüler nicht persönlich gegenüberzutreten: Es genügt, daß sie überhaupt da sind und durch ihre Gegenwart eine solche geistige Sphäre aufrechterhalten. Ein solcher Mensch, „Hermes", regt also im Schüler, persönlich in Erscheinung tretend oder nicht, die der achten Stufe entsprechende Anlage an – und sie entfaltet sich. Aus dem eigenen Innern kommen daher die folgenden Erfahrungen dem Schüler entgegen. Aber er befindet sich dabei im Austausch mit allen, die schon auf der Stufe der Achtheit leben, und erhält von ihnen die nötige Kraft.

Der neue Zustand, der nun in ihm entsteht, wird von ihm wie die Geburt eines neuen Menschen empfunden. Und gezeugt wird dieser neue Mensch, der die Kräfte und Gesetze des Geistes erkennt, durch die Kraft des Geistes, die er daher als seinen Vater, seinen Ursprung, empfindet. Was da neu gezeugt wird, ist frei von allen Bindungen der früheren sieben Stufen, die das irdische Leben des Menschen bis zu seinen höchsten Ebenen umfassen. Der neue Mensch ist von ihnen gelöst, „erlöst", und empfindet sich unmittelbar eins mit all den ebenso gelösten Menschen. Denn was er schon auf der fünften Stufe erleben konnte: die Einheit mit allen, die sich dem Geist zuwenden, das erlebt er jetzt noch weit konkreter und intensiver. Der Geist stiftet immer Gemeinsamkeit, da derselbe Geist allen gemeinsam ist, die aus ihm leben. Schon das Streben nach dem Geist verbindet, erst recht die unmittelbare Berührung durch den Geist. Alles, was der Schüler auf der und von der achten Stufe an erlebt, erlebt er daher in Gemeinschaft mit anderen.

So erfüllt der Schüler, bevor sich ihm der Geist mitteilen kann, zwei Voraussetzungen: Die „Mütter" müssen die Seele haben wachsen lassen; die die Entwicklung des Menschen treibenden Kräfte, die Erfahrungen in der Welt der Materie und der Seele, haben den Menschen bis zur achten Stufe geführt und ihn zur „Schönheit" aufgebaut. Und es muß ein „Vater" da sein, der dem Menschen die Kraft zuführt, aus der der neue, erkennende Mensch der Achtheit geboren werden kann.

Auf der Grundlage dieser Voraussetzungen geschieht nun das Weitere. Wenn Geisterkenntnis, Erleuchtung erlangt werden, wenn der Geist der Achtheit in einen Menschen eintreten soll, bedarf es der bewußten Ausrichtung und Abstimmung auf den Geist. Das ganze, auf den sieben vorhergehenden Stufen vorbereitete Wesen des Menschen muß erneut zur Frage werden. Alles bisher Erreichte wird konzentriert, wird zu Sehnsucht und Verlangen nach Antwort. Die drei Zentren des Menschen – Denken, Herz und Seele – richten sich auf den Geist. Sie tun das in Gemeinschaft mit allen anderen, die schon erlöst sind. Und das Ziel steht klar vor dem Bewußtsein: Der „Vater" bittet darum, daß die Quelle des Geistes in ihm fließe. Er wird dann die Kraft des Geistes zum Schüler weiterfließen lassen und ihn dadurch in die Achtheit erheben: in den Zustand der Erkenntnis des Geistes, den Zustand des im Geist neugeborenen Menschen. Und der Schüler weiß, daß es seine Aufgabe ist zu erkennen.

Das nun folgende gemeinsame Gebet zeigt, welche Komponenten diese vollständige, intensive Ausrichtung auf den Geist enthält. Denn es *ist* der Vorgang dieser Ausrichtung.

Es beginnt mit einem Anruf. Der Rufende vergegenwärtigt sich die Eigenschaften Gottes. Er kann es, weil diese Eigenschaften auch in ihm wirken. Und durch die Vergegenwärtigung aktiviert er diese Eigenschaften in sich selbst. Denn der Mensch ist das „Abbild" Gottes. Das Geistleben in ihm stammt von Gott. Geistleben zu geben, ist die erste Eigenschaft Gottes. Er gibt aber diesem Geistleben auch Gestalt und Struktur: die zweite Eigenschaft Gottes. Er gibt ihm ferner Individualität. Die Seelen von Menschen und Engeln kommen aus Gott hervor: die dritte Eigenschaft Gottes. Gott gibt dem Sein des Geistes in seinen Geschöpfen überdies eine Ordnung. Es ist die Gerechtigkeit Gottes als seine vierte Eigenschaft. Seine fünfte Eigenschaft ist, daß er die Entwicklung aller Seelen lenkt: Seine Vorsehung reicht hin bis zu jeder Seele und führt sie. Auch gibt er jeder Seele Kraft für ihre Entwicklung zur Selbständigkeit: Seine Ausströmung von Kraft, als sechste Eigenschaft, zeugt die Kraft in der Seele. Und er gibt, das ist seine siebte Eigenschaft, jedem das Seine: Lebensgrundlagen und Mittel des Lebens. Alles teilt er aus, trägt es und erfüllt es.

Dieser Geist kann aber auch das Höchste geben. Er ist ja selbst das Höchste. Er herrscht über das Reich der Kraft des Geistes, und sein Wort kann im Menschen zu Licht, zu Erkenntnis werden: zu „ewiger, unwandelbarer" Erkenntnis.

Das Gebet setzt sich fort mit einer Bitte. Nach der Vergegenwärtigung der Eigenschaften Gottes, die auch im Menschen sind und durch die die engste Beziehung zwischen Mensch und Gott entsteht, wird das ganze Wesen des Menschen noch einmal zur Frage. Weisheit aus der Kraft des Geistes wird als Antwort auf diese Frage erfleht. Was ist der Inhalt dieser Weisheit? Die „Gestalt des Bildes, das keinen Mangel hat". Das, was keinen Mangel hat, ist der Geist selbst und auch der Mensch, der im Geist neugeboren ist. Er lebt aus der Fülle und braucht nichts mehr zu begehren. Das Bild dieses Geistes, der keinen Mangel hat, ist die Spiegelung des Geistes im Bewußtsein. Der Geist spiegelt sich im Bewußtsein, die Wahrheit wird dem Menschen unmittelbar bewußt. Das ist Erkenntnis des Geistes durch die Seele. Das individuelle Bewußtsein, die Seele, erfährt wie ein Bild in sich den alles erfüllenden Geist. Deshalb verlangt der Betende nach der Verbindung zwischen dem eigenen Wesen und Bewußtsein und dem alleserfüllenden Geist: „Erkenne an den Geist, der in uns ist" – verbinde dich, allumfassender Geist, mit dem individuellen Geist, der in uns ist. Denn „durch dich ist das All beseelt worden". Was im Menschen als Seele und Geist ist, ist ja schon aus dem Allgeist entstanden. Sollte sich also dann das Ungewordene nicht mit dem aus ihm Gewordenen verbinden wollen? Deshalb streckt der Betende gleichsam die geistigen Arme aus, damit der Allgeist diese Arme ergreife und sich dem im Menschen vorhandenen individuellen Geist mitteile. Dadurch begegnet der individuelle Geist im Menschen, der bisher unbewußt und daher unwirksam war, dem Allgeist, erkennt ihn und lebt aus ihm. Was im Menschen ist, wird erlöst aus Unbewußtheit und Unwirksamkeit.

Darin also besteht die Ausrichtung: Der Rufende vergegenwärtigt sich die Eigenschaften des Geistes, die auch in ihm sind, und drängt den Geist, der in ihm ist, dem Allgeist entgegen. Und es erfolgt die Begegnung. Es kommt die „lichte Kraft", die Kraft, die Erleuchtung bringt. Die alles durchdringenden und erhaltenden Kräfte des Geistes machen sich im Menschen bemerkbar und erschließen ihm die Tiefen des Alls. Dabei ist der Mensch nicht etwa ein Beobachter, der von außen betrachtet, sondern er ist inmitten dieser Kräfte und wird vom Geist bewegt. Die Ströme des Geistes laufen in ihm zusammen und tragen ihn mit sich, in alle Richtungen. Das wird dem Menschen in diesem Zustand bewußt. Und gleichzeitig wird er sich seiner selbst auf neue Weise bewußt, nämlich als eines geistigen Wesens, das in den Kräften des Geistes lebt: „Ich sehe mich." Er wird sich seiner selbst bewußt als eines Punktes, in dem alle Ströme des Geistes zusammenlaufen und durch den alle Ströme des Geistes hindurchfließen, als befände er sich inmitten einer sprudelnden Quelle: einer unerschöpflichen Quelle, die keinen Ursprung hat. Gleichzeitig erlebt er auch, wie er nicht nur mit allen Orten des Raumes, sondern auch mit allen Wesen verbunden ist, die Geist sind wie er. Es ist eine gegenseitige Durchdringung, Stärkung und Wahrnehmung. Noch einmal: Dies alles ist kein beobachtendes Sehen, sondern die Erfahrung der Allgegenwärtigkeit des Geistes, als schwämme jemand im Meer und spürte alle Strömungen des Meeres gleichzeitig durch sich hindurchfluten. Da sie ihn berühren, wird er sich ihrer bewußt. Es entsteht in ihm ein Bild von der Wahrheit, die nichts anderes ist als das Ganze der Kräfte des Geistes.

Darum wird nun auch die Art eines solchen Menschen, zu leben und zu handeln, eine andere. In der gewohnten Welt steht er den Dingen und Menschen gegenüber, beobachtet sie, wirkt handelnd auf sie ein, spricht Worte zu ihnen. Sein ganzes Handeln kann man als ein

Sich-Ausdrücken bezeichnen, als ein „Sprechen". Durch seine Taten, die er willentlich oder unwillentlich vollbringt, „spricht" er zu einem Gegenüber. Aber dieses „Sprechen" hört im Zustand der Achtheit auf. Da gibt es kein Gegenüber mehr, es gibt nur noch ein Ineinander. Ohne Willensanstrengung vollzieht der Mensch die Ströme mit, in deren Mitte, in deren Quell er sich befindet. Er wird von diesen Strömen getragen und fügt ihnen die Ströme seines eigenen Geistes hinzu, die in die gleichen Richtungen gehen. Alle Absicht schweigt in diesem Zustand. Deshalb hört das absichtliche „Sprechen" auf, sei es in Worten, sei es in Taten, und der Mensch vollzieht „schweigend" die Bewegung des Geistes mit. Das aber ist der Lobpreis, den der so Erleuchtete dem Geist singt. Denn was ein „Schweigen" jeder Absichtlichkeit ist, ist ein „Singen" in den Klängen des Geistes, der keine Absichten hat, sondern wie eine Quelle sprudelt, mit der der Mensch mitsprudelt. Und wie er selbst in den Klängen des Geistes mit-„singt", hört er auch, wie alle anderen Geister, von denen er durchdrungen ist und die er durchdringt, „singen". Sie schaffen, und er, der Geist, schafft „mit ihrer aller Kraft". Auch dies nimmt der Erleuchtete wahr.

Dieses Schaffen aber, der Lobpreis aller Wesen in der Achtheit, geschieht aus dem Urquell heraus, der die Neunheit ist und alles, was darüber liegt. Es verherrlicht und stärkt daher den Urquell, die Neunheit, und alles was darüber ist.

So ist der Mensch auch in der Achtheit, in der Sphäre des Geistes, selbständig. Er hört selbst, er schafft selbst. Es braucht ihm „nichts mehr gesagt" zu werden. Seine Aktivität ist der Lobgesang, der Dank für die empfangene Antwort, der Dank für die Fülle des Geistes, die in ihm lebendig geworden ist und mit der er nun mitwirkt. Er erkennt den Geist und das Verhältnis des Geistes zum All: Kein Geschöpf des Alls muß die Lebenskraft des Geistes entbehren. Sie wirkt in jedem Geschöpf, erhält jedes Geschöpf, treibt die Entwicklung jedes Geschöpfes voran, wacht über jedes Geschöpf, läßt den Geist über jedes Geschöpf „regnen". Der Erleuchtete erkennt noch einmal, jetzt unmittelbar, die Eigenschaften des Geistes, die er vorher im Gebet angerufen hat.

Nach der bewußten Erfahrung der Gegenwart des Geistes, die dem Menschen das Wesen des Geistes, dadurch auch das eigene Wesen und das Wesen der Welt enthüllt, und nach der Erfahrung des großen Lobgesangs, der in der Gegenwart des Geistes gehört und mitgesungen wird – denn das ist die Art, wie der Geist wirkt –, folgt ein Entschluß: Niemals mehr diesen Zustand zu verlassen, sondern von jetzt an dem „Vater" zu lobsingen, bis der sterbliche Leib verlassen wird. Wie kann das geschehen? Der abschließende Lobgesang des Textes beschreibt es. Immer muß im Herzen Verbindung mit dem „Ende des Alls" und dem „Anfang des Anfangs", nämlich dem Geist, gehalten werden. Immer muß die „Frage des Menschen" lebendig bleiben, wodurch dann auch fortwährend die „unsterbliche Antwort" erfolgt. Denn der Geist im Menschen, der sich nach der Verbindung mit dem Geist sehnt, ist die Frage, und der allumfassende Geist, der sich dem Geist im Menschen zuwendet, ist die Antwort. Beides, Frage und Antwort, muß stets wachgehalten werden. Aus dem Geist kommt das Licht der Erkenntnis, die Wahrheit, das Wort, die Liebe und das unsterbliche Leben. Damit wird der Mensch von nun an verbunden bleiben. Er wird darauf achten, niemals mehr der Sklave der körperlichen Bedürfnisse oder ein Spielball der Leidenschaften zu sein, wie er es in den ersten drei Stufen war. Und sogar das Leben der Sehnsucht der Seele und der vernünftigen Befolgung des natürlichen und göttlichen Gesetzes kann er jetzt übersteigen, weil er entschlossen und fähig ist, ein Instrument des Geistes zu sein und zu bleiben: Sein ganzes Wesen im Zustand der Achtheit ist zum Instrument geworden, auf dem der Geist spielt. Mit dem erneuerten, vom Geist erfüllten Denken spielt der Mensch auf diesem Instrument. Und die Melodie, die er spielt, ist der „Ratschluß", das Gesetz des Geistes, die Wahrheit, die das All lenkt und entwickelt. „Ich sehe mich": Noch einmal wird der Zustand der Achtheit, in dem sich der Mensch jetzt befindet, dem Bewußtsein eingeprägt. Er hat Kraft empfangen, die Liebe des Geistes hat ihn „getroffen", die Liebe des Geistes wirkt von nun an in ihm und durch ihn.

Es ist sicher deutlich geworden, daß die Schrift „Über die Achtheit und Neunheit" existentielle Zustände und Erfahrungen des Menschen beschreibt. Es müssen zuerst sieben Lebenszustände durchlebt und erfahren werden, bis der Mensch reif ist, in einen weiteren Lebenszustand einzutreten, der die Verbindung mit dem Geist und das Leben aus dem Geist bedeutet. Der Eintritt in die Achtheit ist also keine vorübergehende Exaltation oder Ekstase, nach der der Mensch wieder auf das Normalniveau zurückfällt, sondern der Mensch hat sich auf einen Zustand hinentwickelt, in dem ihm die Verbindung mit dem Geist wesensgemäß ist und daher auch dauerhaft sein kann. Die Schrift schildert daher nicht etwa bestimmte religiöse Riten, durch die sich der Mensch in außergewöhnliche Zustände hineinmanövriert: Riten der Reinigung, des Opfers und einer dann irgendwie inszenierten „Schau". Ginge man unter dieser Voraussetzung an den Text heran, so würde man das Wesentliche nicht erfassen. Ebensowenig beschreibt die Schrift Techniken der Meditation und des Gebetes, die, richtig und regelmäßig geübt, zu Erfahrungen der Bewußtseinserweiterung führen würden. Es wird vielmehr ein Weg der gänzlichen Veränderung der Existenz geschildert, an dessen Ende die Verbindung mit dem Geist und die Bewußtwerdung des Geistes stehen: die ungeheure Erfahrung der Einheit des Geistes im Menschen mit dem Geist im All. Und diese Erfahrung ist dauerhaft, es erfolgt kein Rückfall mehr in frühere Zustände. Ein Rückfall aber muß und wird geschehen, wenn ein Mensch, ohne sich grundlegend auf dem Weg der sieben Stufen geändert zu haben, durch rituelle Einflüsse oder Techniken künstlich einen inneren Zustand hervorruft, der ihm nur scheinbare Erfahrungen mit dem Geist vermittelt. Die in derartigen Zuständen gemachten Erfahrungen sind in der Regel Illusion und Halluzination und nicht dauerhaft.

Erfahrungen, wie sie in dieser Schrift beschrieben werden, sind gleichsam Handlungen in der Welt des Geistes. Wie der einzelne Mensch ein Gedächtnis hat, dem sich seine Erlebnisse und Handlungen einprägen, so auch die ganze Menschheit. Alles, was ein Mensch erlebt und tut, prägt sich diesem Gedächtnis der Menschheit ein. Einem Menschen, dem die Tatsachen der Achtheit bewußt geworden sind und der in ihnen lebt, prägt diese Tatsachen und seine Reaktionen darauf, seinen „Lobgesang", bewußt dem Gedächtnis der Menschheit ein, und zwar dem Teil, der für die Aufnahme der spirituellen Erfahrungen geeignet ist. Das ist der „Tempel von Diospolis", in dem der Sohn des Hermes seine Erkenntnis und seinen Lobgesang, sein „Buch", aufstellen soll. Er fügt seine geistigen Erfahrungen und Taten, geschrieben in lebendigen Buchstaben, allen Erfahrungen und Taten hinzu, die jemals Menschen in der Welt des Geistes gemacht haben. Und so verstärkt er im Gedächtnis der Menschheit diese Eindrücke und erleichtert es allen, die sich bis zur Stufe der Siebenheit entwickelt haben, ähnliche Erfahrungen zu machen. Denn alles im Gedächtnis der Menschheit Vorhandene wirkt auf alle Menschen unbewußt ein.

Dies alles schließt nicht aus, daß solche Erfahrungen auch in materiellen Schriftzeichen aufgeschrieben und dann in materiellen Tempeln niedergelegt werden. Aber das wäre nur die äußere Ebene eines inneren Vorgangs, der das Entscheidende ist.

Gleichzeitig legt der Sohn des Hermes im Gedächtnis der Menschheit eine Erkenntnis nieder, die eine Unterscheidung und Scheidung beinhaltet. Er weiß, daß es Menschen gibt, die, ohne die wesentlichen Voraussetzungen erfüllt zu haben, in die Sphäre der Achtheit eindringen wollen. Es sind die, die das „Buch", den Weg, der durch die sieben Siegel bis ins achte und weiter führt, nachahmen, indem sie ihn als Reihenfolge äußerer Riten oder Techniken auffassen. Sie haben nicht von den Sphären des Materiellen und der Leidenschaften Abschied genommen und sind noch nicht in einen Einklang mit Vernunft und Naturgesetz gelangt, geschweige denn, daß sie ihr ganzes Wesen nach Denken, Empfinden und Wollen der Kraft und dem Willen des Geistes erschlossen haben. Sie wollen die Möglichkeiten dieses Weges für ihre eigenen Ziele ausnützen, ja durch diesen Weg gerade das umgehen, was Voraussetzung für die Erfahrung der Achtheit wäre: das Schicksal in seinen guten und schlechten Seiten ohne Widerstand zuzulassen. Aber solche Menschen *können* nicht lesen, was in diesem Buch geschrieben steht: Gehindert durch ihre Bindung an Materie und Leidenschaft können sie die Erfahrungen nicht machen, die Freiheit von Materie und Leidenschaft zur Voraussetzung haben, und so werden sie durch einen Ritus oder eine Technik den Weg des Geistes imitieren.

Wenn die Kenntnis dieses Sachverhalts vom Erleuchteten als „Eidesformel" ins Gedächtnis der Menschheit geprägt wird, wird die lebendige Erfahrung des Weges um so besser beschirmt, und alle, die sich diese Erfahrungen unrechtmäßig zunutze machen wollen, werden die Konsequenzen davon um so schmerzhafter erfahren.

Noch einmal benennen geistiger Vater und geistiger Sohn in einem Dankgebet alles, was sie nun auf dieser Stufe der Achtheit geworden sind und zum Ausdruck bringen können. Sie haben das „Wort" bekommen, um den Geist erblicken zu können. Und sie haben die Erkenntnis bekommen, um den Geist bewußt zu erfahren und aus ihm zu leben. Die einzige Bitte, die sie in diesem Zustand noch aussprechen können, ist, daß sie ihn niemals wieder durch falsches Verhalten verlieren.

Über die Achtheit und Neunheit

„Vater, gestern hast du mir versprochen, mein Denken in die Achtheit einzuführen, und danach wolltest du mich in die Neunheit einführen. Du sagtest, so sei es die Ordnung der Überlieferung."

„Mein Sohn, so ist tatsächlich die Ordnung. Aber (die Einlösung) des Versprechens geschieht nach Maßgabe der menschlichen Natur. Das sagte ich dir schon, als ich dir das Versprechen machte. Ich sagte dir, wenn du dich daran erinnerst: Auf jeder einzelnen Stufe würde ich dir durch die Kraft die Wirksamkeit (des Begreifens) erzeugen, nachdem ich selbst die Kraft empfangen hätte. Das Begreifen würde in dir wirksam sein, je nachdem die Kraft in mir zeugungskräftig wäre. Denn wenn ich zeugungskräftig sein würde durch die Quelle, die mir zuströmt, würde ich dich zeugen."

„Vater, schön hast du zu mir gesprochen. Aber verwirrt bin ich wegen einer Aussage, die du soeben gemacht hast. Du sagtest: ‚Die Kraft, die in mir ist . . .' "

Er antwortete. „Ich zeugte die Kraft für dich, so wie Kinder gezeugt werden."

„Dann, Vater, habe ich ja viele Brüder, wenn auch ich unter deine Nachkommen (das Geschlecht der Erlösten) gezählt werde."

„Richtig, mein Sohn! [...] Deshalb, mein

Sohn, mußt du deine Brüder erkennen und sie ehren, so wie es sich gehört, da sie vom gleichen Vater abstammen. Denn jedes Geschlecht habe ich beim Namen gerufen. Ich habe ihm einen Namen gegeben, da sie meine Söhne sind, ganz wie es bei Kindern (der Welt) geschieht."

„Haben sie denn auch Mütter, Vater?"

„Mein Sohn, (ihre Mütter) sind Geistwesen. Sie existieren als Kräfte, die anderen Seelen Wachstum verleihen. Deshalb sage ich, sie sind unsterblich."

„Dein Wort ist wahr. Man kann es nicht widerlegen. Vater, beginne nun deine Rede über die Achtheit und Neunheit, und füge mich meinen Brüdern hinzu."

„Mein Sohn, wollen wir zuerst zum Vater des Alls beten, zusammen mit deinen Brüdern, die meine Söhne sind, daß er mir den Geist der Rede gebe."

„Wie betet man, Vater, wenn man zu den Geschlechtern (der Erlösten) gehört? Ich möchte es gerne richtig machen, Vater."

„[...] Und so ist es richtig für dich, wenn du den Fortschritt an Weisheit bedenkst, den du in den Geschlechtern (der Erlösten) machen wirst. Mein Sohn, vergleiche dich einmal mit einem Kind in den ersten Lebensjahren. Wie es Kinder tun, hast du (damals noch) unsinnige, törichte Fragen gestellt."

„Mein Vater, der Fortschritt, den ich nun gemacht habe, und das Wissen über das, was in den Geschlechtern (der Erlösten) geschehen wird, das ich erlangt habe, und das jetzt allen Mangel beseitigt – dies alles lebt jetzt in mir."

„Mein Sohn, wenn du verstehst, wie wahr es ist, was du da sagst, wirst du deine Brüder, die meine Söhne sind, finden, wenn sie mit dir beten."

„Mein Vater, ich verstehe (noch) nichts außer der Schönheit, die aus den Geschlechtern (der Erlösten) zu mir kam."

„Das, was du die Schönheit nennst, ist nichts anderes als das Wachstum (der Seele), das Schritt für Schritt in dir erfolgt ist. Wenn du aber auch noch die Erkenntnis gewinnst, wirst du selbst Lehrer sein können."

„Ich habe, Vater, jedes einzelne der Geschlechter erkannt, erst recht aber die Materie. Ich habe erkannt, wie sie sind." [„..."]

„Mein Vater, von dir werde ich die Kraft der Worte empfangen, die du zu mir sprechen wirst, wie gesagt wurde. Aber beten wir nun zu zweit, Vater."

„Mein Sohn, wir müssen mit unserem ganzen Denken und unserem ganzen Herzen und unserer ganzen Seele zu Gott beten und ihn bitten, daß die Gabe der Achtheit zu uns gelange und daß jeder von ihm das Seine empfange. Dein Teil ist es nun zu verstehen, der meine aber, aus der Quelle, die mir zufließt, Kraft zu erlangen, um das Wort vortragen zu können."

„Beten wir, Vater!"

„Ich rufe dich an, der du über das Reich der Kraft herrschst, dessen Wort als Lichtgeburt zu uns kommt, dessen Worte unsterblich, ewig und unveränderlich sind, dessen Wille überall Leben in den Formen erzeugt, dessen Wesen dem Sein Gestalt verleiht, aus dem hervorkommen die Seelen der Menschen und die Engel, dessen Gerechtigkeit in allem, was existiert, wirksam ist, dessen Vorsehung sich auf alle Wesen erstreckt, dessen ausströmende Kraft alle Wesen erzeugt, der den Äon verteilt hat an die Geister, der alles geschaffen hat, was er selbst in sich faßt, der allem seine Sorge zuwendet. Du unsichtbarer Gott, den man nur im Schweigen anruft, dessen Bild bewegt wird, indem man es auf ihn ausrichtet und das auf ihn ausgerichtet wird, (indem man es bewegt). Du Starker in seiner Kraft, über jede Majestät erhaben, herrlicher als alle Herrlichkeiten, Zoxathazo a ōō ee ōōō ēēē ōōōō ēē ōōōōōō ōōōōō ōōōōō yyyyy ōōōōōōōōōōōō ōōō Zozazoth.[1]

Herr, schenke uns Weisheit aus deiner Kraft, die zu uns gelangt, damit wir uns die Schau der Achtheit und der Neunheit schildern können.

---

[1] Jeder Buchstabe entspricht einem seelischen oder geistigen Zustand. Durch die Folge der Buchstaben wird eine Folge solcher Zustände, die das gepriesene Wesen charakterisieren, beschrieben.

Wir sind schon bis zur Siebenheit gelangt, da wir fromm sind und in deinen Gesetzen wandeln. Und stets erfüllen wir deinen Willen. Denn wir sind auf deinen Wegen gewandelt und haben allem [Irdischen] entsagt, um deine Schau zu erlangen. Herr, gewähre uns die Wahrheit im Bild. Gewähre uns, durch den Geist die Gestalt des Bildes zu erblicken, das keinen Mangel hat, und empfange durch unser Lob die Widerspiegelung der Fülle, die sich in uns spiegelt. Und nimm den Geist an, der in uns ist. Denn von dir erhielt das All seine Seele, und aus dir, dem Ungewordenen, trat das Gewordene ins Dasein. Durch dich geschieht die Erzeugung des Selbsterzeugten, aber auch die Erzeugung aller erzeugten Dinge. Empfange von uns dieses Opfer des Geistes, das wir von ganzem Herzen, von ganzer Seele und mit all unserer Kraft zu dir emporsenden. Rette, was in uns ist, und schenke uns die unsterbliche Weisheit."

„Umarmen wir innig einander, mein Sohn! Freue dich! Denn schon kommt die Kraft, die Licht ist, von ihnen her zu uns."

„Ja, ich schaue! Ich schaue unbeschreibliche Tiefen!"

„Wie soll ich es dir sagen, mein Sohn? [...] Wie soll ich dir das All beschreiben? Ich bin Geist und schaue einen anderen Geist, den Geist, der deine Seele bewegt!"

„Ich schaue ihn, der mich aus tiefer Vergessenheit herausbewegt. Du gibst mir Kraft! Ich schaue mich selbst! Ich möchte sprechen! Aber Furcht hält mich davor zurück. Ich habe den Ursprung der Kraft, die über alle Kräfte ist, gefunden, die Kraft, die keinen Ursprung hat! Ich sehe eine Quelle, sprudelnd vor Leben!"

„Ich habe dir ja gesagt, mein Sohn, daß ich Geist bin."

„Ich habe gesehen! Das ist etwas, das zu offenbaren die Sprache nicht hinreicht!"

„Ja, die gesamte Achtheit, mein Sohn, und die Seelen, die darin sind, und die Engel, singen einen Lobpreis im Schweigen. Und ich, als Geist, ich verstehe ihn!"

„Auf welche Weise singt man einen Lobpreis in der Achtheit?"

„Bist du jetzt so geworden, daß man nicht mehr zu dir zu sprechen braucht?"

„Ja, ich bin still geworden, Vater. Ich möchte dir einen Lobpreis singen, während ich schweige."

„Dann singe jetzt den Lobpreis, denn ich bin Geist."

„Ich erkenne den Geist, Hermes, der nicht erklärt werden kann, weil er in sich selbst ruht. Und ich freue mich, Vater, weil ich sehe, wie du lächelst. Und das ganze All freut sich. Es gibt kein Geschöpf, das dein Leben entbehren muß. Denn du bist der Herr der Bewohner aller

Orte des Alls. Deine Vorsehung bewahrt sie. Ich nenne dich Vater, Äon der Äonen, großer göttlicher Geist, der seinen Geist auf sie alle herabregnen läßt. Was sagst du zu mir, Vater, Hermes?"

„Darüber sage ich nichts mehr, mein Sohn. Denn es ist recht vor Gott, daß wir schweigen über das, was verborgen ist."

„Trismegistos, laß meiner Seele die große göttliche Schau nicht wieder geraubt werden! Denn alles ist dir möglich, du bist der Meister des Alls."

„Beginne wieder zu loben, mein Sohn, und singe, während du schweigst. Erbitte, was du dir wünschst, im Schweigen."

Als er mit dem Loblied zu Ende war, rief er: „Vater Trismegistos! Was soll ich jetzt sagen? Wir haben beide dieses Licht empfangen. Und ich sehe jetzt dieselbe Schau in dir. Und ich schaue die Achtheit und die Seelen, die darin sind, und die Engel, die der Neunheit und ihren Kräften ein Loblied singen. Und ich schaue ihn, wie er, im Besitz ihrer aller Kraft, im Geist schafft."

„Wir sollten von jetzt an ehrfürchtiges Schweigen bewahren. Sprich jetzt nicht mehr über die Schau. Es gebührt sich, dem Vater ein Loblied zu singen, bis zu dem Tag, da der Mensch den Körper verläßt."

„Was du singst, Vater, möchte auch ich singen. Ich singe ein Loblied in meinem Herzen."

„Sei ruhig im Innern, sei tätig im Loben. Denn du hast gefunden, was du suchtest."

„Wie aber, Vater, lobe ich richtig, da mir das Herz so voll ist?"

„Lobe nur einfach. Dann ist dein Loblied, das du Gott singen willst, richtig."

So soll es in dem unvergänglichen Buch aufgeschrieben werden.

„Ich will mein Loblied in meinem Herzen emporsenden. Ich bete zum Ende des Alls und zum Anfang des Anfangs, zum Ziel der Frage des Menschen und zur unsterblichen Antwort, zum Schöpfer von Licht und Wahrheit, zum Sämann, der die Vernunft sät, die Liebe und das unsterbliche Leben. Kein Wort, auch das verborgenste nicht, ist fähig, Herr, über dich zu sprechen. Deshalb will mein Geist dir täglich ein Loblied singen. Ich bin das Instrument deines Geistes. Mein Geist ist dein Plektron. Und dein Ratschluß spielt auf mir. Ich schaue mich selbst! Ich habe Kraft von dir empfangen! Denn deine Liebe ist zu uns gelangt!"

„So ist es recht, mein Sohn!"

„O Gnade! Nach diesem allen danke ich dir und singe dir ein Loblied. Denn ich habe Leben von dir empfangen, als du mich weise machtest. Ich preise dich. Ich rufe deinen Namen, der in mir verborgen ist: a ō ee ō ēēē ōōō iii ōōōō ooooo ōōōōō yyyyy ōōōōōōōōōō ōōōōōōōōōō. Du bist es, der beim Geist existiert. Ich singe dir ein Loblied, voller Ehrfurcht."

„Mein Sohn, schreibe dieses Buch für den Tempel in Diospolis in Schriftzeichen des lebendigen Tempels nieder, und gib ihm den Titel: ‚Die Achtheit offenbart die Neunheit'."

„Ich will tun, Vater, wie du mir befiehlst."

„Mein Sohn, es gebührt sich, dieses Buch auf Stelen aus Türkis, in Schriftzeichen des lebendigen Tempels, zu schreiben. Denn der Geist selbst führt nun die Aufsicht über sie. Deshalb befehle ich dir, daß diese Lehre in Stein gemeißelt werde, den du in meinem Tempel aufstellen sollst. Acht Wächter sollen ihn bewachen und das große Gefolge des Helios. Die männlichen Wächter rechts seien Froschgesichter, die weiblichen Wächter links Katzengesichter. Und lege einen viereckigen Milchstein unter die Tafeln aus Türkis, und schreibe den Namen in Schriftzeichen des lebendigen Tempels auf die Tafel aus Saphir. Und, mein Sohn, das sollst du tun, wenn ich mich (im Zeichen) der Jungfrau befinde und die Sonne in der ersten Hälfte des Tages steht und fünfzehn Grade mich schon passiert haben."

„Alles, was du sagst, will ich mit Eifer ausführen, Vater."

„Und schreibe eine Eidesformel in das Buch, damit die Leser des Buches den Text nicht mißbrauchen und ihn nicht dazu verwenden, den Wirkungen des Schicksals entgegenzuarbeiten. Sie sollen im Gegenteil dem Gesetz Gottes folgen, ohne je Übertretungen zu begehen, und in Reinheit Gott um Weisheit und Erkenntnis bitten. Auch wer nicht zuvor von Gott gezeugt wurde, wird in den gewöhnlichen und allgemeinen Worten befangen sein und nicht imstande sein zu lesen, was in diesem Buch geschrieben steht. (Wer aber aus Gott gezeugt ist), dessen Bewußtsein ist rein. Er tut nichts Schändliches oder willigt darin ein. Er geht vielmehr Schritt für Schritt voran und betritt den Weg der Unsterblichkeit. Und so tritt er dann in die Erkenntnis der Achtheit ein, die die Neunheit offenbart."

„So werde ich es machen, Vater."

„Und das ist der Eid: Ihn, der dieses heilige Buch liest, lasse ich beim Himmel und der Erde, beim Feuer und beim Wasser, bei den sieben Herren der Substanz und dem schöpferischen Geist, der in ihnen ist, beim ungezeugten Gott, dem Selbstgezeugten und dem Gezeugten, schwören, daß er alles streng bewahrt, was Hermes gesprochen hat. Und wer den Schwur hält, mit dem wird sich Gott verbinden, überhaupt jeder, den wir mit Namen angerufen haben. Aber Zorn wird auf jeden herabfahren, der den Eid bricht. Dies ist der Vollkommene, der wahrhaft ist, mein Sohn."

Dies ist das Gebet, das sie sprachen:

„Wir sagen dir Dank! Jegliche Seele, jegliches Herz wird zu dir erhoben, du nie geschändeter Name, geehrt mit dem Namen ‚Gott', gepriesen mit dem Namen ‚Vater'. Denn zu jedem Menschen und Ding kommen deine väterliche Güte und Liebe und Freundlichkeit und jede mögliche Unterweisung, die süß und klar ist und uns Geist, Sprache und Kenntnis schenkt: Geist, um dich zu verstehen, Sprache, um dich zu erklären, Kenntnis, um dich zu erkennen. Wir freuen uns, erleuchtet durch deine Erkenntnis. Wir freuen uns, da du dich uns gezeigt hast. Wir freuen uns, weil du uns, während wir noch im Körper sind, schon durch deine Erkenntnis göttlich gemacht hast.

Die höchste Wonne des Menschen, der sich zu dir hält, ist, dich zu erkennen. Wir haben dich erkannt, o Licht des Geistes! O Leben des Lebens, wir haben dich erkannt. O Mutterschoß jedes Geschöpfes, wir haben dich erkannt. O Mutterschoß, schwanger mit dem Wesen des Vaters, wir haben dich erkannt. O ewige Dauer des zeugenden Vaters, so haben wir deine Güte angebetet. Nur eine Bitte ist es, die wir an dich richten: daß wir in der Erkenntnis bewahrt werden. Und nur ein Schutz ist es, nach dem wir uns sehnen: daß wir in diesem Leben nicht straucheln!"

Als sie dies im Gebet gesprochen hatten, umarmten sie einander und gingen, um ihre heilige Mahlzeit zu halten, in der kein Blut ist.

Diese eine von ihm verfaßte Abhandlung habe ich abgeschrieben. Noch sehr viele andere habe ich bekommen. Ich habe sie aber nicht abgeschrieben, weil ich dachte, sie seien schon in eure Hände gelangt. Deshalb zögere ich, sie für euch abzuschreiben, weil sie vielleicht schon in eure Hände gelangt sind und die Sache euch auch belasten könnte. Denn seine Abhandlungen, die zu mir gelangt sind, sind recht zahlreich.

Allogenes

Zu „Allogenes"

Als in der Schrift „Über die Achtheit und Neunheit" der nach Erleuchtung suchende Mensch in die „Achtheit" eintritt, „sieht er sich selbst". Er wird sich seines eigenen, wahren Wesens, des individuellen menschlichen Geistes bewußt, der seine eigentliche Identität ist. Denn der Eintritt in die „Achtheit" bedeutet, daß die eigentliche geistige Identität des Menschen, die im gewöhnlichen Menschen nicht direkt wirksam und unbewußt ist, wirksam und bewußt wird. Aus dem Innersten des Menschen steigen, wie bisher im Nebel verborgene Konturen, neue Strukturen und Kräfte ins Bewußtsein herauf, die er als sein wahres Wesen erfährt.

Die Schrift „Allogenes" gibt eine ausführliche Darstellung der Erfahrungen des Menschen, die er bei der Bewußtwerdung seiner geistigen Identität erlebt. Sie beschreibt den Eintritt des Menschen in die achte, neunte und zehnte Sphäre – nach der Zählung des Marsanestextes. In diesen Sphären ist der individuelle menschliche Geist zuhause, dessen „Umgebung" die Gedanken des Geistes sind. Das Prinzip des individuellen menschlichen Geistes wird als der „Erst-Erscheinende" personifiziert. Denn der menschliche Geist ist das erste Geistwesen, das dem Menschen „erscheint", wenn ihm die Geistwelt bewußt wird – selbstverständlich, da ja der individuelle Geist, der sich in ihm entfaltet, die Voraussetzung dafür ist, daß er die Geistwelt wahrnimmt. Der individuelle menschliche Geist ist das Wahrnehmungsorgan des Menschen in der Geistwelt. Er „erscheint" dem Menschen freilich nicht etwa als Vision von außen, sondern er tritt von innen her als Struktur und Kraft ins Bewußtsein, die immer schon vorhanden, nur eben unbewußt waren.

Diese geistige Identität des Menschen hat drei Aspekte: „Verstandeskraft", „Lebenskraft" und „Wirklichkeit", die mit der achten, neunten und zehnten Sphäre des Marsanes-Textes korrespondieren und im „Allogenes" eine große Rolle spielen. Sie geht überdies auf ein noch höheres Wesen – oder eine noch tiefere Wurzel – zurück: den dreifach Mächtigen, wie er genannt wird, das Wesen, dessen Bereich die zehnte, elfte und zwölfte Sphäre, vor allem aber die elfte Sphäre ist: Es ist der Christus, der Sohn und das Herz Gottes. Seine Identität drückt sich in der Identität des geistigen Menschen aus. Seine drei Kräfte offenbaren sich auf einer tieferen Ebene des Geistes in den drei Aspekten des menschlichen Geistes. Daher wird dem Erleuchteten, der sich seines eigenen geistigen Wesens bewußt wird, auch der Christus, der ihn umfassende und durchdringende Geist – die Identität seiner Identität, die Wurzel seiner Wurzel – bewußt werden. Und schließlich wird er, im Herzen des Vaters aufgegangen, auch im Vater selbst, dem Urquell allen Seins, aufgehen.

Die Schrift ist so aufgebaut, daß Allogenes, ein Wahrheitssucher, in der ersten Hälfte von Youel, einer göttlichen Kraft, fünfmal Offenbarungen über den Aufbau der Geistwelt erhält. In der zweiten Hälfte tritt er selbst in einen Zustand ein, in dem ihm zunächst seine eigene geistige Identität mit ihren drei Aspekten und dann die höheren Sphären der Geistwelt bewußt werden. Von diesen Offenbarungen und Erfahrungen berichtet er seinem „Sohn" Messos, das heißt einem Schüler, den er damit auf denselben Weg führt, den er selbst gegangen ist.

„Allogenes" heißt: „Fremd"-Gewordener. Gewöhnlich geht der Mensch in den Belangen der vergänglichen Welt auf und gibt sich ihr hin. Aber es gibt auch Menschen, die fühlen, daß sie ihrem wahren Wesen nach nicht in diese vergängliche Welt gehören. In ihnen macht sich eine Realität bemerkbar, die ihnen sagt, daß ihre Heimat die unvergängliche Welt des Geistes ist. Sie haben den Eindruck, daß sie in der vergänglichen Welt wie in der Fremde leben. Aus irgendeinem Grund sind sie in diese Welt geraten und ihren Gesetzen unterworfen. Ein solcher „Fremdling", ein „Allogenes", macht sich in dieser Schrift auf den Weg, sein wahres Wesen und seine Heimat wiederzufinden, also wieder ein Autogenes, ein „Selbst"-Gewordener, zu werden.

Allogenes beginnt damit, seinem Sohn Messos zu erzählen, was er von „Youel" über das Verhältnis des geistigen Menschen zur Welt des Geistes gehört hat. Wie läßt sich dieses Verhältnis charakterisieren? Immer ist in den gnostischen Schriften von höheren Wesen die Rede, von denen gesagt wird, daß sie eine große Anzahl zu ihnen gehörender Wesen „erzeugen", die dann aus ihnen leben. So spricht „Allogenes" zum Beispiel von einem Wesen, das eine geistige dreifache Kraft ist. Dieses Wesen ist das „Denken all dieser Wesen, die gemeinsam leben". Es ist „eine Einheit und existiert doch in ihnen allen". Offenbar läßt sich eine Sphäre der Welt des Geistes als System beschreiben, dessen Elemente einander durchdringen und vom selben Prinzip durchdrungen werden. Vielleicht erleichtern einige Analogien aus der uns bekannten Welt der Erscheinungen das Verständnis. Jeder Mensch lebt aus dem Blut seiner Vorfahren. Er ist mit allen verwandt, in denen das gleiche Blut rinnt, sei es eine Großfamilie, sei es ein ganzes Volk oder eine Rasse. Die gleiche Kraft, Blut einer bestimmten Beschaffenheit, wirkt in diesen Menschen und verbindet sie miteinander zu einem „System". Ein anderes Beispiel: Man spricht vom „Zeitgeist". Es handelt sich um ein System von mentalen Strömungen, Einstellungen, Lebensauffassungen, und viele Menschen leben daraus und werden in ihrem Handeln davon bestimmt, ob es ihnen bewußt ist oder nicht. Sie sind durch dieses System miteinander verbunden und bestärken es durch ihr darauf abgestimmtes Leben. Auch eine Ideologie zum Beispiel ist ein solches System, das gewaltige Kräfte entwickelt und Menschen in seinem Bann hält.

Ähnliches gilt in der Welt des Geistes. Man kann sich eine Sphäre des Geistes vorstellen als ein großes System von Kraftlinien, die die Entwicklung zum Beispiel der Menschheit leiten – ob es den Menschen bewußt ist oder nicht. Im Unterschied zu einer Ideologie oder der Strömung des „Zeitgeistes" ist dieses Kraftliniensystem allerdings eine von den auf die vergängliche Welt gerichteten Menschen unabhängige Realität. Eine Ideologie besteht aus den Gedankenerzeugnissen des irdischen Menschen. Aber bei dem „System" des Geistes handelt es sich gleichsam um „Gedanken Gottes", lebendige, schöpferische Formeln, die unbeeinflußbar und unzerstörbar sind. Der Mensch ist gewöhnlich auf die Systeme der vergänglichen Welt abgestimmt: Familie und Verwandtschaft, Landsmannschaft, politische und wirtschaftliche Verbände, Ideologien, Weltanschauungen usw. Sie werden jeweils durch bestimmte Interessen ins Dasein gerufen, gegensätzliche Interessen, so daß auch ständig Konflikte zwischen den zu ihnen gehörenden

Menschen ausbrechen. Überdies stehen sich die Menschen in diesen Systemen als Einzelwesen gegenüber und empfinden auch die Systeme, wenn sie ihnen überhaupt bewußt werden, als ihnen außen gegenüberstehend.

Anders ist es bei der Realität des Geistes. Der Mensch hat eine Realität in sich, sein wahres Wesen, das zu dieser Realität des Geistes gehört. Er kann sich ihrer daher auch bewußt werden. Wird er sich ihrer bewußt, und beginnt er ihre Wirksamkeit in sich zuzulassen, so muß er sich mit allen anderen Menschen, in denen diese Realität ebenfalls zu wirken beginnt, eins fühlen. Und er wird diese Realität wie Gedanken, Kraftströme empfinden, die nicht außerhalb, sondern innerhalb von ihm fließen. Er ist dann wie eine Zelle in einem großen Organismus, die den ganzen Organismus, aber auch alle anderen Zellen kennt. Sie kennt ihre eigene Aufgabe darin, und die Aufgaben anderer, vielleicht spezialisierter Zellen. Oder, mit noch einem anderen Bild: Ein solcher Mensch ist wie ein Musiker in einem Orchester. Er kennt das ganze Stück, das gespielt wird, hört es und lebt darin, während es gespielt wird, trägt seinen eigenen Part zur Gesamtheit bei und hört und kennt gleichzeitig auch den Part aller anderen Spieler. Er lebt nun also bewußt im Gedankenorganismus des Geistes. Er empfindet ihn als etwas weit Größeres, als er selbst ist, dennoch als etwas, das ihn umfaßt und durchdringt und das er selbst bis in die letzten Verzweigungen erforschen kann.

Ein solcher Organismus von „göttlichen Gedanken", geistigen Realitäten, wird von den Verfassern der Nag Hammadi-Schriften jeweils personifiziert und als Einheit gesehen. Er bekommt einen Namen. Er kann in seinen Eigenschaften und in seinem Verhältnis zu den ihm angehörenden Gliedern, Zellen oder Teilen beschrieben werden. Das erste solcher Systeme, in das der Mensch eintritt, der all seine auf die vergängliche Welt gerichteten Gedanken, Gefühle und Absichten zum Schweigen gebracht und die geistige Realität in sich selbst hat reifen lassen, ist das „System" der geistigen Wahrheit, die das „Wesen" der Menschheit oder des Menschen beschreibt, ja *ist*. Es ist der „Erst-Erscheinende". Er repräsentiert die Identität des individuellen menschlichen Geistes.

Wenn einem Menschen dieses „System" des Geistes bewußt wird, so bemerkt er, daß es dreifach ist. Die „Struktur" seines eigenen Geistes umfaßt drei Stufen oder Ebenen, identisch mit der achten, neunten und zehnten Sphäre des Marsanes-Textes. Der menschliche Geist ist nicht nur „Denken", sondern auch „Leben". Denn die „Gedanken Gottes" sind ja schöpferisch, lebendig und bewegen sich. Sie bestimmen die Geschichte der Menschheit und ihre Entwicklung, auch wenn die meisten Menschen sich anderen Gesetzen hingeben und sie verwirklichen wollen. Und diese „Gedanken Gottes" haben drittens auch eine Identität, eine Grundlage, eine „Wirklichkeit", etwas, das ihnen Halt und Dauer verleiht. So ist der unsichtbare – für den irdischen Menschen unsichtbare – Erst-Erscheinende ein dreifaches Wesen: Verstandeskraft, Lebenskraft und Wirklichkeit.

Der Mensch, der sich seines eigenen Geistes bewußt wird, erkennt, daß er einem großen, dreifachen System geistiger Kraftlinien angehört und selbst eine dieser Kraftlinien ist, Teil des großen Ganzen. Daher weiß er, daß er, und alle anderen Menschen im gleichen Zustand, nur „dank ihm" existieren.

Vergegenwärtigt man sich diesen Sachverhalt, wird man nicht mehr annehmen, daß die Wesen mit seltsamen Namen, die in allen gnostischen Traditionen auftauchen, Ausgeburten der Phantasie und Spekulation sind. Es sind geistige Realitäten, die den Menschen umfassen und durchdringen, und von ihm erfahren und beschrieben werden können. Sogar die Namen, die ihnen gegeben werden, sind nicht willkürlich, sondern beschreiben die jeweiligen Eigenschaften des Systems. Und wenn man weiter fragt, ob es sich bei diesen Wesen um bloße Personifizierungen handelt oder ob es wirkliche Wesen sind, so muß die Antwort lauten: Es sind wirkliche Wesen. Aus dem „Erst-Erscheinenden" zum Beispiel entstehen wirkliche Wesen: denkende Menschen. Daher muß er auch selbst ein wirkliches Wesen sein. Er hat eine Identität, ein Denken und eine Lebenskraft wie der Mensch auch. Das ist ja eben sein Wesen: die die Identität des einzelnen Menschen durchdringende Identität zu sein, die der einzelnen Identität überhaupt erst Halt und Existenzmöglichkeit gibt. Man sieht daran: Es handelt sich nicht um ein Wesen, das etwa nur die abstrakte Zusammenfassung aller Eigenschaften vieler Menschen darstellt, oder gar nur um eine Projektion des Menschen, der sich nach Macht und Vollkommenheit sehnt. Es handelt sich auch nicht um ein Wesen, das dem Menschen als äußere Macht gegenübersteht. Sondern der Mensch lebt *in* ihm, von ihm getragen und durchdrungen, er ist sein *Abbild*.

In einem Zustand der Freiheit von Verstrickung in die vergängliche Welt wird dem Menschen das erste große

Geistwesen, das erste „System" des Geistes, bewußt: der „Erst-Erscheinende". Er kann es jetzt erforschen. Er wird darin Wesen seiner eigenen Art entdecken: alle, die aus einem Allogenes, einem Fremden, zum Autogenes, zum Selbst geworden sind. Er wird bemerken, daß diese Wesen seiner Art sich differenzieren, je nach Aufgabe für das Ganze, so wie sich Herzzellen von Leberzellen und Gehirnzellen unterscheiden und doch zum Gesamtorganismus gehören.

Wenn der Mensch dieses System erforscht hat, wird er bemerken, daß es noch höhere Geistsysteme gibt, die das niedere umschließen, durchdringen und organisieren. Im nächsthöheren System ist das niedere enthalten. Aber der Mensch kann dann, wenn er zum Beispiel in die „Neunheit" eintritt, auch am nächsthöheren System bewußt Anteil erhalten. Es drückt sich ja auch in ihm selbst aus, ist eine Realität in ihm selbst, eine noch höhere – oder tiefere – Realität als die vorherige. Wenn er, um mit dem Marsanes-Text zu sprechen, weitere „Siegel" in sich löst, werden ihm auch höhere Systeme bewußt und in ihm wirksam. Je höher er geht – oder je mehr er nach innen geht –, desto höhere Geistwesen offenbaren sich ihm. Auch sie können erfahren und beschrieben werden, und unser Text zum Beispiel schildert nach der Beschreibung des dreifach-mächtigen Erst-Erscheinenden den „Äon der Barbelo". Er trägt in sich den „geistigen, männlichen Erst-Erscheinenden, wie ein Bildnis": das höhere System trägt das nächstniedere wie ein Abbild seiner selbst in sich, genauso wie das System des „Erst-Erscheinenden" alle einzelnen Menschen – als Geistwesen begriffen – als Abbilder in sich enthält. Ein noch höheres System ist das des „dreifach-Mächtigen".

Wer die Kräfte der „Barbelo" und die des „dreifach-Mächtigen" in sich wirksam werden läßt, der steht in Verbindung mit dem Urquell des Alls. Denn der Äon der Barbelo und der dreifach Mächtige stehen in unmittelbarer Beziehung zum höchsten – oder innersten System des Geistes: zum Unerkennbaren, zum Schweigen.

Zunächst aber schaut Allogenes die Welt des Geistes noch nicht unmittelbar und selbständig. Er empfängt nur von „Youel" Mitteilungen über sie. Im Zustand des Wahrheitssuchers, der an die Grenze der irdischen Welt gelangt ist, im Zustand des „Selbsterzeugten" also, wie ihn „Marsanes" nennt, ist seine Vernunft fähig geworden, solche Mitteilungen aufzunehmen und zu verstehen. Youel wird in dem Text nicht weiter charakterisiert. Sie ist ein „weibliches" Prinzip, die Kraft der Erkenntnis der Wahrheit. Man wird sich vorstellen dürfen, daß sie aus der neunten Sphäre des Geistes stammt, der „Lebenskraft" des menschlichen Geistes, von wo aus sie in der Vernunft des Menschen wirkt und sie für Erkenntnisse aus der Welt des Geistes öffnet.

Fünfmal spricht Youel zu Allogenes. Zunächst erklärt sie ihm die unsichtbare dreifache geistige Kraft, dann den darüber liegenden Äon der Barbelo, das nächsthöhere geistige System. Jedesmal ist ihre Wirksamkeit von bestimmten Erfahrungen des Menschen begleitet, in dem sie wirkt. Denn auch schon die Vernunfterkenntnisse, die ihm offenbar werden, verändern den Betreffenden. Er erfährt sie beispielsweise als Licht, das ihn umgibt, und erfährt gleichzeitig, daß dasselbe Licht in ihm selbst ist. Es ist das „Gute", das in ihm ist, das Göttliche. Durch die Verbindung des Göttlichen im Menschen mit dem Göttlichen, das ihn umgibt, wird das Göttliche im Menschen belebt und wirksam. Deshalb erfährt Allogenes: „Ich wurde göttlich".

Als Youel zum drittenmal zu Allogenes spricht, ist er fähig, mit Hilfe seiner Vernunft die dreifache Kraft noch besser kennenzulernen. Sie wirkt in der Welt der Ursachen, in dem, was „bestimmend ist". Wie wirkt sie? Wie wirken die schöpferischen Kraftlinien, die der Existenz und Entwicklung aller Menschen zugrundeliegen? Sie wirken absichtslos, allein durch ihre Gegenwart und ihr Sein. Sie setzen sich nicht in Bewegung, sondern Bewegung ist ihr Wesen. Sie *werden* nicht aktiv – dadurch würden sie sich selbst untreu und sich selbst zerstören –, sondern ihr Wesen ist Aktivität. Sie wirken aus sich selbst. Wenn sie wirken, wirken sie nach einem Prinzip, einer Ordnung, die alle durchdringt, die auf sie bezogen sind und die sie verwirklichen.

Auch die Aspekte dieses Prinzips werden mit bestimmten Namen gekennzeichnet. Und Allogenes erkennt dieses Prinzip, das das geistige System organisiert, samt seinen Aufgaben. Dadurch sieht er auch alle Einzelwesen, die aus diesem System existieren, die „Vollkommenen", und die Einzelwesen, die aus dem nächsthöheren System existieren, die „Allvollkommenen".

Zum fünftenmal spricht Youel zu Allogenes, nachdem dieser wieder um Offenbarung gebeten hat. Und sie schildert ihm, wie er selbst, auch ohne das Eingreifen der Youel-Kraft, sich so vorbereiten kann, daß ihm Offenbarung zuteil wird. „Nach 100 Jahren", nach einem Zeitraum vollständiger Vorbereitung, wird sich der „Gott, der in Wahrheit vor allen Dingen ist", Allogenes offenbaren, wenn er sucht, wie gesucht werden muß.

Nach dieser Verheißung zieht sich Youel von ihm zurück.

Und Allogenes bereitet sich vor. Er wandert in einem großen Licht – den Erkenntnissen und Offenbarungen, die er bereits erhalten hat – und auf einem „Weg voller Segen". Denn darin besteht die Vorbereitung: sich niemals vom Licht des Geistes, das zunächst in Form von Vernunfterkenntnissen ins Bewußtsein getreten ist, zu trennen und die Einflüsse, die aus der Welt der Erscheinungen das Bewußtsein auf sich lenken wollen, nicht Herr über sich werden zu lassen.

Die Vorbereitung ist beendet. Jetzt beginnt der selbständige Aufstieg des Allogenes durch die drei Ebenen der Verstandeskraft, der Lebenskraft und der Wirklichkeit, die den Erst-Erscheinenden ausmachen. Der Aufstieg ist derselbe, wie ihn die Seele in der Schrift „Über die Achtheit und Neunheit" aus der siebten Sphäre heraus in die Achtheit vollzieht: Es ist das Verlassen des höchsten Bewußtseinszustandes in der Welt der Erscheinungen und der Eintritt in die Welt des lebendigen Geistes, frei von den Bedürfnissen des Körpers und der Seele. Es ist der Aufstieg, durch den aus dem Allogenes, dem Fremdling, der sich in der Welt der Erscheinungen nicht zuhause fühlt, ein Autogenes wird, der sein Selbst, das geistig ist, in der Welt des Geistes verwirklicht.

Wie in der Schrift „Über die Achtheit und Neunheit" stimmt sich auch hier die Seele zuerst auf die geistige Welt und ihre Struktur ab.

Allogenes empfängt „Verheißung, Segen und ewige Hoffnung". Er vergegenwärtigt sich im Bewußtsein die geistigen Systeme und ihre Ebenen, an denen er Anteil hat und die bisher auf ihn eingewirkt haben, ohne daß er sie unmittelbar geschaut hätte. Da gibt es das System der seelischen Selbständigkeit, die einen Menschen, der sich auf die Offenbarung der Achtheit vorbereitet, durchdringt, repräsentiert durch den göttlichen Selbsterzeugten. Es gibt das System der erlösenden Kräfte, die den Menschen aus der Welt der Erscheinungen herausziehen und lösen, repräsentiert durch den Erlöser. Es besteht aus den Kräften der „Reue", die den Menschen von der irdischen Welt ab- und der geistigen Welt zuwenden. Danach kommt das System der „Gedanken Gottes", der „Erst-Erscheinende-Harmedon", das mit der „Achtheit" (bzw. mit der achten, neunten und zehnten Stufe des Marsanes-Textes) identische System, und schließlich die weiteren, übergeordneten Systeme. Allogenes stimmt sich noch einmal auf die bisher von ihm im Stadium der Vorbereitung gemachten Erfahrungen und auf die ihm dabei zuteil gewordenen Erkenntnisse ab.

Dann aber kommt der Augenblick, da er, durch die Kraft des Lichtes, „aus dem Gewand, das mich umhüllte", herausgeholt wird. Es entsteht ein Zustand in ihm, in dem sein individueller Geist gleichsam die Augen öffnet und unmittelbar die Welt des Geistes schauen kann. Er schaut nun alle und alles, von dem er bisher nur gehört hatte. Die unterste Ebene seines Geistes, seine „Verstandeskraft", ist erwacht, und er nimmt bewußt die Kraftlinien der schöpferischen Gedanken Gottes wahr, alle, die in diesen Kraftlinien wirken, und alle, die von ihnen erzeugt werden. Doch diese Ebene ist nur die Basis, von der aus es weiter hinauf – oder tiefer ins eigene Wesen hinein – geht: zuerst hinauf zur „Lebenskraft" und dann noch weiter hinauf zur „Wirklichkeit", zur Existenz. Die „heiligen Kräfte" auf dieser Ebene beschreiben Allogenes, wie er sich weiter verhalten soll und was er weiter erfahren wird. Es sind Einflüsse aus der Welt des Geistes, die sich ihm jetzt nähern und in ihm Bewußtseinsinhalte wachrufen können, die ihm vorher, in der Welt der Vergänglichkeit, noch verschlossen waren.

Es handelt sich bei diesen Bewußtseinsinhalten nicht um Gedanken und Wünsche des irdischen Menschen, die nun etwa in Form von Bildern auf Allogenes eindringen. Er hat ja das Stadium der „Reue", der Abwendung von den auf die Erscheinungswelt gerichteten Interessen und der Zuwendung zur Welt des Geistes, bis in alle Aspekte seiner Existenz durchlebt. Er hat sich die Selbständigkeit seiner Seele gegenüber allen Einflüssen von innen und außen wirklich erarbeitet. Die Phase der Bewußtwerdung der Gedanken und Gefühle des irdischen Menschen liegt längst hinter ihm. Er hat sich aus den Verstrickungen in die Realitäten der Erscheinungswelt befreit und weiß sie genau von den Realitäten der Geistwelt zu unterscheiden.

Von dieser Voraussetzung her ist auch möglich zu verstehen, was die Schrift meint, wenn sie davon spricht, daß Allogenes „aus dem Gewand, das mich umhüllte, herausgeholt", also aus seinem Körper herausgeholt wurde. Er hat keine speziellen Methoden angewandt, um einen Austritt aus dem Körper zu ermöglichen, denn diese würden nur bewirken, daß der Mensch zwar von den Sinneseindrücken frei würde; er würde aber dann, aufgrund seines im Irdischen verhafteten Zustandes, nur mit den aufs Irdische bezogenen und vom irdischen Menschen erzeugten Wünschen und Gedanken konfrontiert, nicht mit den schöpferischen Gedanken des Geistes. Das Licht ist es, das Allogenes aus dem Körper herausholt, also die Welt des Geistes selbst, und das ist nur möglich, wenn vorher das ganze Leben und Sein auf das Licht abgestimmt wurde. Daher braucht es keineswegs so zu sein, daß bei diesem Vorgang der Körper wirklich schläft oder die Sinne geschlossen sind. Im Gegenteil: Der Mensch kann alle Verrichtungen in der Welt der Erscheinungen mit wachem Körper, Seele und Verstand weiter ausführen und doch gleichzeitig vom Licht in die Welt des Geistes erhoben sein. Das aus dem Körper Herausgeholtsein bedeutet nur, daß der Mensch seinem innersten Wesen nach frei von allen Gedanken und Interessen ist, die ihn mehr als nötig mit der Welt der Erscheinungen verbinden.

Der Zustand, in dem sich Allogenes befindet, ist somit ein dauerhafter Zustand. Alle seine äußeren „Hüllen": Körper, Empfinden und Denken, sind weiter in Funktion, während sich ihm die nach innen zu gelegenen Hüllen eine nach der anderen erschließen. Und die Erschließung jeder neuen Hülle bedeutet Bewußtwerden und Leben in einer der jeweiligen Hülle entsprechenden Ebene der geistigen Welt. So braucht man sich den Eintritt des Allogenes in die Sphäre der geistigen „Verstandeskraft" nicht als blitzartiges Geschehen vorzustellen, das auch wie ein Blitz schnell wieder vorbei ist, sondern als allmähliche Eroberung eines Neulandes, wobei alle anderen Fähigkeiten des Menschen weiter funktionieren.

Als Allogenes die erste Ebene der geistigen Welt, die der Erkenntnis der göttlichen Gedanken, „erobert" und durchforscht hat und darin heimisch geworden ist – und das ist ein fortdauernder Prozeß, der sich von der Öffnung der geistigen Organe an das ganze Leben über fortsetzt –, kommt er mit der nächsten Ebene in Berührung.

Es ist die Ebene der „Lebenskraft". Die Gedanken des Geistes sind ja schöpferische, tätige, wirkende Kräfte, erfüllt von Leben. Und wenn ein Mensch wie Allogenes sein wahres Wesen sucht und erkennen will, „wie er wirklich ist", wird auch die Kraft des lebendigen Geistes in ihm wachwerden und ihn in den Bereich der lebendigen Kräfte des Geistes hinaufführen. Er wird dort die „mit Weisheit begabte, ungeteilte Bewegung" dieser Kräfte schauen, erfahren und an ihr teilnehmen. Es sind die lebendigen Wirkungen dieser Kräfte, die sich als Entwicklungen im Bereich der Erscheinungswelt manifestieren – wenngleich oft bis zur Unkenntlichkeit von den Wesen der Erscheinungswelt verzerrt, die ihre eigenen Wege gehen. Diese Wirkungen sind mit Weisheit begabt: anders als die Entwicklungen, die von den irdischen Menschen in Gang gesetzt werden und oft nur allzu beschränkt oder ganz planlos und blind verlaufen. Sie vollbringen die Entwicklung aller Wesen und Welten zur Vollkommenheit, nach „weiser" Voraussicht. Die Weisheit ist in ihnen verankert. Und diese geistige Lebenskraft durchdringt alles und alle grenzenlos.

Wie Allogenes vorausgesagt worden war, steht er in diesem wogenden Meer der geistigen Kräfte zunächst nicht fest. Es ist ein langer Lernprozeß, der viele Jahre dauern kann, bis eine solche Festigkeit gewonnen ist. Schon im Bereich der gedanklichen und seelischen Strömungen der vergänglichen Welt ist es schwer, fest stehen zu bleiben. Die meisten Menschen sind Spielball dieser Strömungen, lassen sich hierhin und dorthin treiben, von einer Bewegung – philosophisch, wissenschaftlich, esoterisch, psychologisch – ergreifen, dann wieder von einer anderen. Andere verschreiben sich fest einer einzigen Strömung, die ihnen Halt und Maßstab im Meer der vielen anderen Strömungen geben soll. Aber auch das ist nur ein relativer Halt. Allogenes jedoch hat in der Phase der Vorbereitung den „Selbsterzeugten" kennengelernt. Das heißt, er hat sich von allen Strömungen der irdischen Welt im Licht der Vernunfterkenntnis freigemacht und hat ihnen gegenüber Selbständigkeit gewonnen. Er hat erkannt, daß sie alle relativ sind, und orientiert sich an den Gesetzen des Geistes.

Doch das war noch Vorbereitung. Etwas anderes ist es wieder, im neuen Land der noch unvertrauten lebendigen Gedanken der Geistwelt Festigkeit zu gewinnen. Diese Strömungen gehen durch den Menschen hindurch, sammeln sich in ihm, gehen von ihm aus – er nimmt das bewußt wahr und erfährt es, wenn sich ihm das Organ dafür geöffnet hat. Aber er hat noch nicht genügend Kraft, „aufrecht stehenzubleiben", das heißt, mit festem Boden unter den Füßen klar wahrzunehmen und zu unterscheiden. Ja es kann sogar sein, daß er „Angst bekommt wegen der dort wirkenden Energien". Was kann er in dieser Lage tun? Er muß zur dritten Ebene des „Erst-Erscheinenden" hinaufsteigen, zur „Existenz, zur „Wirklichkeit". Das ist nichts anderes als ein noch mehr Nach-innen-Gehen, ins wahre eigene Wesen hinein, wo die Wurzel der Existenz liegt. Deshalb hatten die „heiligen Kräfte" Allogenes geraten, „sich etwas zurückzuziehen" ins eigene Wesen hinein und sich „zur Ruhe" zu bringen. Denn dort, im Innersten, auf der dritten Ebene, befinden sich die Ruhe, die Sicherheit, die Klarheit und Kraft der Selbständigkeit in der geistigen Welt. Wenn dieser Punkt gefunden ist, tritt die Existenz, die Identität, die Wirklichkeit des Geistes, in den Menschen ein, stärkt ihn „unaufhörlich" und gibt ihm Ruhe und eine Basis, um auch in der Welt des Geistes, in seinen ewig strömenden Kraftlinien, festzustehen und die Aufgabe zu erfüllen, die dem Menschen an seiner besonderen Stelle dort zukommt. Auch dies muß gelernt werden und ist kein ekstatischer Moment, sondern eine dauernde Aufgabe, bei der alle anderen Fähigkeiten des Menschen, auch die in der irdischen Welt notwendigen, weiter funktionieren können.

Drei Verhaltensregeln hat Allogenes für sein Leben in dieser Ebene der Existenz des Geistes von den „heiligen Kräften" bekommen. Und er richtet sich nach ihnen. Erstens „lenkt er sich nicht weiter ab", das heißt, er konzentriert alle Kräfte seines Inneren in sich selbst und verliert sich nicht in der einen oder anderen Strömung des Geistes. Nur so laufen *alle* Strömungen durch den Punkt seines Innersten und ist er in ihnen allen. Zweitens „begehrt er nicht, ewig zu sein". Verständlich wäre das Verlangen, den Zustand der unmittelbaren Einheit mit dem Geist aufrechtzuerhalten. Aber gerade durch dieses Verlangen würde die Einheit wieder verlorengehen. Es ist eine Resteigenschaft des irdischen Menschen, die das Fließen des Geistes und seines Lebens gerade behindert. Wird jedoch dieses Verlangen preisgegeben, so zeigt sich, daß gerade dadurch der Geist unaufhörlich strömt, so daß der mit ihm verbundene Mensch ewig ist. Und drittens muß auch das Bestreben aufgegeben werden, den Geist „mit dem Wissen" erfassen zu wollen. Auch durch dieses Bestreben würde sich der Geist dem Menschen gerade entziehen, denn der irdische Verstand kann den Geist nicht zu sich heranholen. Er kann höchstens ein Werkzeug und Gefäß sein, in das die Erfahrungen, die im Nicht-Wissen gemacht werden, eingegeben werden. Er kann dann in Begriffen und Bildern beschreiben und schildern, was der Schauende erfahren hat. Aber diese Begriffe und Bilder sind nicht die Erfahrungen selbst und können höchstens auf sie hinweisen.

Nachdem nun Allogenes sich in allen drei Ebenen des „Gedankensystems des Geistes" orientiert hat, nachdem sich die Erkenntniskraft in ihm geöffnet hat, die Lebensströme des Geistes durch ihn hindurchfluten und er in der Quelle des Geistes selbst fest und aufrecht steht, werden ihm Eigenschaften des höchsten Geistes, des höchsten „Systems", offenbar. In einer „Uroffenbarung" werden ihm Eigenschaften des höchsten – oder innersten – Geistes bewußt. Denn dieser höchste Geist durchdringt das System des „Ersterscheinenden" und kann dadurch dem in diesem System Wachgewordenen bewußt werden. Eine Voraussetzung für diese Offenbarung ist folgende: Auch die letzten Sphären eigenen Wollens im Menschen müssen getilgt werden. Auch die Suche nach der Wahrheit, nach dem „Unbegreiflichen" muß noch eingestellt werden. Dann wird der „Zustand der Untätigkeit", des Schweigens jeder Aktivität und Bemühens, zu einer Einlaßpforte für neue Erfahrungen, die Erfahrungen der Quelle allen Seins.

Diese Quelle selbst kann nicht direkt beschrieben werden. Sie ist ja vor allem Geformten, vor jeder Gedankenform, jeder Form des Denkens, Wollens und Fühlens. Aber indirekt versucht der Text sie näher zu charakterisieren. Dafür stehen zwei Wege zur Verfügung. Man kann erstens sagen, was diese Quelle *nicht* ist. Sie ist *nicht* das Dasein, das wir kennen, *nicht* die Vollkommenheit, die der Mensch in der Welt des Geistes erfahren kann, sondern eben die Quelle von diesem allen. Und man kann sich dieser Quelle nähern, indem man beschreibt, was sie hervorbringt, nämlich ihre Konkretisierungen. Sie konkretisiert sich – zuerst in den großen Systemen des Geistes bis zum untersten, in dem der menschliche Geist beheimatet ist, dann aber im „Nicht-Existierenden", also der vergänglichen Erscheinungswelt, so weit diese nicht ihrer eigenen Wege geht, sondern Ausdruck der ursprünglichen Muster des Geistes ist.

Wie in der Schrift „Über die Achtheit und Neunheit" wird auch in diesem Text der Mensch, der die Offenbarung des Geistes empfangen hat, weil der Geist in ihm selbst lebendig geworden ist, aufgefordert, seine Erfahrungen in einem Buch aufzuschreiben für alle, die nach ihm „würdig sein werden". Das ist wiederum nichts anderes als die Einprägung dieser Erfahrungen ins „Gedächtnis" des Geistes, so wie in der irdischen Welt ein Mensch etwas seinem Gedächtnis anvertraut. Der Unterschied ist nur der, daß das Gedächtnis des Geistes als Kraftlinienstruktur, die den ganzen Raum erfüllt, allen zur Verfügung steht, die kraft ihres Wesens an dieser Struktur Anteil haben oder Anteil gewinnen können. Sie ist der „Berg", auf den Allogenes sein Buch legen soll. Das schließt nicht aus, daß er auch ein konkretes Buch schreibt, in dem, wie im vorliegenden Text, von solchen Erfahrungen berichtet wird. Aber das konkrete Buch kann höchstens als Hinweis auf die Erfahrungen dienen, die jeder, der die Voraussetzungen des Allogenes erfüllt, auch machen kann. Das konkrete Buch kann freilich von jedem gelesen werden, ob er es ernst nimmt oder nicht, versteht oder nicht, seinen Hinweisen folgt oder nicht, die Hinweise als Technik auffaßt oder als Anleitung, in der Kraft des Lichtes eine derartige Wesensveränderung durchzuführen, daß das Licht einst erfahren werden kann. Dagegen ist das Gedächtnis des Geistes durch einen Wächter vor dem Eindringen Unwürdiger geschützt. Wer sich mit seinen irdischen Interessen dem Geist nähert, wird wie von einer Mauer zurückgeworfen werden, da die Struktur der Geistwelt der Welt der Erscheinungen entgegengesetzt ist. Der „Sohn" des in der Geistwelt bewußt gewordenen Menschen aber, der Schüler des von einem Fremdling zum wahren Selbst gewordenen Menschen, wird die Bücher des Allogenes in sich aufnehmen und selbst aus einem Fremdling in der Welt des Geistes zuerst zum Gast und dann zum Bürger dieser Welt werden.

Allogenes

[Youel sprach zu mir...] „[...] Der Wächter, den ich euch sandte, lehrte euch. Und die Kraft, die in euch ist, streckte sich immer wieder in Form einer Rede von der dreifachen Kraft her aus, also von dem her, der alle umfaßt, die in Wahrheit beim Unermeßlichen existieren, dem ewigen Licht der Erkenntnis, die in Erscheinung trat [...] in dem Äon, der aus einem einzigen, dreifach mächtigen Äon stammt. Er ist die dreifache Kraft, die in Wahrheit existiert. Denn als er sich ausgestreckt hatte und zur Ruhe kam, als er sich ganz ausgestreckt hatte, wurde er vollkommen und empfing Kraft von ihnen allen. Er kennt sich selbst und den vollkommenen, unsichtbaren Geist. Und er wurde zu einem weiblichen Äon, der sich selbst kennt und auch Ihn kennt. Und sie wurde zur Verborgenen, die in allen wirkt, die sie kennt. Er ist ein vollkommener, unsichtbarer, geistiger Erst-Erscheinender-Harmedon. Sie aber gewährt Kraft den Einzelwesen und ist dreifach männlich. [...] Und sie enthält den göttlichen Selbsterzeugten.

Als sie sich ihrer Existenz bewußt wurde und aufrecht stand, brachte sie diesen Einen hervor. Denn sie sah sie alle als Einzelwesen so existieren, daß Dauer gewährleistet ist, und daher können sie werden, wie er ist. Sie werden den göttlichen dreifach Männlichen sehen, die Kraft, die höher als Gott ist. Er ist das Denken all dieser Wesen, die in Gemeinschaft leben. Wenn er über sich selbst nachdenkt, denkt er über den großen, vollkommenen, männlichen, geistigen Erst-Erscheinenden nach. Es ist auf der einen Seite die Ausgießung des Geistes für die, die [...] sehen, die also in Wahrheit existieren, auf der anderen Seite ist es die Ausgießung des Geistes für die, die in Gemeinschaft leben. Und wenn so jemand diese Wesen gesehen hat, hat er die Verborgene gesehen. Und wenn er einen der Verborgenen sieht, sieht er den Äon der Barbelo. Und was die unerzeugten Nachkommen dieser (Barbelo) betrifft: [...] Du hast sicher über die Fülle eines jeden von ihnen gehört.

Höre nun, was es mit der unsichtbaren, geistigen dreifachen Kraft auf sich hat! Sie existiert als ein Unsichtbarer, der ihnen allen unbegreiflich ist. Er enthält sie alle in sich selbst, denn sie alle existieren nur dank ihm. Er ist vollkommen, ja er ist noch größer als vollkommen, und er ist gesegnet. Er ist eine fortdauernde Einheit und existiert doch in ihnen allen. Er ist unaussprechlich, unbenennbar, eine Einheit, die doch durch sie alle existiert. Würden die, die Existenz besitzen, ihn erkennen können, so würde sich doch keiner etwas wünschen, was vor diesem existiert. Denn er ist die Quelle,

aus der sie alle entspringen. [...] er ist vor jeder
Segnung, da er für jede Kraft Sorge trägt. Und
er ist eine nicht substantielle Substanz, ein
Gott, über dem keine Gottheit ist, [...] dessen
Größe und Schönheit unübertrefflich sind. Da
es für die Einzelwesen unmöglich ist, das All,
das an dem Ort liegt, welcher höher als vollkommen ist, zu begreifen, nehmen sie an dem
ersten Denken teil – nicht daß sie (unmittelbar)
am Sein teilnehmen würden, sondern er gewährt ihnen sowohl das Sein als auch die Verborgene der Existenz. Er stellt alles für sich
selbst bereit, denn er ist es, der ins Dasein tritt,
wenn er sich selbst erkennt. Und er ist jemand,
der als eine Art des Seins besteht und als eine
Quelle und immaterielle Materie und als un-
zählbare Zahl und formlose Form und gestalt-
lose Gestalt [...] und untätige Tätigkeit. Aber er
stellt alles zur Verfügung und ist das Göttliche
des Göttlichen. [...] wenn sie (an ihm) teilha-
ben, haben sie an der ersten Lebenskraft und
einer ungeteilten Energie teil, an einer uran-
fänglichen Substanz des Einen, der in Wahrheit
existiert. [...]

So einer wird mit Segen und Güte überschüt-
tet; denn wenn er als derjenige erkannt wird,
der die Grenzenlosigkeit des unsichtbaren Geistes, der in ihm lebt, durchmißt, bewirkt die
Grenzenlosigkeit, daß er sich ihr zuwendet, damit sie erkenne, was in ihm ist und wie er exi-

stiert. Und er wurde zur Erlösung für alle, dadurch, daß er ein Ausgangspunkt war für die, die in Wahrheit existieren, denn durch ihn erhält Erkenntnis Dauer, da er der einzige ist, der weiß, wer er ist. Aber sie brachten nichts über sich hinaus hervor, weder Macht noch Rang noch Herrlichkeit, noch Äonen, denn sie sind alle ewig. Er ist Lebenskraft und Verstandeskraft und Wirklichkeit. Denn Wirklichkeit besitzt ohne Unterbrechung Lebenskraft und Verstandeskraft, und Lebenskraft besitzt Sein und Verstandeskraft. Verstandeskraft besitzt Leben und Wirklichkeit. Diese drei sind eins, obwohl sie auch jedes für sich bestehen."

Als ich nun dies alles gehört hatte, mein Sohn Messos, [sprach ich zu Youel: „Du bist es], die allen Kraft gibt, die fähig sind, dies durch eine Offenbarung zu erkennen, die noch weit größer ist (als diese). Und ich war dazu fähig, obgleich ich von Fleisch umhüllt war. Ich hörte von dir über diese Dinge und die Lehre, die in ihnen ist, da das Denken, das in mir ist, die Dinge, die über jedes Maß sind, und das Unerkennbare unterschied. Deshalb fürchte ich, daß meine Lehre zu etwas geworden sein könnte, was über das (für irdische Menschen) Zuträgliche hinausgeht."

Und dann, mein Sohn Messos, sprach sie, die zu allen Herrlichkeiten gehört, Youel, von neuem zu mir. Sie schenkte mir Offenbarung und sprach: „O Allogenes, niemand vermag diese Dinge zu hören, außer die großen Kräfte. Und eine (solche) große Kraft wurde dir mitgeteilt. Der Vater des Alls, der Ewige, teilte sie dir mit, bevor du an diesen Ort kamst, damit du diese Dinge, die schwer zu unterscheiden sind, unterscheiden mögest und das, was der Menge unbekannt ist, erkennen mögest und eine sichere Zuflucht fändest bei dem Einen, der zu dir gehört, der der erste war, der Rettung brachte und keiner Rettung bedarf. [...]

Wie alle Äonen, so existiert auch der Äon der Barbelo, und er ist ebenfalls mit den Mustern und Formen all derer ausgestattet, die in Wahrheit existieren, mit dem Bild der Verborgenen. Und ausgestattet mit dem Verstandesprinzip dieser Wesen, trägt er den geistigen, männlichen Erst-Erscheinenden, wie ein Bildnis, und er wirkt in den Einzelwesen mit Geschick oder Können oder Instinkt. Er ist auch mit dem göttlichen Selbsterzeugten wie mit einem Bild ausgestattet und kennt jeden einzelnen von ihnen. Er wirkt nacheinander in den Einzelwesen und berichtigt fortwährend die aus der Natur folgenden Fehler. Er ist mit dem göttlichen dreifach Männlichen ausgestattet, als Erlösung für sie alle, und mit dem unsichtbaren Geist. Er ist wie ein guter Beschluß. Er ist die vollkommene Jugend. [...]"

[...] Und ich entrann und war sehr bestürzt

und wandte mich zu mir selbst. Ich sah das Licht, das mich umgab, und das Gute, das in mir war, und ich wurde göttlich.

Und sie, die zu allen Herrlichkeiten gehört, Youel, salbte mich wiederum und gab mir Kraft. Sie sprach: „Da du nun vollständig unterwiesen worden bist und das Gute, das in dir ist, kennengelernt hast, höre nun die Worte über die dreifache Kraft, die du in großem Schweigen bewahren und geheimhalten wirst. Denn sie werden nur zu solchen gesprochen, die dessen würdig sind, zu solchen, die hören können. Auch wäre es nicht richtig, zu einem unbelehrten Geschlecht über das All zu sprechen, das höher als vollkommen ist. Du aber bekommst die Worte zu hören, dank der dreifachen Kraft, dank ihm, der in Segen und Güte existiert, ihm, von dem all diese Worte stammen.

In ihm ist gewaltige Größe. Insofern, als er eine Einheit ist in einer Vielheit von Wesen. [...] des ersten Denkens, das niemals die Wesen verläßt, die sich im Begreifen und in der Erkenntnis und im Verständnis befinden. Und er bewegte sich ohne Bewegung in dem, was bestimmend ist, damit er nicht durch eine andere Aktivität der Verstandeskraft ins Grenzenlose versinke. Und er versenkte sich in sich selbst und trat in Erscheinung als einer, der alles umfaßt. Denn er ist das All, das höher als vollkommen ist.

Auf diese Art ist er vor jeder Erkenntnis, aber für mich nicht faßbar, gibt es doch keine Möglichkeit eines vollkommenen Begreifens. Doch auf folgende Weise wird er erkannt: dank des Dritten, der schweigenden Verstandeskraft, und des Zweiten, der ungeteilten Energie, die im ersten Gedanken in Erscheinung trat, das heißt, im Äon der Barbelo, zusammen mit dem Unteilbaren der teilbaren Bilder und der dreifachen Kraft und der unsubstantiellen Existenz."

Und die Kraft trat mittels einer Energie, die in Ruhe und Schweigen ist, in Erscheinung, obwohl sie einen Klang äußerte, der sich so anhörte: ssa, ssa, ssa. [...]

[Und Youel begann, die dreifache Kraft zu preisen: „Du bist groß,] entsprechend der Lebenskraft, die die deine ist, und der ersten Energie, aus der Göttlichkeit entsteht: Du bist groß, Armedon! Du bist vollkommen, Epiphaneus!

Und entsprechend dieser deiner Energie, der zweiten Kraft, und der Verstandeskraft, aus der Segen entsteht: Autoer, Beritheus, Erigenaor, Orimenios, Aramen, Alphleges, Elelioupheus, Lalameus, Yetheus, Noetheus – du bist groß! Wer dich kennt, kennt das All! Du bist Einer, du bist Einer, du, der gut ist: Aphredon! Du bist der Äon der Äonen, du, der ewig währt!"

Dann pries sie den Einen, der „ganz" ist, und sprach: „Lalameus, Noetheus, Senaon, Asineus [...]riphanios, Mellephaneus, Elemaoni, Smoun, Optaon, du, der wahrhaft ist! Du bist es, der ist, der Äon der Äonen, der Unerzeugte, der höher ist als die Unerzeugten, Yatomenos, du allein, für den alle Ungeborenen gezeugt wurden, du Unnennbarer! [...]"
Als ich dies gehört hatte, sah ich die Herrlichkeiten der vollkommenen Einzelwesen und die Allvollkommenen, die gemeinsam existieren, die vor den Vollkommenen stehen. Und wiederum sprach sie, die zu den Herrlichkeiten gehört, Youel, zu mir: „O Allogenes, in einer Erkenntnis, die Nicht-Wissen ist, wirst du erkennen, daß die dreifache Kraft vor den Herrlichkeiten existiert. Sie existieren nicht bei denen, die existieren. Sie existieren in keiner Weise bei denen, die existieren, oder denen, die in Wahrheit existieren. Sondern sie alle existieren als Göttlichkeit und Segen und Existenz und als Wesen ohne Substanz und als nicht seiende Existenz."

Und darauf betete ich, daß mir Offenbarung zuteil werden möge. Da sprach sie, die zu allen Herrlichkeiten gehört, Youel, zu mir: „O Allogenes, natürlich ist der dreifach Männliche etwas, was über jede Substanz hinausgeht. [...] die in Gemeinschaft mit dem Geschlecht derer existieren, die in Wahrheit existieren. Die

Selbsterzeugten existieren mit dem dreifach Männlichen.

Wenn du suchst, wie gesucht werden muß, wirst du das Gute, das in dir ist, erkennen. Dann wirst du auch dich selbst erkennen. Du existierst bei dem Gott, der in Wahrheit vor allen Dingen existiert. Nach hundert Jahren wird eine Offenbarung von ihm zu dir ergehen, und zwar durch [...] und Seinen [...] und die Lichter des Äons der Barbelo, und das Gute, das als erstes kennenzulernen gut für dich ist, damit dein Wesen nicht verlorengeht. Und wenn du es kennenlernst, wirst du, sobald du eine Vorstellung von Ihm empfängst, durch das Wort vervollständigt werden. Dann wirst du göttlich und vollkommen dadurch, daß du diese (Worte) empfängst [...]. Und dann wird er, der versteht und erkennt, größer als der, der verstanden und gekannt wird. Doch wenn er zu seiner Natur hinabgelangt, ist er im Zustand der Unterlegenheit. Doch die unkörperlichen Wesen haben nichts mit irgendeiner Art von Überlegenheit zu tun. Da sie diese Kraft besitzen, sind sie überall und nirgends, denn sie sind jeder Überlegenheit überlegen und jeder Unterlegenheit unterlegen."

Als nun sie, die zu allen Herrlichkeiten gehört, Youel, dies zu mir gesagt hatte, trennte sie sich von mir und verließ mich. Aber ich verzagte nicht bei den Worten, die ich gehört hatte. Ich bereitete mich, diese Worte bedenkend, vor und erwog sie in mir, hundert Jahre lang. Ich wurde von höchster Freude erfüllt. Ich befand mich in einem großen Licht und auf einem Weg voller Segen. Denn sie, die ich zu sehen würdig war, und sie, die ich zu hören würdig war – allein die großen Kräfte dürfen sie sehen und hören. [...]

Als die Zeit der hundert Jahre um war, empfing ich Verheißung und Segen und ewige Hoffnung. Ich sah den guten, göttlichen Selbsterzeugten, und den Erlöser, der der junge, vollkommene dreifach Männliche ist, und seine Güte, den geistigen vollkommenen Erst-Erscheinenden-Harmedon, und den Segen der Verborgenen und das erste Prinzip des Segens, den Äon der Barbelo, voller Göttlichkeit, und das erste Prinzip dessen, der ohne Herkunft ist, der geistigen, unsichtbaren dreifachen Kraft, des Alls, das höher als vollkommen ist.

Als ich vom ewigen Licht aus dem Gewand, das mich umhüllte, herausgeholt und zu einem heiligen Ort hinaufgebracht wurde, dessen Aussehen der Welt nicht offenbart werden kann, da sah ich, gestärkt durch einen großen Segen, alle, von denen ich gehört hatte. Und ich pries sie alle und gelangte über meine Erkenntnis hinaus und wandte mich der Erkenntnis der Ganzheiten zu, dem Äon der Barbelo.

Und ich sah, gestärkt durch die Lichter der

jungfräulich männlichen Barbelo, heilige Kräfte, die mir sagten, ich würde imstande sein, alles zu prüfen, was in der Welt geschieht: „O Allogenes, sieh, wie du auf die Art gesegnet wirst, die in Schweigen existiert. Darin erkennst du dich, wie du wirklich bist. Steige nun, auf der Suche nach dir selbst, zur Lebenskraft hinauf, und du wirst sehen, wie sie sich bewegt. Wenn es dir nicht möglich sein sollte, dabei aufrecht stehenzubleiben, fürchte dennoch nichts. Aber wenn du danach verlangst, aufrecht stehenzubleiben, so steige weiter zur Existenz hinauf, und du wirst ihr begegnen, wie sie aufrecht steht und sich zur Ruhe bringt nach dem Muster dessen, der sich wahrhaft zur Ruhe bringt und sie alle in Schweigen und ohne Anstrengung an sich heranzieht. Und wenn du eine Offenbarung von ihm empfängst, kraft einer Uroffenbarung des Ungekannten – des Einen, den du, wenn du ihn erkennst, nicht mit dem Wissen erfassen darfst – und du dort Angst bekommst, ziehe dich dann wegen der dort wirkenden Energien etwas zurück. Und wenn du dort vollkommen wirst, bringe dich dann zur Ruhe. Und kraft des Musters, das in dir ist, wirst du dann auch wissen, daß es allen so ergeht, die dieser Form entsprechen. Lenke dich dann nicht weiter ab, damit du imstande bist, aufrecht stehenzubleiben, und begehre nicht etwa, ewig zu sein, damit du nicht wieder aus dem Zustand der Untätigkeit des Ungekannten, der in dir ist, herausfällst. Versuche nicht, ihn kennenzulernen, denn das ist unmöglich. Wenn du ihn aber durch einen erleuchteten Gedanken kennenlernst, versuche dann nicht, ihn mit dem Wissen zu erfassen."

All dieses hörte ich, was die, die um mich waren, zu mir sagten. Und dabei war in mir die Ruhe des Schweigens, und ich hörte den Segen. Ich erkannte mich, wie ich bin.

Und nun stieg ich zu der Lebenskraft hinauf, denn ich suchte sie, und ich vereinigte mich mit ihr, indem ich in sie eintrat, und ich stand aufrecht – nicht fest, aber ruhig. Und ich sah eine ewige, mit Weisheit begabte, ungeteilte Bewegung, die zu all den formlosen Kräften gehört und durch keine Begrenzung begrenzt ist.

Und als ich danach verlangte, fest zu stehen, stieg ich zur Existenz hinauf, die ich aufrecht stehend und in Ruhe antraf, wie ein Bildnis und Aussehen dessen, das mir durch eine Offenbarung des Unteilbaren und des in Ruhe Befindlichen übertragen wurde. Ich wurde deutlich spürbar von einer Uroffenbarung des Ungekannten erfüllt. Ohne ihn mit dem Wissen zu erfassen, erkannte ich ihn und erhielt Kraft von ihm. Und weil ich dadurch unaufhörlich gestärkt wurde, erkannte ich den Einen, der in mir existiert, und die dreifache Kraft und die

Offenbarung seiner Unfaßlichkeit. Und durch eine Uroffenbarung des Ersten, der ihnen allen unbekannt ist, des Gottes, der höher als vollkommen ist, sah ich ihn und die dreifache Kraft, die in ihnen allen existiert. Ich suchte den unaussprechlichen, ungekannten Gott – von dem man, würde man ihn vollständig kennen, wissentlich nichts erfassen würde –, den Vermittler der dreifachen Kraft, der in Stille und Schweigen lebt und ungekannt ist.

Und als ich in all diesen Dingen Sicherheit gewonnen hatte, sagten die Kräfte der Lichter zu mir: „Höre nun auf, den Zustand der Untätigkeit, der in dir lebt, dadurch zu behindern, daß du nach Unbegreiflichem suchst. Höre lieber etwas über ihn, und zwar entsprechend der Fähigkeit, die dir durch die Uroffenbarung und die Offenbarung zur Verfügung gestellt wurde.

Er wird nämlich jetzt zu etwas Konkretem, insofern, als er existiert. Er existiert entweder oder wird zu etwas, er handelt oder erkennt, obwohl er ohne Geist oder Leben oder Existenz oder Nicht-Existenz, also ganz unbegreiflich, lebt. Und er wird auch zu etwas Konkretem im Bereich seiner Eigenschaften. Nichts von ihm ist übriggeblieben, etwa derart, daß er etwas hervorbrachte, was geprüft oder geläutert werden könnte, oder was empfängt bzw. gibt. Und er wird auch nicht vermindert, sei es durch sein eigenes Begehren, sei es, daß er etwas gibt oder von einem anderen etwas empfängt. Weder begehrt er etwas von sich selbst, noch von jemand anderem – Begehren berührt ihn einfach nicht. Er gibt also weder etwas, damit er nicht irgendwie vermindert werde, noch braucht er aus diesem Grund Geist oder Leben oder überhaupt sonst etwas. In seiner Leere und Unkennbarkeit, das heißt, seiner nicht seienden Existenz, ist er weit besser als die Ganzheiten. Denn er ist mit Schweigen und Stille ausgestattet, damit er nicht vermindert werde durch die, die nicht vermindert sind.

Er ist weder Göttlichkeit noch Segen noch Vollkommenheit. Diese Dreiheit ist vielmehr eine unkennbare Konkretisierung seines Wesens, nicht eine seiner Eigenschaften. Er ist im Gegenteil weit besser als Segen und Göttlichkeit und Vollkommenheit. Denn er ist nicht vollkommen, sondern etwas, das noch weit vorzüglicher ist. Auch ist er weder ungebunden, noch von etwas anderem gebunden. Er ist etwas weit Besseres. Er ist nicht körperlich, aber auch nicht unkörperlich. Er ist nicht groß, aber auch nicht klein. Er ist keine Zahl. Er ist kein Geschöpf. Er ist auch nichts Existierendes, das von jemandem erkannt werden könnte. Sondern er ist etwas anderes, das weit besser ist. Man kann ihn nicht erkennen.

Er ist die Uroffenbarung und Erkenntnis seiner selbst, da er allein es ist, der sich kennt. Er sieht, daß er nicht zu den existierenden Wesen gehört, sondern etwas anderes ist, und deshalb ist er der Beste der Besten. Doch wie seine Eigenschaften und Nicht-Eigenschaften hat auch er selbst an keinem Äon und an keiner Zeit teil. Er empfängt nichts von irgend etwas anderem. Er wird nicht vermindert, noch vermindert er irgend etwas, noch ist er unvermindert. Aber er begreift sich selbst als etwas so Unkennbares, daß er alle übertrifft, die sich durch Unkennbarkeit auszeichnen.

Er ist mit Segen und Vollkommenheit und Schweigen ausgestattet, ist aber nicht selbst Segen und Vollkommenheit und Stille: Diese Dreiheit ist vielmehr eine Konkretisierung seiner selbst, die existiert, die man aber nicht erkennen kann und die in Ruhe ist. Alle sind sie unbekannte Konkretisierungen seiner selbst.

Und auch an Schönheit steht er weit höher als alle, die gut sind, weshalb er ihnen allen völlig unbekannt ist. Und durch sie alle ist er in ihnen allen, nicht nur als die ungekannte Erkenntnis, die so ist, wie er ist. Und man vereinigt sich mit ihm dadurch, daß man ihn sieht, aber ohne Wissen. Auf welche Weise kennt man ihn nicht? Ob ihn nun einer sieht, wie er in jeder Hinsicht ist, oder sagt, er sei so etwas wie Erkenntnis – immer sündigt er gegen ihn und ruft das Urteil über sich auf, da er Gott nicht gekannt hat. Aber er wird nicht durch den gerichtet, der durch nichts berührt wird noch irgend etwas begehrt, sondern er ruft selbst das Urteil über sich auf, da er den Ursprung noch nicht gefunden hat, der in Wahrheit existiert. Wer sich in Tätigkeit versetzt, ist blind, abgesehen vom Auge der Offenbarung, das sich in Ruhe befindet, er, der von der dreifachen Kraft des Ersten Gedankens des unsichtbaren Geistes stammt.

Dieser existiert so [...] Schönheit und ein erstes Auftauchen der Stille und des Schweigens und der Ruhe und unergründlichen Größe. Als er erschien, brauchte er keine Zeit oder sonst etwas aus einem Äon. Er ist vielmehr selbst auf unergründliche Weise unergründlich. Er braucht sich nicht Mühe zu geben, still zu werden. Er existiert nicht, damit er nicht Mangel leide. Er ist körperlich insofern, als er sich an einem Ort befindet, unkörperlich jedoch, insofern er bei sich zuhause ist. Er hat nicht-seiende Existenz. Er existiert für sie alle, auf sich selbst gerichtet, ohne ein Begehren. Er ist der höchste Gipfel der Größe. Und er ist höher als seine Stille [...]; er sah sie und verlieh ihnen allen Kraft, obgleich sie sich um ihn nicht im geringsten kümmern, und er empfängt selbst keine Kraft, mag jemand auch Kraft von ihm empfangen. Nichts setzt ihn in Bewegung, entsprechend der Einheit, die in Ruhe ist. Denn er ist unbekannt, er ist ein Ort der Unbegrenztheit, ohne Luft (Feinstofflichkeit). Da er unbegrenzt und ohne Kraft und nicht-existent ist, gab er auch kein (äußeres) Sein. Er enthält sie vielmehr alle in sich selbst, befindet sich selbst in Ruhe und steht in demjenigen, der aufrecht stehen bleibt, da dort ewiges Leben, der unsichtbare und dreifach-mächtige Geist erschienen war, der in ihnen allen, die existieren, lebt. Und der Geist umfängt sie alle, er ist höher als sie alle. [...] er wird durch nichts vermindert. Und er stand aufrecht [...] und verlieh ihnen allen Kraft, alle füllte er sie.

Alles dies hast du jetzt sicher gehört. Suche jetzt also nicht mehr, sondern gehe. Wir wissen nicht, ob der Ungekannte Engel oder Götter besitzt, oder ob er, der in Ruhe ist, etwas anderes in sich besitzt außer Ruhe, die er selbst ist, damit er nicht vermindert werde. Es ist nicht sinnvoll, noch mehr Zeit mit Suchen zu verbringen. Es wäre aber richtig, daß du nur ihn erkennst und sie dann mit jemand anderem sprechen. Doch du wirst sie empfangen [...]. Und er sprach zu mir: ‚Schreibe auf, was ich dir sage und woran ich dich auch noch erinnern werde, für alle, die nach dir dessen würdig sein werden. Und lasse dieses Buch auf einem Berg liegen und verpflichte den Wächter unter Eid: Komm her, du Furchtbarer!'"

Als er dies alles gesagt hatte, verließ er mich. Ich aber war voller Freude und schrieb dieses Buch, wie mir aufgetragen war, mein Messos, damit ich dir alles enthülle, was mir verkündet worden war. Zuerst empfing ich es in großem Schweigen, stand durch mich selbst aufrecht und bereitete mich vor. Das ist es, was mir enthüllt wurde, mein Sohn Messos [...]; verkündige es nun, mein Sohn Messos, und versiegle alle Bücher des Allogenes.

Allogenes

Zostrianos

Zu „Zostrianos"

Die Schrift „Zostrianos" ist an vielen Stellen verstümmelt und weist große Lücken auf. Dennoch lassen sich aus dem Vorhandenen die Grundzüge des Geschilderten und viele Einzelheiten erkennen. Was der Text in besonderer Intensität zeigt, ist, daß Erkenntnis aus erster Hand, Erkenntnis des Geistes, nur dann erlangt wird, wenn die Suche und Sehnsucht nach Wahrheit im Menschen sein stärkster Antrieb sind, ja sich bis zur Verzweiflung steigern. Zostrianos – oder auch Zoroaster, Zarathustra –, die Hauptfigur des Textes, ist eine Seele, die sich nicht mit dem gewöhnlichen Lauf der Dinge zufriedengibt und sich auch nicht mit Antworten aus zweiter Hand abspeisen läßt. Sie ist eine Seele, die ganz zu Sehnsucht und Frage geworden ist. Ihr Wesen ist Geist, aber vom Allgeist abgeschnittener Geist. In diesem Zustand des Mangels, der Einsamkeit, der Isolierung von der Umgebung des Geistes, zu der sie eigentlich gehört, wächst ihr Bedürfnis ins Ungemessene, wieder in die ihr angestammte Umgebung des Geistes zu gelangen. Der in die Dunkelheit der Materie geratene Lichtfunke möchte sich mit dem großen Licht, aus dem er stammt, vereinigen. Das ist kein nur intellektuelles Fragen, kein Forschen des irdischen Verstandes, der sich doch nur im Dickicht der Beweisführungen und Schlußfolgerungen verirren würde. Es ist wie ein Hunger nach Nahrung, eine schmerzhafte Spannung, die nur durch eine Antwort, welche dem innersten Wesen des Menschen entspricht, gelöst werden kann. Kein religiöser Glaube, kein philosophisches System, kein ritueller oder magischer Akt, kein ekstatischer, okkulter oder mystischer Rausch können hier Abhilfe schaffen: Allein die Verbindung des Geistes mit dieser Seele, und das heißt, seine Bewußtwerdung in ihr und sein Wirksamwerden in ihr, wird endgültig Ruhe bringen. Erst wenn die Seele bekommt und in sich aufnimmt, wonach sie sich sehnt, ist ihre Sehnsucht gestillt.

Insofern ist Zostrianos gerade auch eine moderne Seele. Denn wie viele Menschen empfinden nicht heutzutage diese bohrende Unruhe und Unerfülltheit, bis zur Verzweiflung. Und die Schrift „Zostrianos" weist darauf hin, daß dieser Spannungszustand nicht vorschnell abreagiert werden darf, sei es dadurch, daß man zu scheinbar beruhigenden, aber falschen Lösungen greift, sei es dadurch, daß der Mensch sich in den Nihilismus flüchtet oder aus seiner Verzweiflung eine existentialistische Tugend macht. Er muß anerkennen, daß es eine Lösung gibt, und erkennen, wo sie liegt. Denn in falschem intellektuellem Stolz kann er sich auch gegen die Antwort sperren und behaupten: Eine Welt des Geistes, die sich nicht über Sinnesorgane und Verstand, sondern über neue Erfahrungen des Bewußtseins bemerkbar macht, gibt es nicht. Die Schrift zeigt schließlich, wie derjenige, der die Antwort erhält, zur Ruhe gelangt. Das ist keine beschauliche, satte Ruhe, sondern ein Mitarbeiten in der Welt des Geistes, die die Ruhe ist. Der Mensch wird sich aus seinen Erfahrungen in der Welt des Geistes heraus der irdischen Welt wieder zuwenden, um alle, die ähnlich verzweifelt fragen, in ihrer selbständigen Fragehaltung zu bestärken, ihnen Mut zuzusprechen, wenn sie sich in vorschnelle Antworten flüchten wollen, ihnen zu erklären, welche Bedingungen erfüllt sein müssen, damit die Antwort kommen kann, und ihnen die Realität dieser Antwort immer neu zu verheißen.

Die ersten zwei Seiten des Textes sind eine Inhaltsangabe der ganzen Schrift. Zostrianos schildert in kurzen Zügen seinen geistigen Werdegang: Er trennt sich von seinem „Körper", der im Verhältnis zum lebendigen Geist „toten Schöpfung", der „Welt der Wahrnehmung", und steigt mit Hilfe des Geistes, der am „unerreichbaren Teil des Stoffes", aus dem der Mensch besteht, anknüpft, in die Gebiete des Geistes hinauf. Dort erfährt er, entsprechend den Schichten seiner Seele, die sich nacheinander auftun, die verschiedenen Sphären des Geistes, personifiziert durch bestimmte Wesen, und verbindet dann, wieder herabsteigend, den Geist mit allen, deren Seelen nach der Existenz im Geist hungern.

Ausgangspunkt der eigentlichen Ausführungen nach der Inhaltsangabe ist der „Fragezustand" des Zostrianos. Die Seele fragt nach sich selbst: zuerst nach ihrem Ursprung, dann nach dem Grund, weshalb sie jetzt, aus dem Geist stammend, in einer Welt des Ungeistes, der „toten Schöpfung", lebt, und schließlich, wodurch und wie sie zu einem in sich ruhenden, „einfachen" Wesen werden kann. Von diesen Fragen ist Zostrianos durch und durch erfüllt. Tagtäglich sendet sein Wesen diese Fragen gleichsam in den Äther. Er weiß, es gibt Menschen – seine Väter im Geist –, die gesucht und gefunden haben. Es gibt also eine Antwort auf diese Fragen: Es ist der des „Geistes würdige Ruheplatz" – ein Zustand der Seele, in dem ihr ihr eigenes Wesen und der in ihr wirkende Geist bewußt sind. Dieser Zustand ist die Lösung der Spannung, die Ausfüllung des Mangels, das Lebendigwerden des Matten und Toten, die Durchdringung der Seele mit den Kräften des Geistes und ihre Veränderung dadurch.

Zostrianos, der in immer größere Ausweglosigkeit gerät, weil ihm eine solche Antwort nicht zuteil wird, ist verzweifelt und möchte seinem Leben schon ein Ende setzen. Eine nihilistische Tendenz macht sich in ihm bemerkbar, verständlich in seiner Situation, in der er bis an die Grenzen des Menschenmöglichen gegangen ist und doch nicht über diese Grenze hinauskommt.

Aber gerade in dieser finstersten Verzweiflung meldet sich in ihm ein „Bote der Erkenntnis des ewigen Lichtes": ein Gedanke, nicht aus der Welt des Menschenmöglichen, sondern ein Vorbote aus der Welt des Geistes. Dieser Gedanke erhebt Einspruch und erinnert Zostrianos an die „ewigen Großen". Da weiß dieser wieder, daß es eine Welt des Geistes gibt, in der ein würdiger Ruheplatz für ihn bereitet ist. Er weiß auch, daß ein Mensch die Verantwortung hat, von diesem Geist, wenn er in ihm lebendig wird, anderen zu berichten. Die vage Erinnerung an eine Welt des Geistes und das Verantwortungsgefühl für andere halten also Zostrianos von seinem nihilistischen Schritt zurück. Er könnte diesen „Boten der Erkenntnis" auch in Trotz und Resignation ablehnen. Aber er vertraut seiner Erinnerung, er akzeptiert seine Verantwortung – und dadurch wird er in die Welt des Geistes hinaufgezogen. Unablässige Suche in Selbständigkeit, vielleicht bis zur tiefsten Verzweiflung, und dann das Vertrauen in den Schimmer des Lichtes und das Stehen zur eigenen Verantwortung – das sind die Voraussetzungen, die Zostrianos zum Schritt in die Welt des Geistes befähigen.

Aber zunächst gelangt er nur bis zur Sphäre der

„Selbsterzeugten": zur Sphäre derer, die zwar von der „Welt der Wahrnehmung" frei geworden sind, aber noch nicht bewußt in der Welt des Geistes schauen können. Es ist die Sphäre derjenigen, die auf die Welt des Geistes abgestimmt sind und auf dieser Basis einen festen Standort innerhalb der vielen relativen Strömungen der irdischen Welt gefunden haben – seien es Strömungen auf die Materie bezogener Wünsche und Interessen, seien es Gedankenströmungen: Weltanschauungen, Ideologien, religiöse Systeme in der vergänglichen Welt. Der „Bote der Erkenntnis des ewigen Lichtes", das „Verständige Wort", das anders ist als alle, die in der Welt der veränderlichen Materie und der „aufrührerischen Worte" sind, geleitet ihn in diesen Zustand der inneren Selbständigkeit, in die Sphäre der „Selbsterzeugten". Er erhält das Licht der Vernunfterkenntnis, das Botschaft von der Welt des Geistes bringt – aber noch nicht das Licht des Geistes selbst ist.

Der Weg zu dieser Sphäre der Selbsterzeugten wird „der große Durchzug" genannt. Es ist erstens das Verlassen der „Welt der Wahrnehmung": Das bedeutet, der Mensch läßt sich nicht mehr von Eindrücken aus der Welt der Erscheinungen bestimmen, die seine Wünsche reizen und Ängste hervorrufen. Es ist zweitens das Verlassen der „Lufterde": Das ist der Bereich der die Materie beseelenden unsichtbaren Elemente, der Bereich der Kraftströme, die die vergängliche Welt durchziehen und bestimmen. In diesem Bereich leben die „Abbild-Äonen", das heißt Kraftprinzipien, die nach dem Bild der Kräfte der Geistwelt gestaltet, aber nicht diese selbst sind. Um welche Kraftprinzipien es sich dabei handelt, muß den damaligen Lesern des Textes selbstverständlich und vertraut gewesen sein. Sie werden daher nicht weiter charakterisiert. Aber andere gnostische Texte sprechen ausführlicher von ihnen. Als Beispiel sei der Drang zur Aggression, der „Zorn" genannt, der in jedem lebenden Wesen steckt und der sich in Gruppen oder Völkern zu einer kollektiven Macht entwickelt, welche für alle Arten von Konflikten auf der Erde verantwortlich ist.

In der Kraft des „Boten der Erkenntnis" läßt nun Zostrianos diesen Drang, der in ihm wirkt und von außen auf ihn einwirkt, los: Er zieht an einem der sieben „Abbild-Äonen" vorbei.

Möglich wird ihm das in der Kraft des „Boten der Erkenntnis", im „lebenden Wasser", das ihm zuteil wird. Er wird mit dieser Kraft getauft und „wäscht" sich siebenmal darin, „einmal für jeden Äon". Die „Taufe" oder Waschung ist also kein Ritual, sondern der Empfang einer unirdischen seelischen Kraft, in der die Bindung an eine analoge, irdische seelische Kraft „abgewaschen" und aufgelöst werden kann. Siebenmal empfängt Zostrianos diese Kraft, und der Reihe nach löst er sich in ihr von den sieben „Abbild-Äonen", die in der „Lufterde" existieren.

Wer ist es, der ihm diese Kraft schenkt? Wer ist der Bote der Erkenntnis des Lichtes, wer sind die „Herrlichkeiten", die die Seele durch diese Sphären geleiten, die nicht mehr ganz zur irdischen Welt, aber auch noch nicht zur Welt des Geistes gehören? Es sind Wesen, die sich, frei von einer materiellen Körperlichkeit, in diesen Sphären aufhalten, aber nicht wie die „Abbild-Äonen" zu ihnen gehören, sondern auf die Welt des Geistes hin orientiert sind. Es sind „heilige Menschen", wie sie an anderer Stelle genannt werden. Denn was geschieht mit den Menschen, die bewußt in die Welt des Geistes eingetreten sind, nach dem Tod? Ihre bewußte Verbindung mit den Kräften und Gesetzen des Geistes ist unauflöslich, auch wenn sie den materiellen Körper abgelegt haben. Sie sind im Geist „auferstanden" und leben im Geist fort, unbeeinflußbar von den auflösenden Kräften der irdischen Welt. Solche Bewohner der Welt des Geistes können sich aber in den Bereichen der Feinstofflichkeit – der Lufterde, der Sphäre der Selbsterzeugten usw. ausdrücken. Sie drücken sich dort aus, um allen, die sich diesen Sphären nähern, behilflich zu sein. Und solchen Menschen, den „Herrlichkeiten", begegnet auch Zostrianos auf seinem Durchzug durch die Gebiete der grobstofflichen und feinstofflichen Welt.

Auch die fünfte Sphäre, die der endgültigen Hinwendung der Seele zum Geist – es ist die „Reue" –, durchzieht er, um schließlich fest im Bereich der Selbsterzeugten zu stehen. Es ist gewiß deutlich, daß es sich hier nicht um räumliche Vorgänge handelt. Der „große Durchzug" ist das Bild für die bewußte Konfrontation eines Menschen mit den irdischen Kräften in sich und außerhalb seiner und für das Freiwerden von diesen Kräften, da er schrittweise eine neue Lebensbasis gewinnt. Er flieht nicht vor diesen Kräften, sondern er überwindet sie, so daß sie keinen Einfluß mehr auf ihn ausüben können. Auch ist wieder selbstverständlich, daß hier keine Techniken oder magische Mittel am Werke sind, die diese Kräfte nur vorübergehend beiseite drängen oder lähmen können, woraufhin sie dann nur um so heftiger wirksam sind. Die zostrianische Seele arbeitet vielmehr in einem langen Prozeß an der bewußten Überwindung dieser Kräfte. Sie können nur dadurch überwunden werden, daß das ganze Wesen eine neue, unirdische Qualität erhält, an der die irdischen Kräfte nicht mehr anknüpfen können. Und diese neue Qualität wird durch die Kräfte aus der Welt des Geistes bewirkt, die kontinuierlich als „Taufe" in diesen Menschen einfließen und mit deren Hilfe er bewußte seelische Arbeit leistet: Er vollbringt die „Waschungen".

Zostrianos, immer noch in der Phase der Vorbereitung auf den Eintritt in die Welt des Geistes, orientiert sich nun im sechsten und siebten Bereich, der Sphäre der Selbsterzeugten. In jeder Sphäre macht sich eine Struktur bemerkbar, u.a. eine Differenzierung in vier Abteilungen. So bestand schon die Sphäre der Elemente aus Erde, Wasser, Luft und Feuer, vier Zuständen der feinstofflichen Materie, die sich nach Dichte und Eigenschaft unterscheiden. Auch die Sphäre der „Selbsterzeugten" besteht aus vier „Abteilungen", die die vier „Äonen" genannt werden – Äonen verstanden als große Seinsbereiche. Vier „Lichter" sind jeweils über diese Äonen gesetzt, Repräsentanten des Wesens dieser Äonen. Es handelt sich um die vier wesentlichen Aspekte des Zustandes, in dem sich der Mensch, der „selbsterzeugt" ist, befindet: um seine hauptsächlichen Eigenschaften. Der erste Äon ist die „Einheit der Seele", der zweite ein „Seher der Wahrheit", der dritte eine „Vision der Erkenntnis" und der vierte ein „Antrieb zur Wahrheit und eine Vorbereitung auf sie". Die erste Eigenschaft der selbständig gewordenen, den Geist suchenden Seele ist die Eigenschaft der Identität, das heißt der „Einheit der Seele". Die Seele muß vor dem Übergang ins Reich des Geistes zu sich selbst gefunden haben, bei sich selbst sein, keiner anderen irdischen Kraft mehr hingegeben.

Ihre zweite Eigenschaft ist die Eigenschaft einer absoluten Ausrichtung auf die Wahrheit des Geistes. Die Seele ist ein „Seher der Wahrheit" geworden, die ihren Blick auf die Wahrheit des Geistes in der Ferne richtet. Sie „schaut" ihn noch nicht unmittelbar – das ist erst möglich, wenn er in sie bewußt eintritt –, aber sie fragt mit ihrem ganzen Wesen nach ihm, und dadurch sieht sie ihn, wie in einer Ahnung, von ferne. Drittens hat der Bereich der „Selbsterzeugten" die Eigenschaft der Kraft der Erkenntnis. Die Seele besitzt eine „Vision der Erkenntnis". Sie spürt nämlich in sich die Fähigkeit, den Geist und seine Wahrheit zu schauen. Diese Fähigkeit ist durch eine lange Vorbereitung herangereift und steht kurz davor, in Aktion zu treten. Daher ist die Rede noch nicht von der Erkenntnis selbst, sondern erst von der „Vision der Erkenntnis". Die vierte Eigenschaft ist der „Antrieb zur Wahrheit": Das ist das entscheidende Motiv, das in der Seele in diesem Stadium des Weges wirkt und das ja schon die ganze bisherige Entwicklung bewirkt hat. Jetzt sammelt sich dieser „Antrieb zur Wahrheit" und das gesamte Ergebnis der Vorbereitung zum letzten Schritt.

Man sieht, mit Hilfe des Begriffes „Äon" werden hier Strukturen beschrieben, die allen Seelen in einem ähnlichen Entwicklungsstadium gemeinsam sind. Sie befinden sich aber nicht nur innerhalb dieser Seelen, sondern sie sind auch ein seelisches „Feld", in dem sich solche Seelen aufhalten und aus dem sie gleichsam ernährt werden. Sie werden durch das „Wasser" ernährt, das diesem Feld entspricht: Viermal werden sie „getauft", einmal für jede Eigenschaft des Feldes. Und die „Herrlichkeiten", die „großen Botschafter" sind die unkörperlichen

Wesen, die die Ereignisse in dieser Sphäre der „Selbsterzeugten" leiten und zum Beispiel die Übertragung von entsprechenden Kräften, die „Taufen", vollziehen. Durch jede Taufe wird Zostrianos mit der Eigenschaft eines der Äonen versehen und „steht" dann auf diesem Äon: Er verfügt über die damit verbundenen Seelenkräfte. Dadurch wird er den in dieser Sphäre wirkenden Wesen gleich und selbst zu einem „Botschafter" der Erkenntnis des Lichtes. Zuerst ein „die Wurzeln sehender Botschafter", der aus dem Antrieb zur Wahrheit lebt. Dieser Äon ist der erste von unten gesehen, der vierte von oben gesehen. Dann wird Zostrianos zum „Botschafter des vollkommenen männlichen Geschlechts": Die Erkenntnis ist eine zeugende Fähigkeit, eine selbständige Aktivität, daher „männlich". Sie entspricht dem zweiten Äon von unten, dem dritten von oben. Danach wird Zostrianos zum „heiligen Botschafter", der aus der Wahrheit des heiligen Geistes lebt, und schließlich zum „vollkommenen Botschafter" in der unerschütterlichen Ganzheit der Seele.

Solange die Seele noch nicht mit dem Geist vereinigt und von ihr durchdrungen ist, wirkt in ihr der „Antrieb zur Wahrheit". Deshalb gibt sich Zostrianos mit dem bisher Erlebten nicht zufrieden. Er *kann* sich nicht damit zufriedengeben, denn die Seele verlangt um so brennender nach der Wahrheit des Geistes, je näher sie ihm kommt. Die Anziehungskraft des Magneten ist dicht am Pol am stärksten. Diese Sehnsucht nach Wahrheit kleidet sich jetzt in Fragen nach dem Wesen dessen, was Zostrianos erfahren und hinter sich gelassen hat. Er fragt nach dem Wesen der irdischen Welt und ihrer Menschheit, nach der Natur der „Lufterde" und der „Abbild-Äonen" und der Natur des „Durchzugs" durch sie. Denn bevor dem Geist unmittelbar ins Antlitz geblickt werden kann, muß das Wesen dessen, was im Menschen und außerhalb des Menschen vom Geist getrennt und nur ein Abbild des Geistes ist, erforscht und erkannt werden. Nur so erhält die Seele die Kraft, einmal den Geist unmittelbar zu schauen. Und die Wahrheit über diese Sachverhalte steigt in Zostrianos auf, sie wird ihm bewußt. Er erlebt dies wie eine Enthüllung, und die Kraft, die diese Enthüllung ermöglicht, ist wiederum personifiziert. Die Quintessenz der Antworten, die er erhält, ist, daß die in der vergänglichen Welt lebenden Seelen sich dort aufhalten müssen, um durch die Abbilder „geübt" zu werden. Die ganze irdische Welt, grob- und feinstofflich gesehen, ist ein „Abbild", eine „Nachahmung" der geistigen Welt. Durch das Erleben dieser Welt der Nachahmung wird das Bewußtsein und Erkenntnisvermögen in den Seelen geübt – so lange, bis sie erkennen, daß es sich um eine Welt der Nachahmung handelt und sie sich zum wirklichen „Durchzug" zur Welt des Geistes hin auf den Weg machen.

Nachdem Zostrianos diese Erkenntnisse zuteil geworden sind – auch hier braucht man sich nicht vorzustellen, daß das in einem kurzen „Gespräch" zwischen ihm und dem „Herrscher über die Höhe" geschehen ist, sondern das Gespräch kann als die Zusammenfassung eines über lange Zeiträume hin erfolgten Erkenntnisprozesses gelten –, verlangt er nach dem „Kind des Kindes". Es ist der „Botschafter Gottes", der „vollkommene Mensch", dasjenige Wesen, welches am Übergang von der letzten Sphäre der irdischen Welt zur Sphäre der Geistwelt wacht. In einem späteren Text wird von Christus als dem „dreifach männlichen Kind" gesprochen. Das „Kind des

Kindes" ist ein aus Christus gezeugtes Wesen, in dem die Kräfte des Christus wirksam sind. Man kann es sich als Jesus vorstellen, der die Verbindung zwischen den beiden Welten ermöglicht, aber auch als jeden anderen großen Botschafter und Lehrer der Menschheit, in dem die höchste Kraft des Geistes, die Christuskraft, wirksam ist. „Kind" wird Christus genannt, um auszudrücken, daß die Kraft des Geistes immer jung, immer frisch ist, immer eine Verheißung in sich birgt.

Das „Kind des Kindes" vertritt diese Kraft des immer Neuen, der Verheißung einer neuen Möglichkeit des Menschseins, auf der Grenze zwischen der Sphäre des „Selbsterzeugten" und der des „Erst-Erscheinenden". Von diesem „Botschafter Gottes" erfährt Zostrianos Näheres über die drei Prinzipien Existenz, Segen und Leben, die beim Übergang von der einen in die andere Welt wirksam sind. Es ist das „Wasser" des Lebens, die Kraft, die aus der Welt des Geistes in die Sphäre der Selbsterzeugten hineinwirkt und die dortigen Seelen in die Sphäre des Geistes hineinzieht. Es ist das „Wasser" des Segens, die Kraft der Schau des Geistes, die in der Sphäre der Geistwelt, des Erst-Erscheinenden, wirksam werden wird. Und es ist das „Wasser" der Existenz, die Kraft, durch die der Mensch in der Sphäre des Geistes seine Basis gewinnt: die Identität im Göttlichen.

Weiter bekommt Zostrianos Mitteilungen über das Verhältnis der Sphäre der Selbsterzeugten zur Sphäre des Geistes: Der Ursprung aller Wesen liegt im Geist. Der Geist ist der Vater von allem, das „Vorauswissen": das, was vor jedem Denken und Gedanken und vor jedem Bewußtsein liegt. Das Urdenken ist die Ursache aller Geistwesen, welche nichts anderes sind als lebendige

Gedanken, hervorgegangen aus dem Urdenken. Sie treten alle „in einem einzigen Haupt in Erscheinung" – und daher sind sie miteinander verbunden.

Das Fragen des Zostrianos wendet sich hierauf noch einmal den Seelen zu, die in der vergänglichen Welt leben. Was geschieht mit einem Menschen, der die Welt „abstreift" und „alles Wissen fahren" läßt? Die Antwort lautet: Das hängt davon ab, in welcher Verfassung und Kraft er das tut. Besitzt er keine Kraft aus der Welt des Geistes und gehört daher seinem innersten Wesen nach nicht zu ihr, so wird er nur eine Beute anderer Menschen. Besitzt er aber eine solche Kraft, so begibt er sich durch das „Abstreifen der Welt" auf den „Pfad zu den Selbsterzeugten". Die Menschen des ersten Typs gehören noch zu dem Einen, der dem wahren Wesen nur ähnlich sieht: Er ist das Prinzip der vergänglichen, irdischen Welt. Sie sind keine „verstandesmäßige Essenz", keine aus dem Geist geborenen Wesen, sondern leben nur aus Gedanken und Einsichten, die „Widerspiegelungen" der Wahrheit sind.

Wer aber die „Wahrheit in sich selbst entdeckt", als sein wahres Wesen und seine eigentliche Kraft, der wird „bereuen", nämlich dem „Toten" entsagen – das sind alle vergänglichen Dinge – und nur nach den Dingen verlangen, die wirklich existieren. Er kann gerettet werden, weil er nach sich selbst sucht und nach dem Geist, der sein wahres Wesen ist. Er wird den Geist und damit sein wahres Wesen finden. Denn was in ihm sucht und fragt, ist schon sein wahres Wesen und der Geist. Voraussetzung dabei ist immer, daß er eindeutig auf diesen Geist gerichtet bleibt und die Frage in sich lebendig erhält, ohne sich mit fremden Kenntnissen zufriedenzugeben. Sobald er sich „auf die Kenntnisse anderer Menschen" stützt, „trennt" er sich von sich selbst und wird zur Beute der Gedankenströmungen in der irdischen Welt, ihrer Weltanschauungen, Ideologien und dogmatischen Systeme. Sollte er den Weg zu den Selbsterzeugten auch schon eine weite Strecke gegangen sein und sich doch wieder den „Kenntnissen anderer Menschen" zuwenden, würde er dadurch wieder in die irdische Welt zurückgezogen und von den Bedürfnissen des Leibes gebunden werden. Da es aber für einen Menschen sehr schwer, wenn nicht unmöglich ist, in der vergänglichen Welt den mannigfachen Strömungen dieser Welt zu widerstehen und sie zu durchschauen, greifen die „Herrlichkeiten" helfend ein: die Kräfte all derer, die die Welt der Vergänglichkeit schon endgültig verlassen haben und als „vollkommene Gedanken" durch die Kräfte des Geistes leben. Sie sind „Muster des Erlösungsweges", und durch sie erhält der nach dem Geist fragende Mensch solch ein „Muster des Erlösungsweges" und die notwendige Kraft, den Weg auch zu gehen. Es wird ihm von den „Herrlichkeiten" der ganze Erlösungsweg in allen Etappen mitgeteilt. Zostrianos selbst wird später ein solcher Helfer werden, der die „Tafeln" des Erlösungsweges in der Sphäre der „Lufterde" niederlegt, also im feinstofflichen Bereich all seine Erfahrungen verankert, der aber auch, solange er noch einen materiellen Körper besitzt, allen dafür Empfänglichen den Erlösungsweg beschreibt.

Nach all diesen Erfahrungen und Erkenntnissen ist Zostrianos nun in der Sphäre der „Selbsterzeugten" orientiert und verwurzelt. Er hat sich vollständig mit der vergänglichen Welt auseinandergesetzt und hat ihre Art erkannt. Er hat sich aber auch durch eine gedankliche Vorwegnahme der Strukturen der geistigen Welt auf diese abgestimmt. Alle vier Äonen der Sphäre der Selbsterzeugten sind in ihm wirksam geworden: die gesammelte Einheit seiner Seele, das Ausschau-Halten nach dem Geist, die Fähigkeit, den Geist zu erkennen, und der Antrieb, sich mit ihm zu verbinden. Und jetzt vereinigen sich diese vier Eigenschaften in seiner Seele zu einer Ganzheit, welche die fünfte Eigenschaft der sich vorbereitenden Seele darstellt. Seine Seele wird zum vollkommenen Pentagramm, abgestimmt auf den „fünften Äon", der die Zusammenfassung der vier anderen darstellt. Das ist die fünfte Taufe im „Namen des Selbsterzeugten", und sie bedeutet den Übergang in die Welt des Geistes. „Ich wurde göttlich": Der göttliche Geist wird in des Zostrianos Seele bewußt und wirksam. Es wird also nicht sein irdisches Wesen vergöttlicht – im Gegenteil: Er hat sich ja durch die sieben Waschungen längst vom Einfluß aller „Abbild-Äonen" gereinigt, die ihm Hochmut und Vergöttlichungstendenzen eingeben könnten. Er hat das irdische Wesen von sich abgestreift und göttlich wird nur das in ihm, was schon vorher göttlich, aber noch latent war. Es wird ihm bewußt und in ihm wirksam.

Sobald Zostrianos, die vollkommen gewordene lebende Seele, in die Achtheit, die Sphäre des Geistes eintritt, nähert sich ihm Youel, die Erklärerin in der Welt des Geistes, so wie sie sich Allogenes in dieser Sphäre genähert hatte. Sie erklärt ihm nun, was er dort erfährt. Mit Hilfe ihrer Kraft, die in ihm wirkt, versteht er, was ihm begegnet. Als erstes begegnen ihm die „Kronen". Es sind die „Siegel" auf all jenen Wesen, die in der Welt des Geistes bewußt existieren. Die lebendigen Gedanken, die durch das Denken dieser Wesen wie durch eine Linse hindurchgehen, bilden über dieser Linse, dem Haupt, eine Strahlenstruktur von einströmenden und ausströmenden Kraftlinien des Geistes. Der unsichtbare Geist, so heißt es in dem Text, ist eine „psychische und intellektuelle Kraft". Als Erst-Erscheinender wird er dem Menschen, der in die Welt des Geistes eintritt, erkennbar. Er hat eine Struktur, und diese Struktur wird, sofern sie sich individuell in einem Menschen manifestiert, als „Krone" bezeichnet.

Youel verläßt Zostrianos wieder. Es kommt jetzt darauf an, daß er sich selbständig orientieren lernt. Und er „stand vor dem Erst-Erscheinenden". Er verbindet sich mit den Kräften und Prinzipien „innerhalb des Gedankens", innerhalb des Systems der lebendigen Gedanken Gottes. Er sieht die Seele, die sich „aufgerichtet" hat, genauso, wie er selbst jetzt selbständig vor dem Geist „steht". Die Seele lebt aus der Wahrheit und ist vom Geist durchdrungen, der ihre eigentliche Identität ist. Sie lebt jetzt „in einer wirklichen Existenz".

Und genauso wie Allogenes steigt nun Zostrianos noch weiter hinauf – oder tiefer nach innen – und gelangt zur „Barbelo", die die „Selbsterkenntnis des vor allen Dingen seienden Gottes" ist. Er ist am Quell, am Ursprung aller Dinge, im Zentrum des eigenen Wesens angelangt, das selbst im „vollkommenen, ersten Verborgenen" ruht und in der Quelle des Ursprungs mitströmt. Von da aus nimmt er alle Wesen und auch die Organisation und Struktur der höchsten Sphäre und aller aus ihr hervorgehenden Sphären wahr, die er schon durchschritten hat. Der Text weist hier viele Lücken auf, so daß der

Zusammenhang zwischen diesen Sphären nicht deutlich erkennbar ist. So viel aber läßt sich sagen: Auch in der höchsten und zweithöchsten Sphäre gibt es eine Verteilung wie im Bereich des „Selbsterzeugten": jeweils vier „Äonen", die die Aspekte des in der jeweiligen Sphäre herrschenden Prinzips darstellen. Überdies ist von Wesen die Rede, die „unfruchtbar" sind. Es sind die Wesen, die so in der Unveränderlichkeit und Unzerstörbarkeit des Geistes aufgegangen sind, daß sie keine veränderlichen, zerstörbaren Taten oder Wesen mehr hervorbringen können. Solche „Kinder" zu gebären, ist ihnen unmöglich, weshalb sie die „Unfruchtbaren" genannt werden. Und Zostrianos wirft, nachdem er die Sphären des unvergänglichen und unzerstörbaren Geistes betrachtet hat, auch einen Blick auf die Sphäre der vergänglichen Welt, wo das Wesen lebt, das „nicht in Wahrheit existiert". Es ist die Essenz der Kräfte, die alles Vergängliche hervorbringen, weil sie nicht aus der unvergänglichen Wahrheit des Geistes existieren, sondern aus ihren eigenen, vergänglichen Gedanken.

Nachdem Zostrianos all diese Sphären in ihrem Zusammenhang erkannt hat, fragt er noch einmal nach dem tiefsten Ursprung der Dinge, dem „unsichtbaren, vollkommenen Geist". Und noch einmal wird er zum „Erst-Erscheinenden" gebracht und sieht, wie all die Wesen dort „innerhalb des einen" wohnen. Die göttlichen Gedanken, die „Wesen" dieser Sphäre, kommen alle aus dem einen göttlichen Denken hervor und erhalten von dort ihre Funktion und ihren Zusammenhang. Jeder Mensch ist im tiefsten Wesen ein solcher göttlicher Gedanke. Wenn er von allen Schlacken frei geworden ist, die sein Innerstes an der Entfaltung hindern, wird er, wie

Zostrianos, bewußt im Zusammenhang der göttlichen Gedanken wohnen. Er wird „allvollkommen und erhält Stärke". Er erhält eine vollkommene „Krone".

Wird er nun das Erreichte genießen? Nein, er wird sich all der „göttlichen Gedanken" erinnern, die, wie es früher mit ihm selbst der Fall war, in der Sphäre der Vergänglichkeit, umgeben von den Kräften der Vergänglichkeit, hilflos diesen Kräften ausgeliefert sind, ohne sich entfalten zu können. Und er wird von Sphäre zu Sphäre herabsteigen, bis er wieder in der Sphäre der Vergänglichkeit angelangt ist, um seinen „Brüdern" zu helfen. Der Aufstieg von Sphäre zu Sphäre bedeutet, daß jeweils eine mehr zum Zentrum hin gelegene Schicht des Menschen aktiviert wird. Die äußeren Hüllen bleiben dabei, solange die Orientierung in den inneren Sphären andauert, inaktiv. Beim Abstieg von Sphäre zu Sphäre bleibt die gewonnene Verbindung der Seele mit den höheren Sphären erhalten, aber das Bewußtsein konzentriert sich jeweils auf die Sphäre, in der es arbeiten will. Es mobilisiert die Wahrnehmungsorgane, die der jeweiligen Sphäre entsprechen.

Ebendies wird beschrieben, wenn Zostrianos von der höchsten – oder innersten – wieder bis zur untersten – äußersten – Sphäre hinabsteigt. Zuerst tritt er aus dem Zustand der „Allvollkommenheit", der Bewußtheit im Urquell des Seins, heraus und tritt vor die „vollkommenen Individuen" hin. Das sind die im „Erst-Erscheinenden" lebenden göttlichen Gedanken, die ohne Form sind. Im Bereich des „Selbsterzeugten", in den Zostrianos als nächstes gelangt, gibt es schon Formen: In der Seele spiegeln sich die göttlichen Gedanken als konkrete Bilder, und Zostrianos erhält eine reine Form, „würdig der

Wahrnehmung". Er öffnet das Organ der Seele, das auf dieser Stufe wirksam werden muß, um die entsprechenden Wesen – Seelen, die selbständig geworden, aber noch nicht vom Geist durchdrungen sind – wahrzunehmen. Und noch tiefer steigt Zostrianos – noch mehr nach außen: durch die „Abbild-Äonen", die die vergängliche Welt formen, hindurch in die feinstofflichen Gebiete der Erde. Dort befindet sich das „Gedächtnis des Geistes", und Zostrianos hinterläßt in diesem Gedächtnis alle Erfahrungen, die er gemacht hat, auf „drei Tafeln", als Wissen für die nach ihm Kommenden. Denn alles, was ein Mensch auf diesem Weg des Aufstiegs aus der Welt der Wahrnehmung in die Welt des Geistes erfahren und errungen hat, erleichtert es anderen in ähnlicher Lage, den gleichen Weg zu gehen.

Schließlich gelangt Zostrianos wieder in die „wahrnehmbare Welt" und „zieht" dort seinen „Tempel" an. Was ist dieser Tempel? Am Anfang des Weges hatte Zostrianos seinen Körper in der Obhut der Herrlichkeiten auf der Erde „zurückgelassen". Das bedeutet, er hatte seine Sinne für die Eindrücke aus der wahrnehmbaren Welt geschlossen und das aktivierende Leben und Bewußtsein zeitweilig dem Körper entzogen, um es den Gebieten des Geistes zuzuwenden. Jetzt tritt sein Bewußtsein, der lebendige Geist, durchdrungen von den Erfahrungen in den höheren Sphären, wieder in den Körper ein und nimmt ihn in Besitz. Der „Tempel" ist der irdische Mensch mit all seinen irdischen Fähigkeiten des Denkens, Fühlens, Wollens und Handelns, die jetzt vom Geist als Instrumente gebraucht werden können. Ähnlich war der Geist in Jesus, den irdischen Menschen, bei der Taufe am Jordan eingetreten und hatte sich ihn zum Organ und Ausdrucksmittel gemacht. Bis zum Eintritt des Geistes in ihn ist der „Tempel", der irdische Mensch, noch „unwissend". Er kennt seine Aufgabe, bewußtes und freiwilliges Werkzeug für den in ihm wirkenden Geist zu sein, noch nicht. Aber jetzt wird er sich dieser Aufgabe bewußt, und der Geist „stärkt ihn". Zostrianos als Geistwesen gebraucht den irdischen Menschen, in den er sich inkarniert hat, als Organ, um allen in der Welt der Wahrnehmung lebenden Menschen die Wahrheit zu verkünden. Der irdische Mensch, der dieses Organ ist, ist dabei kein unbewußtes, blindes Werkzeug, kein Medium oder „Kanal" für geistige Einflüsse, sondern er ist „wissend" geworden. Er kennt seine Funktion und arbeitet, gestärkt durch den Geist, im Sinne dieser Funktion selbstverantwortlich mit.

Die „Engelwesen" dieser Welt: die „Abbild-Äonen", und die „Herren dieser Welt": die mächtigen Vertreter von Kirche und Staat, erkennen den Geist, der in diesem „Tempel" wirkt, nicht, sind sie doch von ganz anderer Beschaffenheit. Aber sie können diesen Menschen auf der Ebene der Welt der Wahrnehmung angreifen und an den Rand des Todes bringen. Dennoch zerstört der „Tempel" des Zostrianos eine große Anzahl von Widrigkeiten. Ein Botschafter aus der Welt des Geistes kämpft sich immer durch gewaltige Widerstände in der irdischen Welt hindurch, die ihn bis zur Erschöpfung quälen können.

Mittels des „Tempels", mittels des Einsatzes der irdischen Persönlichkeit, die sich dem Geist dienstbar macht, kann der Geist der Wahrheit eine „Vielzahl Irrender" aufwecken. Es sind die göttlichen Gedanken, eingeschlossen in den Gefängnissen der Welt der Wahrnehmung und zu schwach, sich selbst daraus zu befreien.

Zostrianos, der sich mit Hilfe göttlicher Kräfte frei gemacht hat, spricht zu ihnen von ihrer Aufgabe und dem Weg, ihrerseits diese Aufgabe zu erfüllen. Die Aufgabe ist nicht, in dieser Welt zu leiden, sondern „die Fesseln abzustreifen". Jede Seele hat die Aufgabe und die Möglichkeit, von den Gesetzen der vergänglichen Welt freizuwerden und in der Geistwelt und aus der Geistwelt heraus zu leben. Sie wird frei, wenn sie, wie Zostrianos, in verzehrender Sehnsucht nach dem Leben im Geist ihre Wünsche und Befürchtungen preisgibt, die sich auf die Welt der Wahrnehmung beziehen. Das sind die Fesseln, die sie abstreifen muß. „Sucht, da man nach euch sucht!" Der Geist ruft die Seele zu seiner Freiheit und Klarheit. Ebenso kann die Seele nach der Freiheit und Klarheit des Geistes rufen. Nach den notwendigen Vorbereitungen wird sie vom Geist gefunden werden und den Geist finden. Er erhellt sie dann, er „erleuchtet" sie. Damit tritt sie in eine Sphäre ein, die ihr eigentliches Lebenselement ist. Es ist die Ruhe, Selbständigkeit und Existenz im Geist.

Zostrianos

Dies sind die Worte, [die der ewige Geist] zu mir [sprach]. Ich, Zostrianos, [schrieb sie auf. Mein Vater ist der Geist] und Yolaos.

Für sie, die mir gleichen, und sie, die mir nachfolgen, die Lebendigen, die Auserwählten, für sie war ich in der Welt. Der Gott [...] der Wahrheit ist wahrlich lebendig in Gerechtigkeit und Erkenntnis [...] und ewigem Licht.

Nachdem ich mich von der Dunkelheit meines Körpers und dem chaotischen Bewußtsein meiner Seele und dem Verlangen des Weiblichen (der Materie) in der Finsternis gelöst hatte, bediente ich mich seiner nicht mehr. Denn ich hatte den für das Irdische unerreichbaren Teil des Stoffes, aus dem ich bestehe, gefunden.

Ich lehnte die tote Schöpfung in mir und den Schöpfergott der Welt der Wahrnehmung ab, nachdem ich machtvoll vom All zu all denen gesprochen hatte, die (dem Irdischen) fremde Teile in sich besitzen.

Obwohl ich eine Zeitlang ihre Wege gegangen war, wie es die Notwendigkeit, den Offenbarer zu zeugen, mit sich bringt, wurde ich mir meiner selbst doch niemals froh bei ihnen. Lieber trennte ich mich von ihnen, da ich durch eine heilige und [mit mir verbundene Existenz] ins Dasein getreten und Klarheit in meiner sündenlosen Seele geschaffen hatte. Ich stärkte die Kraft meines Verstandes [...]

(Der heilige Geist) kam auf mich allein herab, nachdem ich selbst Klarheit in mir geschaffen hatte. Ich sah das vollkommene Kind. [...] Und da ich ein Mensch bin, der viele Male und auf vielen Wegen in die Irre gegangen ist, erschien er mir wie ein gütiger Vater, denn ich war auf der Suche nach dem männlichen Vater all dieser Wesen. Er ist im Gedanken und in der Wahrnehmung, in Form, Volk, Land und Weltall, bei jedem, der Schranken setzt und dem Schranken gesetzt sind; er ist körperlich und körperlos, Wesen und Stoff von ihnen allen. Und (wahrhafte) Existenz wird mit ihnen verbunden und der verborgene Gott, der ungeboren und ihrer aller Kraft ist.

Jetzt zur Existenz: Wie kommen diejenigen, die existieren und vom Äon der Existierenden abstammen, aus dem unsichtbaren Geist und den ungeteilten Selbsterzeugten hervor, die drei ungeborene Gestalten sind und einen Ursprung haben, der sogar noch besser ist als die Existenz, und vor all diesen sind, aber als [Welt] ins Dasein getreten sind? Und wie stehen sie ihm und all diesen [ungeteilten Selbsterzeugten] gegenüber [...]? Welches ist der Ort eines solchen Wesens hier? Welches ist sein Ursprung? Wie geht das Hervorkommen für ihn und all die anderen vor sich? Wie wird er zu einem „einfachen" Wesen, das sich nur in sich selbst unterscheidet, existierend als Existenz und Form und Segen und Stärke schenkend als einer, der lebendig ist? Wie ist Existenz, die eigentlich nicht (in der Welt) existiert, in einer existierenden Macht in Erscheinung getreten?

Über all diese Fragen sann ich nach, um sie zu verstehen. Tagtäglich legte ich sie dem Gott meiner Väter vor, entsprechend den Gepflogenheiten meines Volkes. Ich ließ nicht ab, sie alle (meine Vorväter) zu preisen, denn meine Väter hatten gesucht und gefunden. Und so hörte auch ich nicht auf, einen meines Geistes würdigen Ruheplatz zu suchen, da mich die Welt der Wahrnehmung noch nicht in Fesseln geschlagen hatte. Aber während ich mich einmal in tiefer Verstörung und Düsterkeit befand, weil mich abgrundtiefe Verzweiflung umgab, entschloß ich mich zu einem verzweifelten Schritt, nämlich mich vor die Tiere der Wüste zu werfen, um einen gewaltsamen Tod zu finden.

Da stand plötzlich der Bote der Erkenntnis des ewigen Lichtes vor mir. Er sprach zu mir: „Zostrianos, hast du den Verstand verloren? Kennst du nicht die ewigen Großen, die droben wohnen? [Weißt du nicht, daß Kraft zu dir gekommen ist, damit du andere rettest, die sonst in ewiger Vernichtung enden würden] – all jene, die du kennst, damit du andere rettest? Denn du bist der Vater der Erhabenen, meiner Erwählten. Denkst du nicht daran, daß du der Vater deines Volkes bist, und daß Yolaos dein Vater ist? [Ich komme zu dir] als Botschafter Gottes und [bringe dir Kraft] durch heilige Menschen. Komm und gehe ungehindert durch alle hindurch, zu denen du jetzt zurückgehen wirst, um dem Geschlecht der Lebendigen zu predigen, zu retten, die es wert sind, und die Auserwählten zu stärken. Denn der Streit des Äons ist groß, doch die Zeit an dem Ort hier ist kurz."

Als er so zu mir gesprochen hatte, eilte ich mit ihm in großer Freude zu einer großen Lichtwolke hinauf. Meinen Körper ließ ich, in der Obhut von Herrlichkeiten, auf der Erde zurück. Ich wurde gerettet vor der ganzen Welt und den dreizehn Äonen darin und ihren Engelwesen. Sie sahen uns nicht, aber ihr Herrscher wurde durch unser Hindurchschreiten in Verwirrung gestürzt, da die Lichtwolke besser [...] als alles weltliche Licht ist. Ihre Schönheit ist unaussprechlich. Kraftvoll spendet sie Licht. Sie geleitet reine Geister als Geisterlöserin und verständiges Wort, anders als alle (Worte), die in der Welt der veränderlichen Materie und der aufrührerischen Worte [sind].

Da wußte ich, daß die Kraft in mir über die Finsternis gesetzt war, denn sie enthielt das ganze Licht. Ich wurde dort getauft und empfing das Bild der dortigen Herrlichkeiten. Ich wurde wie einer von ihnen. Ich verließ die luftige [Erde] und zog an den Abbild-Äonen vorbei, nachdem ich mich dort siebenmal im lebenden Wasser gewaschen hatte, einmal für jeden Äon. Ich ließ nicht ab, als bis ich das ganze Wasser mit mir verbunden hatte.

Ich stieg nun hinauf, um den großen Durchzug zu vollbringen, der in Wahrheit existiert. Ich wurde getauft und [verließ] die Welt [der Wahrnehmung]. Ich stieg hinauf zur Reue, die in Wahrheit existiert und wurde dort viermal getauft. Dann zog ich am sechsten Äon vorbei. Ich stieg hinauf zum [...]. Dort stand ich dann, nachdem ich ein Licht der Wahrheit gesehen hatte, das [in Wahrheit], und zwar aus seiner selbsterzeugten Wurzel, existiert, und große Botschafter und Herrlichkeiten, [groß] über die Maßen.

Ich wurde getauft im Namen des Selbsterzeugten Gottes, von diesen Kräften, die auf den lebenden Wassern sind: Michar und Michea. Ich wurde gereinigt von dem großen Barpharanges. Dann offenbarten sie sich mir und schrieben mich (ins Buch) der Herrlichkeiten ein. Ich wurde von allen versiegelt, die bei diesen Mächten sind: Michar und Micheus und Seldao und Elenos und Zogenethlos. Ich wurde selbst zu einem die Wurzel sehenden Botschafter und stand auf dem ersten Äon, der der vierte ist. Zusammen mit allen Seelen segnete ich den Selbsterzeugten Gott und den Urvater, (Pi)ger-Adama(s) [...], den selbsterzeugten, den [ersten], den vollkommenen [Menschen], und Seth Emmacha Seth, den Sohn des Adamas, den Vater des unbeweglichen Geschlechts, und die vier Lichter, [Armozel, Oroiael, Daveithe, Eleleth] und Mirothea, die Mutter [...] und die Vorzüglichkeit der Lichter [...].

Zum zweitenmal wurde ich nun, von denselben Mächten, im Namen des Selbsterzeugten Gottes getauft. Ich wurde Botschafter des vollkommenen männlichen Geschlechts. Ich stand auf dem zweiten Äon, welcher der dritte ist. Bei den Söhnen Seths seiend, segnete ich sie alle.

Zum drittenmal wurde ich, von denselben Mächten, im Namen des Selbsterzeugten Gottes getauft. Ich wurde ein heiliger Botschafter. Ich stand auf dem dritten Äon, welcher der zweite ist. Und auch sie alle segnete ich.

Zum viertenmal wurde ich getauft, von denselben Mächten. Ich wurde ein vollkommener Botschafter. Ich stand auf dem vierten Äon, welcher der erste ist, und segnete sie alle.

Dann forschte ich nach [...]. Oder sind diese tatsächlich die in sich einheitlichen Wesen, nur daß sich ihre Namen voneinander unterscheiden? Ist hier eine Seele von der anderen verschieden? Weshalb sind Menschen überhaupt voneinander verschieden? Bei wem befindet sich die Menschheit, und wie viele Menschen gibt es überhaupt?

Der Große, der über die Höhe herrscht, Authrounios, gab mir nun zur Antwort: „Stellst du jetzt Fragen über alle die Wesen, an denen du vorbeigezogen bist? Und über diese Lufterde – warum sie ein kosmisches Urbild besitzt? Über die Abbild-Äonen – wie viele von ihnen es gibt? Warum sie (durch deinen Durchzug) nicht aufgebracht sind? Oder über den Durchzug selbst und die Reue und die Schöpfung der Äonen [...]?"

Der Große, der über die Höhe herrscht, Authrounios, sprach zu mir: „Die Lufterde trat durch ein Wort ins Dasein, aber den Erzeugten und den Vergänglichen erscheint sie als unvergänglich. Was aber die Ankunft der großen Richter betrifft, so kamen sie nicht, um einmal die Welt der Wahrnehmung zu erfahren und einen Überblick über die Schöpfung zu gewinnen, sondern seinetwegen kamen sie: des Herrschers der Welt wegen. Sie sahen die von ihm getanen Werke der Welt, und verurteilten ihn zum Untergang, [...].

Doch als Sophia auf diese Wesen herabgeblickt hatte, hatte sie die Finsternis erzeugt [...]. Er (der Schöpfergott) sah ein Spiegelbild (des Antlitzes der Sophia), und durch das Spiegelbild, das er (in der Materie) sah, erschuf er die Welt. Mit einem Spiegelbild des Spiegelbildes arbeitete er an der Welt, und es wurde ihm das „Spiegelbild der Erscheinung" genommen. Aber Sophia wurde ein Ruheplatz gegeben, da sie bereute. Also war in ihr kein früheres Spiegelbild mehr, das rein in sich selbst und schon vorher da war.

Nachdem sie durch ihn (den Weltschöpfer) schon ins Dasein getreten waren, erschien er von neuem und arbeitete auch an dem übrigen, denn das Bild der Sophia ging immer wieder verloren, da ihre Verfassung unbeständig war. [...] Auf diese Art existieren die Abbild-Äonen. Sie haben nicht das Aussehen einer selbständigen Macht erreicht und keine ewige Herrlichkeit. Sie sind an den Stätten, wo Gericht über all diese Mächte gehalten wird.

Als jedoch die Seelen Licht durch das Licht, das in ihnen ist, und durch das Urbild, das in ihnen [...] ins Dasein tritt, empfangen hatten, dachte sie, sie sähe [...]. Seelen, die sich im Einklang mit der Macht in ihnen befinden, stehen [...] voll Demut. Sie wurden geübt durch die Abbilder, die nach dem Vorbild ihrer Seelen ins Leben traten, und leben auch nach dem Abschied von den Äonen – jede für sich – noch in der Welt. Sie treten ins Dasein und werden, jede für sich, zuerst von der Nachahmung des Durchzugs gelöst und geführt zum Durchzug, der in Wahrheit existiert, und von der Nachahmung der Reue zur Reue, die in Wahrheit existiert, und von der Nachahmung des Selbsterzeugten hin zum [Selbsterzeugten], der wirklich existiert, und so immer weiter [...] segnen Gott, der oberhalb der großen Äonen ist, und den nie geborenen Verborgenen und den großen Männlichen, den Erst-Erscheinenden, und das vollkommene Kind, das höher als Gott ist, und sein Auge, Geradamas."

Ich rief nun das Kind des Kindes an – Ephesech. Es stand vor mir und sprach: „Ich bin der Botschafter Gottes, der Sohn des Vaters, der Vollkommene Mensch. Warum rufst du mich und befragst mich über diese hier, die du schon kennst, [...]?" Da antwortete ich: „Ich habe nach ihrer Vermischung [gefragt] und [...] warum sich ihre Namen voneinander unterscheiden und warum sich die Menschen überhaupt voneinander unterscheiden."

Er sprach: „Zostrianos, höre, was diese anbetrifft. [...] ihre Ursprünge sind drei, da sie aus einem einzigen Ursprung hervorgingen. [...] der Äon der Barbelo, die weder irgendwelchen Ursprüngen und Kräften gleicht noch irgend jemandem, der aus einem Ursprung und einer Kraft hervorging. Denn sie trat als Ursprung selbst in Erscheinung. Sie übertrafen jegliche Kraft und traten aus etwas in Erscheinung, das

weit besser ist als sie selbst, nämlich Existenz, Segen und Leben [...].
[...] Nämlich Wasser von jedem von ihnen. Deshalb [...] sind die Wasser vollkommen. Es ist das Wasser des Lebens, das zur Lebenskraft gehört, in dem du jetzt im Selbsterzeugten getauft worden bist. Es ist das Wasser des Segens, das zur Erkenntnis gehört, in dem du, im Erst-Erscheinenden, getauft werden wirst. Es ist das Wasser der Existenz, das zur Göttlichkeit und dem Verborgenen gehört. Das Wasser des Lebens [ist ...] eine Kraft. Das zum Segen gehörende Wasser entspricht der Essenz, und das zur Göttlichkeit gehörende Wasser entspricht der Existenz. [...]
[...]
Die Kraft ist bei der Essenz und Existenz des Seins, wenn das Wasser wirklich existiert. Aber der Name, in dem sie sich waschen, ist ein Wort des Wassers. Deshalb ist das erste vollkommene Wasser des dreifach mächtigen Selbsterzeugten das Leben der vollkommenen Seele, denn es ist ein Wort des vollkommenen Gottes, wenn er ins Dasein tritt [...], denn der Unsichtbare Geist ist eine Quelle all dieser Wesen, die gleichfalls aus der Erkenntnis sind, sind sie doch Abbilder seines Wesens. [...]
Der große, männliche unsichtbare vollkommene Verstand, der Erst-Erscheinende, hat sein eigenes Wasser, wie du sehen wirst, wenn du

an seinen Ort gelangst. Das gilt auch für den nie geborenen Verborgenen. Für jeden gibt es eine partielle erste Form, damit sie auf diesem Weg vollkommen würden. Denn die vier selbsterzeugten Äonen sind vollkommene Einzelne der All-Vollkommenen [...]. So ist es also mit der Straße des Aufstiegs, die höher als das Vollkommene und der Verborgene ist.

Der Selbsterzeugte Gott ist der oberste Herrscher seiner Äonen und seiner Botschafter, die seine Teile sind. Denn die in ihm befindlichen vier einzelnen Äonen schaffen gemeinsam den fünften Äon. Der fünfte Äon existiert in Einheit. Es sind die vier, die der fünfte sind, zusammen bilden sie ihn [...].

Was das All betrifft und das Geschlecht der All-Vollkommenen und ihn, der höher als vollkommen und gesegnet ist – der Selbsterzeugte Verborgene – so existiert er vor allem anderen, denn er ist ein Ursprung des Selbsterzeugten, Gott und Vorfahr, Ursache des Erst-Erscheinenden, Vater seiner Teile, ein Vater-Gott, ein Vorauswissen. Doch ist er unbekannt, da er eine Macht und ein Vater aus sich selbst heraus ist. Deshalb ist er ohne Vater. Der unsichtbare dreifach Mächtige, der erste Gedanke all dieser Wesen, ist der Unsichtbare Geist [...] (Er existiert) bei ihnen allen an vielen Orten, dem Ort, nach dem er verlangte, und dem Ort, den er sich wünscht, da sie an jedem Ort sind, doch nicht an einem bestimmten Ort, und da sie ihren Geistern Stätten bereiten, sind sie doch unkörperlich und besser als unkörperlich. Sie sind ungeteilte, lebendige Gedanken und die Kraft der Wahrheit bei jenen, die weit reiner als diese hier sind. Sie existieren nämlich in außerordentlicher Reinheit in bezug auf ihn und gleichen nicht den Körpern, die immer an einen bestimmten Ort gebunden sind. Vor allem besitzen sie eine innere Notwendigkeit im Einklang entweder mit dem ganzen All oder einem Teil davon. [...]"

[Ich fragte:] „Wie ist es möglich, daß er ein ewiges Urbild enthält? Und wie verteilt sich das Universum der Gedanken, sobald einmal das ‚selbstgezeugte Wasser' vollständig geworden ist? Wenn er ihn und all diese Wesen kennt, ist er dann das Wasser des Erst-Erscheinenden? Und wenn er sich mit ihm und all diesen Wesen vereinigt, gehört er dann zu dem Verborgenen, also wieder zu diesem Bildnis, das in den Äonen ist?"

"[...] Sie werden von ihm getrennt, den sie kennen, und bilden eine Gemeinschaft, die sie untereinander haben. [...]. Er hat Gemeinschaft mit ihren Gefährten. Er wusch sich im Bad des Erst-Erscheinenden.

Dadurch, daß jemand den Ursprung dieser Wesen kennt, wie sie alle in einem einzigen Haupt in Erscheinung treten und wie sie alle miteinander verbunden und doch voneinander getrennt sind und wie die, die voneinander getrennt wurden, sich wieder miteinander vereinigen und wie sich die Teile mit den Ganzheiten und Arten und Geschlechtern vereinigen – wenn jemand diese Dinge weiß, so hat er sich im Bad der Verborgenen gewaschen.

Im Einklang mit jedem Ort hat er teil am Ewigen. [...]. Er wird angefüllt [...] und wird zu einem heiligen Geist, und nichts ist mehr außerhalb von ihm. Er kann sehen, und in seiner vollkommenen Seele sieht er alle, die zu den Selbsterzeugten gehören. In seinem Gemüt sieht er alle, die zu dem Dreifach-Männlichen gehören. In seinem heiligen Geist sieht er alle, die zum Erst-Erscheinenden gehören. Er erfährt etwas über den Verborgenen, und zwar durch die Kräfte des Geistes, aus dem sie in einer noch größeren Offenbarung des Unsichtbaren Geistes hervorgegangen sind. Er ist im Gedanken, der jetzt im Schweigen und im Ersten Gedanken lebt.

Was den dreifach-mächtigen, unsichtbaren Geist betrifft, so ist er ein Hörender und eine Kraft des reinen Schweigens in einem belebenden Geist, der Vollkommene und ein vollkommener [...] und all-vollkommen. Deshalb sind die Herrlichkeiten, die über diese gesetzt sind, Lebensspender, die die Taufe der Wahrheit und der Kenntnis empfangen haben. Alle, die würdig sind, wachen über sie. Doch die, welche nicht von diesem Geschlecht sind, [...]. Streift aber einer die Welt ab und läßt alles Wissen fahren, so folgt er einerseits, wenn er jemand ist, der keine Wohnung und keine Kraft besitzt, dem Verhalten anderer und ist nur ein Gast. Ist er aber andererseits jemand, der keine Sünde begangen hat, da Erkenntnis für diese Art Menschen ausreicht, und auf nichts anderes achtet und bereut, dann sind für diese Art Menschen Waschungen wie zuvor bestimmt. Was den Pfad zu den Selbsterzeugten betrifft, in deren Gemeinschaft hinein du jedes Mal getauft worden bist – ein Pfad, der sehr wertvoll ist, weil man auf ihm vollkommene Wesen sieht: Da er aus den Kräften des Selbsterzeugten hervorgegangen ist, ist er die Erkenntnis des Alls, eine Erkenntnis, die du dir erwirbst, wenn du durch die allvollkommenen Äonen hindurchziehst. Und die dritte Waschung [...].

Alle, die vor dem einen, dem er ähnlich sieht, sicher sind, existieren wahrhaft. Sein Aussehen der Herkunft nach befindet sich innerhalb dessen, was sein Eigentum ist. Er sieht und versteht und betritt es und empfängt sein Aussehen daraus. Sie können sprechen und hörend hören, können aber nicht gehorchen. Denn sie sind wahrnehmende, jedoch körperliche Wesen, wie sie denn in der Tat, zwar prinzipiell (Wahrnehmungen) machen können, aber doch nur auf diese (körperliche) Art machen. Es handelt sich nur um eine Widerspiegelung, die auch noch verzerrt wird, da sie aus einer Wahrnehmung stammt, die über das (gesprochene) Wort erfolgt. Das ist zwar besser als die rein materielle Natur, aber doch niedriger als eine verstandesmäßige Essenz.

Laß dich durch die Verschiedenheit der Seelen nicht verwirren. Wenn sie denken, sie seien verschieden, so wissen sie nicht [...].

Jede der neun innerhalb der Zeit hat ihre Form und ihre Gewohnheit. Obwohl sie einander ähneln, unterscheiden sie sich doch voneinander, da sie voneinander getrennt sind, und sie stehen aufrecht.

Andere unsterbliche Seelen sind Gefährten all dieser Seelen, dank der Sophia, die herabblickte. Denn es gibt drei Formen unsterblicher Seelen: Solche, die Wurzel beim Durchzug geschlagen haben, da sie nicht zeugen können – eine Fähigkeit, die nur zu Wesen gehört, die in den Werken anderer wohnen [...]. Es sind entweder Teilseelen, oder sie haben, da sie allein nach ihm (dem Erlöser) rufen, sechs andere Äonen in Übereinstimmung mit dem Ort, den sie jeweils erlangt haben.

Die dritte Form ist diejenige, die zu den Seelen der Selbsterzeugten gehört und ein Wort der unaussprechlichen Wahrheit besitzt, das in Erkenntnis und Kraft von ihnen allein [...] exi-

stiert. Sie weisen vier Unterschiede auf: Es gibt die Formen der Botschafter, dann diejenigen, die die Wahrheit lieben, diejenigen, die hoffen, und diejenigen, die glauben. [...]
Auf diese Weise existieren [...] vier Lichter. Armozel, ein Teil des Gottes [...] der Wahrheit und eine Seeleneinheit, ist über den ersten Äon gesetzt. Oroiael, ein mächtiger Seher der Wahrheit, ist über den zweiten gesetzt. Daveithe, eine Vision der Erkenntnis, ist über den dritten gesetzt. Und Eleleth, ein Antrieb zur Wahrheit und eine Vorbereitung auf sie, ist über den vierten gesetzt. Diese vier existieren, weil es Worte der Wahrheit und Erkenntnis sind. Sie gehören nicht zum Erst-Erscheinenden, sondern zur Mutter und einem Gedanken des vollkommenen Lichtbewußtseins, das unsterblichen Seelen ermöglicht, sie als Erkenntnis zu besitzen. [...]
Adamas ist der vollkommene Mensch, da er das Auge des Selbsterzeugten ist, eine aufsteigende Erkenntnis des Selbsterzeugten, da der Selbsterzeugte Gott ein Wort des vollkommenen Bewußtseins der Wahrheit ist. Der Sohn des Adamas, Seth, kommt zu jeder Seele, da er die Erkenntnis ist, deren sie bedarf. Deshalb kam ein lebender Same von ihm. [...]"

[*Große Lücke*]

„Jetzt zum Menschen auf dem Durchzug: Wenn er die Wahrheit in sich selbst entdeckt, ist er weit von der Lebensführung anderer entfernt, die falsch und irrig leben. Was den Menschen betrifft, der bereut – wenn er dem Toten entsagt und nur nach den Dingen verlangt, die wirklich existieren, werden sein unsterblicher Geist und seine unsterbliche Seele [fortdauern]. Er beeilt sich ihretwegen, wenn er zum erstenmal (nach der Wahrheit) fragt. [...]
Der Mensch, der gerettet werden kann, ist derjenige, der nach sich selbst und seinem Geist sucht – und beide findet. Wieviel Kraft besitzt er? Der Mensch, der gerettet wird, ist derjenige, der [...]. Doch er selbst lebt im Wort, in der Weise, in der er existiert. Er empfing jeden [...] an jedem Ort, da er jetzt einfach und zur Einheit geworden war. Denn dann wird er gerettet und ist von sich aus in der Lage, durch all diese hindurchzuziehen. [...] Wenn er es dann wieder wünscht, trennt er sich von ihnen allen und zieht sich auf sich selbst zurück, denn er ist fähig, göttlich zu werden. Er hat sich dann auf Gott zurückgezogen."
Dies alles hörte ich und segnete den lebendigen, nie geborenen Gott, der in Wahrheit ist, und den nie geborenen Verborgenen und den Erst-Erscheinenden, das unsichtbare vollkommene männliche Bewußtsein, und das unsichtbare dreifach-männliche Kind und den Selbst-

erzeugten Gott. Ich sprach zu dem Kind des Kindes – Ephesech –, das bei mir war: „Sende mir die Kräfte deiner Weisheit, damit sie mir berichten, wohin der Mensch, der gerettet werden wird, jetzt verschlagen ist, und wer jene sind, die mit ihm vermischt sind, und jene, die von ihm getrennt sind, damit die Lebendigen und Auserwählten (durch mich) Kenntnis erlangen."

Da sprach das Kind des Kindes – Ephesech – deutlich und klar zu mir: „Ob sich der Mensch immer wieder nur auf sich selbst zurückzieht, oder ob er ins Dasein tritt und sich dabei nur auf die Kenntnis anderer Menschen stützt: Sein Bewußtsein weiß das und sein unsterblicher [Ursprung]. (Im zweiten Fall) empfindet er einen Mangel, denn er kehrt dann (zum Irdischen) zurück und trennt sich von sich selbst und steht [nicht mehr aufrecht] und tritt durch einen fremden Antrieb ins Dasein. Statt eins zu werden, nimmt er wieder viele Formen an. Und wenn er sich (dem Irdischen) zuwendet, tritt er wieder ins Dasein und sucht dabei nach Dingen, die nicht wirklich existieren. Wenn er im Denken in diese Dinge hinabfällt und sie, machtlos wie er ist, auf eine andere Weise (als im Geist) kennenlernt, wird er, falls er kein Licht empfängt, zum Erzeugnis der Natur und gelangt so hinunter in die Geburt. Und wegen der Leiden und der Grenzenlosigkeit der Materie verliert er die Sprache (des Geistes). Und obwohl er eine ewige, unsterbliche Kraft besitzt, ist er dann im [Gefängnis] des Körpers gefesselt. Er wird ins Leben gestoßen und ist mit grausam einschneidenden Fesseln bei jedem bösen Atemzug gebunden – bis er erneut die Initiative ergreift und anfängt, wieder in sich selbst ins Dasein zu treten.

Daher sind Kräfte über die Erlösung (dieser Menschen) gesetzt, und diese Kräfte existieren in der Welt. Inmitten der Verborgenen, und den einzelnen Äonen entsprechend, stehen Herrlichkeiten, damit (der Mensch), der in der Welt ist, in ihrer Nähe doch sicher ist. Diese Herrlichkeiten sind vollkommene Gedanken, die bei den Kräften leben. Sie können nicht untergehen, weil sie Muster des Erlösungsweges sind, durch die jeder einzelne gerettet wird, wenn er sie empfängt. Er empfängt dann ein Muster des Erlösungsweges und Stärke durch diese Kraft, und mit der Herrlichkeit als Helfer kann er so die Welt und [die Äonen] verlassen.

Und dies sind die Bewahrer der unsterblichen Seele: Gamaliel zusammen mit Strempsouchos, und Akramas zusammen mit Loel, und Mnesinous. Und dies sind die unsterblichen Geister: Yesseus, Mazareus, Yessedekeus. [...] Sie stehen vor uns, Isauel und Audael, und Abrasax, die zehntausend Phaleris, mit Phalses und Eurios. Der Bewahrer der Herrlichkeiten ist Stetheus mit Theopemptos und Eurumeneus und Olsen. Die Helfer bei jeder Tat sind Ba[...]mos und [...]son und Eir[...]n und Lalameus und Eidomeneus und Authrounios. Die Richter sind Sumphtar und Eukrebos und Keilar. Der Erbe ist Samblo. Die Botschafter-Führer zu den Wolken der Wolken sind Sappho und Thouro."

Nachdem er das gesagt hatte, sprach er zu mir auch über alle, die in den selbsterzeugten Äonen sind, und über alle ewigen Lichter, und die Vollkommenen, die einzeln vervollkommnet sind. In Entsprechung zu jedem Äon sah ich eine lebende Erde und ein lebendes Wasser und Luft, aus Licht gemacht, und Feuer, das nicht brennt [...], alle einfach und unveränderlich [...] mit Bäumen aller Art, die nicht vergehen und Kräutern [...] und unvergänglichen Früchten und lebendigen Menschen und alle Formen und unsterbliche Seelen und alle Gestalten und Formen des Geistes, und Götter der Wahrheit, und Botschafter, die in großer Herrlichkeit stehen, und unauflösliche Körper und ein ungeborenes Zeugen und unbewegliche Wahrnehmung. Auch er war wieder da, der leidet, obwohl er unfähig ist zu leiden, denn er war die Kraft einer Kraft.

[...]

Durch all diese Kräfte wurde ich nun zum fünftenmal im Namen des Selbsterzeugten getauft. Ich wurde göttlich. Ich stand auf dem fünften, dem von all diesen Wesen bewohnten Äon. Ich sah sie alle, die zu den Selbsterzeugten gehören, die in Wahrheit sind, und fünfmal wurde ich getauft. [...] Die über sich selbst herrschende Herrlichkeit, die Mutter [...] die Herrlichkeiten, Youel, und die vier vollkommenen Lichter, der Erst-Erscheinende des großen Geistes, Selmen und alle, die bei ihm sind, die Gott-Offenbarer Zacha [...] und Yachthos, Setheus und Antiphantes, Seldao und Elenos [...]. Sie sind im Einklang mit allen Äonen, lebende Erde und lebendes Wasser und Luft aus Licht gemacht, und blendendes Feuer, das nicht brennt, und Tiere und Bäume und Seelen und Geister und Menschen und alle, die bei ihnen existieren, aber keine Götter und Kräfte und Botschafter [...].

Da trat sie vor mich hin, die zu den Herrlichkeiten gehört, die männliche jungfräuliche Yoel. Ich dachte gerade über die Kronen nach. Sie aber sprach zu mir: „Warum hat dein Geist über die Siegel auf ihnen nachgedacht? [...] sind die Kronen, die jeden Geist und jede Seele stärken und die Siegel, die [...]. Und die Siegel [...] sind Geschlechter, die zum Selbsterzeugten und dem Erst-Erscheinenden und dem Verborgenen gehören.

Der Unsichtbare Geist ist eine psychische und intellektuelle Kraft, er ist erkennbar und ein Vorauswissender. Wenn er deshalb, da er neben Gabriel, dem Geber des Geistes in [...] steht, heiligen Geist gibt und ihn mit der Krone versiegelt und ihm eine Krone mit den Göttern [...] gibt, [...]."

[...] Ich trat ins Dasein und existierte nun wahrhaft. Hierauf brachte sie mich in den großen Äon, an den Ort, wo sich der vollkommene dreifach Männliche befindet. Ich sah das Unsichtbare Kind in einem unsichtbaren Licht. Da taufte sie mich erneut [...].

Sie, die zu all den Herrlichkeiten gehört, Yoel, sprach zu mir: „Du hast nun alle Waschungen empfangen, durch die sie die Taufe verleiht, sie, die würdig ist, die Taufe zu verleihen, und du bist vollkommen geworden [...]. Rufe nun wieder Salamex und Selmen und den allvollkommenen Ar [...] an, die Lichter des Äons der Barbelo und die unermeßliche Erkenntnis, und sie werden dir offenbaren [...]."

[...] zu mir, sie, die zu all den Herrlichkeiten gehört: Youel. Sie setzte mich zu Boden und ging und stand vor dem Erst-Erscheinenden. Dann stand ich über meinem Geist und betete inbrünstig zu den großen Lichtern innerhalb des Gedankens. Ich begann Salamex und Selmen und die Allvollkommenen anzurufen. [...] und ich sah Herrlichkeiten größer als die Mächte, und sie salbten mich.

[...]

Er steht bei weitem höher als jeder Unaufspürbare, und er [...] ist größer als jeder Körper. Er ist reiner als jeder, der in einem Körper verkörpert ist. Er dringt in jeden Gedanken und jeden Körper ein, da er die Stärke für jedes Geschlecht und jede Form ist. Denn er ist das All für sie.

[...]

Dann existiert er als Vollkommener. Deshalb ist er vollkommen, da er unteilbar ist, in seinem eigenen Gebiet. Denn nichts gibt es, was früher war als er, außer die [vollkommene] Selbständigkeit.

[...]

Wenn er mit den [Herrlichkeiten] in Verbindung steht, ist er vollkommen. Doch wenn er mit zweien oder nur einem (der irdischen Welt) in Verbindung steht, ist er die Trunkenheit, die er dann (von der Welt) empfängt. Daher gibt es Menschen, die Seelen haben, und Menschen, die keine haben, solche, die gerettet werden, und solche, die untergehen, wenn sie ihn nicht [angenommen] haben. Deshalb gibt es Materie und Körper.

[...]

[...] damit sie sich nicht noch einmal entferne und in ein Dasein gerate, das von der Vollkommenheit getrennt ist. Sie lernte die Vollkommenheit und ihn kennen, sie richtete sich auf, und sie gelangte durch ihn zur Ruhe.

Da sie aus ihm, der in Wahrheit ist, hervorkam, war sie auch *von* ihm, der in Wahrheit ist, und von ihnen allen. Sie kannte jetzt sich selbst und ihn, der vor allem anderen ist.

Sie folgten ihm und kamen in eine wirkliche Existenz und Erscheinungsform durch die, die vor allem Sein sind [...]. Er, der ihn vorher kennt als ewigen Raum, der als sein zweites Wissen ins Dasein trat, noch mehr: als das Wissen seines, des nie geborenen Verborgenen, Wissens. Sie standen wieder auf ihm, der wahrhaft existiert, denn durch ihn kannten sie ihn, damit alle, die ihr folgen, ins Dasein träten und einen Ort erhielten und alle, die hervorkämen, fähig wären, ihr voranzugehen, aber heilig und einfach zu werden. Sie ist die Selbsterkenntnis des vor allen Dingen seienden Gottes. [...] Sie wurde vom Gedanken „Barbelo" genannt, das dreifache, männliche, jungfräuliche und vollkommene Geschlecht. Sie ist das Wissen um sie, durch die sie ins Dasein trat, [...] Doch sie existiert als einfaches Wesen, um fähig zu sein, den vor allen Dingen seienden Gott zu kennen, kam sie doch als ein gutes Wesen aus ihm hervor.

[...]

Nachdem sie zu Solmis gesagt hatte: Du bist groß, Aphredon, du bist vollkommen, Nephredon, sagt sie zu seiner Existenz: Du bist groß, Deiphaneus, seine Tätigkeit, sein Leben, seine

Göttlichkeit. Du bist groß, Harmedon, der du zu allen Herrlichkeiten gehörst, Epiphaneus, und seine Segnung und Vollkommenheit der Einzel-heit.

[...] die Jungfrau Barbelo durch die Einfachheit der Segnung des dreifach mächtigen unsichtbaren Geistes. Sie hat sich selbst erkannt, da sie ihn erkannte. Er ist überall, ungeteilt [...] Autoer, Beritheus, Erigenaor, Orimenios, Aramen, Alphleges, Elilioupheus, Lalameus, Noetheus, Ytheus, groß ist euer Name. Er, der weiß, bringt Wahrheit zu allen. Du bist Einer, du bist Einer, du bist Einer, du, der gut ist, Aphredon! Du bist der Äon der Äonen des großen, vollkommenen, ersten Verborgenen.

[...]

Botschafter und Dämonen und Geister und Seelen und Lebewesen und Bäume und Körper und alle, die vor ihnen stehen – sowohl die der einfachen Elemente mit einfachem Ursprung als auch der gemischten und ungemischten [...] Luft und Wasser und Erde und Zahl und Verbindung und Bewegung [...] und Ordnung und Atem und all das übrige.

Es gibt vier Mächte, die sich im vierten Äon befinden: [...] Und einige sind die, die als Erzeugte existieren, und andere als solche in einer ungeborenen Zeugung. Manche sind heilig, andere sind ewig und unveränderlich in der Veränderlichkeit und sind Zerstörung in der

Unzerstörbarkeit. Einige sind solche, die als All existieren. Andere gibt es, die Geschlechter sind, wieder andere existieren in Ordnung und Anordnung. Es gibt welche, die in Unzerstörbarkeit sind. Es gibt die ersten, die aufrecht stehen, und die zweiten, die sich in ihnen allen befinden; es sind alle, die von ihnen und in ihnen sind [...]. Sie drängen sich nicht aneinander, wohnen aber ebenfalls in ihnen. Denn sie leben und stimmen miteinander überein, als ob sie von einem einzigen Ursprung herkämen. Sie sind miteinander in Harmonie, da sie alle in einem einzigen Äon des Verborgenen leben [...], getrennt nur nach ihrer Kraft, denn sie leben in Übereinstimmung mit dem jeweiligen Äon, sie stehen in Übereinstimmung mit dem Äon, der sie jeweils erreicht.

Doch der Verborgene ist ein einzelner Äon. Sie haben vier verschiedene Äonen, und in Übereinstimmung mit jedem dieser Äonen haben sie Kräfte, die anders als erste und zweite Kräfte sind, denn sie sind alle ewig. [...]

Sie alle leben in Einem, da sie zusammenwohnen und jeder für sich mit den anderen zusammen vollkommen gemacht und mit dem Äon erfüllt wurde, der in Wahrheit existiert. Manche von ihnen sind die, die aufrecht stehen, wohnend in der Essenz. Andere sind wie sie, aber wie eine Essenz in Funktion, eine Essenz, die in einem Zweiten leidet, denn in ihnen existiert die Unfruchtbarkeit der Unfruchtbarkeit, die in Wahrheit ist. Wenn die Unfruchtbaren ins Dasein gekommen sind, steht ihre Kraft aufrecht. [...]

In jener Welt dort existieren alle Lebewesen individuell, doch miteinander vereinigt. Man erkennt dort die Erkenntnis und weiß, was Unwissenheit ist. Chaos ist dort, aber auch ein Ort ist für sie alle bereitet, obwohl sie noch neu sind, und wahres Licht und Dunkelheit, die Licht empfangen hat, und auch er, der nicht in Wahrheit existiert. Er existiert nicht in Wahrheit. [...] das Nicht-Sein, das nicht als All existiert.

Er ist das Gute, von dem das Gute und der Gute abstammen, und der Gott, von dem Gott und er, der göttlich ist, abstammen [...].

Er vermischte sich mit nichts. Er bleibt im Gegenteil allein in sich selbst und ruht in sich selbst innerhalb seiner grenzenlosen Grenzen. Er ist der Gott derer, die in Wahrheit existieren, ein Seher und Offenbarer Gottes.

Als sie den, der sie kannte, gestärkt hatte, gab Barbelo, der Äon, die Erkenntnis des unsichtbaren dreifach mächtigen, vollkommenen Geistes [...]. Welche Art des Geistes? Welche Art der Weisheit? Welche Art des Verstehens und Unterrichtens?

Seinen Lichtern sind Namen gegeben. Der erste ist Armedon, und sie, die bei ihm ist [...].

Der zweite ist Diphane [...], und sie, die bei ihm ist, ist Deipha [...]. Der dritte ist Malsedon, und sie, die bei ihm ist, ist [...]. Der vierte ist Solmis, und sie, die bei ihm ist, ist Olmis.

Der Verborgene existiert [...] und seine Vorstellung. Er ist ihnen allen unsichtbar, damit sie alle von ihm gestärkt würden [...].

[...]

Er ist der erste, der ist, der eine, der der zweite ist, der Allvollkommene, Verborgene. Denn die vier Lichter existieren, aber der Verborgene ist es, der sie wieder geteilt hat. Sie existieren an *einem* Ort, und alle, die die als Herrlichkeiten existierenden Wesen kennen, sind vollkommen. Er [...] weiß alles über sie, denn er ist ein Allvollkommener, von dem jede Kraft und jedes Wesen und ihr ganzer Äon abstammen, da sie alle zu ihm unterwegs sind. Sie kommen alle von ihm. [...]

[...] tritt als eine Barbelo ins Dasein. Er wird zum ersten Äon durch die Ewigkeit des Unsichtbaren Geistes, der zweiten Unfruchtbarkeit.

Dies sind die Herrlichkeiten: Die unerreichbaren Aphredons, die Unaussprechlichen, sind die Offenbarer. Die Unbeweglichen von ihnen, die Offenbarer der Herrlichkeit, sind die Marsedons. Die zweimal Offenbarten, die Solmise, die Unerreichbaren, sind die Selbstoffenbarer.

Die, die voll der Herrlichkeit sind, die auf die Herrlichkeit warten, die Segnenden, die Marsedons, sind die Verborgenen, die Offenbarung gaben, die Begrenzten [...].

Deshalb ist er eine vollkommene Herrlichkeit, damit er, sobald er binden und führen kann, vollkommen werde. So empfangen sie, selbst wenn er in einen Körper und den Wandel der Materie eintritt, doch keine größere Ehre von ihm. Denn sie sind schon allvollkommen, obwohl sie alle vollkommen sind wie jene, die bei ihm sind. Denn jeder Äon enthält zehntausend Äonen in sich, damit er dadurch, daß sie zusammen existieren, ein vollkommener Äon werde.

Er existiert in der Segnung des dreifach mächtigen vollkommenen unsichtbaren Geistes [...] ein Schweigen der zweiten Erkenntnis, der erste Gedanke, in Harmonie mit der dreifachen Macht, da er ihr befahl, ihn zu erkennen, damit er selbst allvollkommen und vollkommen in sich selbst werde. Er wird durch Selbständigkeit und Segnung erkannt. Ich empfing das Gute durch diesen Anhänger des Barbelo-Äons, der sich selbst das Sein gibt. Die Kraft war nicht seine eigene, gehört aber zu ihm.

Die Äonen, die wahrhaft existieren, wohnen im Schweigen. Existenz war Untätigkeit, und die Erkenntnis des selbst-gegründeten Verborgenen war unaussprechlich, [...] der Erst-Erscheinende, vollkommene Männliche [...] ist ein Bild von ihm, ihm gleich an Herrlichkeit und Macht, höher als er an Rang. Doch besitzt er nicht, wie er, all diese Wesen, die leben und zusammenwohnen. Mit dem Äon innerhalb der Äonen und allen übrigen, die an diesem Ort wohnen, ist er vierfach unterteilt.

Der Verborgene existiert wirklich, und bei ihm befindet sich diejenige, die zu allen Herrlichkeiten gehört, Youel, die männlich-jungfräuliche Herrlichkeit, durch die sie all die allvollkommenen Dinge sahen. Die vor ihm stehen, sind: das dreifach männliche Kind [...].

Der erste Äon in ihm, aus dem das erste Licht stammt, ist Solmis und der Gott-Offenbarer, der, entsprechend dem Typus, welcher in dem verborgenen Äon und Doxomedon ist, unerreichbar ist. Der zweite Äon ist Akremon, der Unaussprechliche, der das zweite Licht hat, Zachthos und Yachthos. Der dritte Äon ist Ambrosios die Jungfrau, der das dritte Licht hat, Setheus und Antiphantes. Der vierte Äon ist der Segnende [...], der das vierte Licht hat, Seldao und Elenos. Sie [...] Armedon [...] phoē zoē zēoē [...] zōsi zōsi zaō zēooo zēsen zēsen – die Individuen und die vier, die achtfältig sind, sind lebendig. Ēooooēaēō – ihr, die ihr vor ihnen und in ihnen seid. Sie alle sind in dem erst-erscheinenden, vollkommenen, männlichen Armedon, der Tätigkeit aller, die zusammenwohnen. Da all diese Individuen in Vollkommenheit existieren, trat die Tätigkeit all dieser Individuen aufs neue in Erscheinung.

Was den Selbsterzeugten Gott betrifft, so steht er inmitten eines Äons aufrecht. In ihm gibt es vier verschiedene selbsterzeugte Äonen. Der erste Äon in ihm, der des ersten Lichtes, ist Harmozel, Oreos, Euthrounios, er wurde genannt [...]. Der zweite Äon, der des zweiten Lichtes, ist Oroiael [...]. Der dritte Äon, der des dritten Lichtes, ist Daveithe, Laraneus, Epiphanios, Eideos. Der vierte Äon, der des vierten Lichtes, ist Eleleth, Kodere, Epiphanios, Allogenios.

Was die anderen betrifft, die in der Materie existieren, so führten sie ihr Leben fort. Sie traten ins Dasein auf der Basis von Wissen, Größe, Kühnheit und Kraft, und ihr Leben wurde auch von Erfolg gekrönt. Aber da sie Gott nicht kennengelernt haben, werden sie wieder dahinschwinden.

Siehe, Zostrianos, du hast jetzt all diese Dinge gehört, von denen die Götter nicht wissen und die den Botschaftern unerreichbar sind."

Da faßte ich mir ein Herz und sagte: „Ich frage dich doch noch einmal nach dem dreifachen, mächtigen, unsichtbaren, vollkommenen Geist. Wie existiert er für sich, und wie kommt er immer noch zu all diesen [...]." [...]

Apophantes und Aphropais, das Jungfrau-Licht, traten vor mich hin und brachten mich zu dem erst-erscheinenden, großen, männlichen, vollkommenen Geist, und ich sah, wie all diese, die dort waren, innerhalb des einen wohnen. Ich vereinigte mich mit ihnen allen und segnete den Verborgenen Äon und die Jungfrau Barbelo und den unsichtbaren Geist.

Ich wurde allvollkommen und erhielt Stärke. Ich wurde aufgeschrieben in Herrlichkeit, wurde versiegelt und empfing dort eine vollkommene Krone.

Und ich trat wieder heraus vor die vollkommenen Individuen, und sie alle stellten mir Fragen. Sie hörten auf die Größe der Erkenntnis und waren voller Freude und empfingen Stärke. Und als ich wieder zu den selbsterzeugten Äonen kam, empfing ich eine reine Form, würdig der Wahrnehmung. Ich kam dann hinab zu den Abbild-Äonen und ging noch weiter bis zur Luftrerde. Dort beschrieb ich drei Tafeln und ließ sie als Wissen für jene zurück, die nach mir kommen: die Lebendigen, Auserwählten. Ich kam schließlich hinunter zur wahrnehmbaren Welt und zog meinen „Tempel" an. Da er unwissend war, stärkte ich ihn und zog umher, allen die Wahrheit predigend. Aber es sahen mich weder die Engelwesen der Welt noch ihre Herren, denn ich zerstörte eine große Anzahl von Widrigkeiten, die mich freilich bis an den Rand des Todes brachten.

Aber ich weckte eine Vielzahl Irrender auf und sprach zu ihnen: „Erkennt sie, die lebendig sind, und den heiligen Samen Seths. Seid mir [...] nicht ungehorsam. Erweckt euren Gott zu Gott. Stärkt eure sündenlose [auserwählte] Seele, laßt sie den Dingen hier absterben und sucht die Unfruchtbarkeit [in bezug auf Irdisches], die unsterblich ist.

Der [Vater] all dieser Dinge lädt euch ein. Mögen sie euch auch Vorwürfe machen und schlecht behandeln – er wird euch nicht verleugnen.

Tauft euch nicht mit dem Tod, noch vertraut euch jenen an, die niedriger stehen als ihr, statt jenen, die besser sind. Flieht die Unvernunft und die Fessel des Weiblichen (der Materie), und entscheidet euch für die Rettung durch das Männliche (den Geist). Ihr seid ins Dasein gekommen, nicht um [zu leiden], sondern um eure Fesseln abzustreifen.

Löst euch selbst, und was euch band, wird gelöst werden. Rettet euch selbst, damit (alles andere) gerettet wird. Der gütige Vater hat euch den Retter gesandt und euch Stärke gegeben. Warum zögert ihr noch? Sucht, wenn man nach euch sucht! Wenn man euch einlädt, hört auf die Einladung. Denn die Zeit ist kurz.

Laßt euch nicht in die Irre führen. Der Äon

der Äonen der Lebendigen ist groß, groß aber ist auch die Strafe für die Ungläubigen. Viele Fesseln und Züchtiger umgeben euch. Werdet so schnell wie möglich reif, bevor euch die Vernichtung ereilt. Seht auf das Licht. Flieht vor der Finsternis. Laßt euch nicht in die Irre führen, in euren Untergang!"

Zostrianos
Worte der Wahrheit des Zostrianos
Gott der Wahrheit
Worte des Zoroaster

Ägypterevangelium

Zum „Ägypterevangelium"

Das „Ägypterevangelium" aus Nag Hammadi (nicht identisch mit dem griechischen „Ägypterevangelium", das in Fragmenten durch Clemens von Alexandria überliefert ist), ist eigentlich ein Schöpfungsbericht und eine Darstellung der Erlösung des Menschen. Aber die Schöpfung ist im Menschen gegenwärtig, und die Erlösung ist im Menschen angelegt.

Der Mensch ist die ganze Schöpfung. Sowohl in dem Sinne, daß er seinem irdischen Wesen nach aus der Natur hervorgegangen ist, als auch in dem Sinne, daß er aus Geist geboren ist. Als geistiges Wesen übersteigt er die Natur und kann sich gegen und über sie stellen. Alles, was im Menschen ist – Leben, Bewußtsein, Denken, Liebe –, muß schon vor ihm dagewesen sein. Es manifestiert sich durch ihn in dem Maße, in dem seine Organisation die Eignung erhält, diesen Realitäten Ausdruck zu verleihen.

Erlösung bedeutet, daß sich der Geist, der im Menschen angelegt ist, gegen alle inneren und äußeren Widerstände doch entfaltet. Dann ist das tiefste Wesen des Menschen, das Geist ist, von der Vorherrschaft der äußeren Hüllen der Natur befreit.

Die Struktur der Schöpfung – Geist und Natur – ist also die Struktur des Menschen. Und der Weg der Erlösung ist die Bewußtwerdung und Wirksamwerdung aller Stufen und Hüllen der Wirklichkeit im Menschen, wobei sich das Höhere das Niedere, das Innere das Äußere dienstbar macht. Daher ist es möglich, die Stufen des Weges der Erleuchtung – und der Erlösung – noch einmal anhand des „Ägypterevangeliums" zu beschreiben:

Er verläuft in umgekehrter Richtung wie das Schöpfungsgeschehen. Die Schöpfung geht vom Geist zur Materie, der Weg der Erleuchtung von der Materie zum Geist, wobei der Mensch vom Geist, von oben – oder von innen – gezogen wird.

Ein gewisser Eugnostos bezeichnet sich als Verfasser des Textes, Eugnostos – der „im Geist Geliebte". Aber er hat diesen Text nur aufgeschrieben. In Wirklichkeit ist der Verfasser Seth, der Erlöser. Denn das sichtbare, mit den Augen lesbare Buch ist nur der Ausdruck eines wirklichen Geschehens, das sich in der Welt des Geistes abspielt und dort niedergeschrieben wird. Daher wird dieses geistige „Buch" auch im „hohen Gebirge" niedergelegt, wohin die irdische Sonne, das Licht des irdischen Verstandes, niemals zu steigen vermag. Zu diesem „Gebirge" des Geistes kann nur der hinaufsteigen, in dem das Licht des Geistes angezündet ist. Ihm wird das Geschehen offenbar, das in diesem Buch geschildert wird. Und es wird ihm in 13 Stufen offenbar, die den Stufen im „Marsanes"-Text entsprechen. All diese 13 Stufen hat Seth im Vollzug des Erlösungsgeschehens berücksichtigt. Er hat 130 Jahre zur Abfassung des „Buches" gebraucht.

Eugnostos ist ein Erleuchteter, der zum Berg des Geistes hinaufgestiegen ist und dort das Buch des Seth, das Geschehen der Schöpfung und der Erlösung, „gelesen" hat. Und er hat es dann in einem bestimmten Zustand niedergeschrieben – dem Zustand, der der Verfassung des Menschen entspricht, welcher sich auf die Erleuchtung vorbereitet. Solche Menschen sind auch die Adressaten des Eugnostos. Es sind die Menschen, die auf der sechsten und siebten Stufe (nach dem „Marsanes"-Text gezählt) stehen, den Stufen des „Selbsterzeugten", das heißt der in aller Relativität der irdischen Dinge zur inneren Selbständigkeit gekommenen Seele. Dieser Zustand ist durch vier Aspekte charakterisiert: Aus dem Geist geborene Selbständigkeit, was hier als „Gnade" bezeichnet wird, Verständnis, Begriff und Klugheit. Sie entsprechen den vier Äonen dieser Stufe, wie sie schon im „Zostrianos" ausgeführt worden sind. Eugnostos lebt bei der Niederschrift des Textes aus diesen vier Äonen, so daß er sich allen Seelen nähern kann, die sich in der Vorbereitung zur Erleuchtung befinden. Darin ist er Jesus, seinem „Lichtgefährten in der Unverderblichkeit", dem „Kind des Kindes" im „Zostrianos", ähnlich. Wie Jesus aber kann er seine Aufgabe nur erfüllen, weil er auch fähig ist, in die Höhen des Lichtes hinaufzusteigen. Gegen Ende des Textes schildert er, wie er der Erleuchtung teilhaftig wird: Er hat sich „mit dem Unveränderlichen vermischt", mit der Kraft und dem Licht des Geistes. „Ich bin Licht geworden". So beschreibt jeder Erleuchtete seine Erfahrung. Er *sieht* nicht ein Licht, wobei er jemand wäre, der dem Licht gegenübersteht und doch von ihm getrennt wäre, sondern er ist eins mit dem Licht, selbst Licht geworden. Er ist ganz Bewußtsein, ganz Helligkeit des Denkens geworden. Das ist nicht intellektuelle Tätigkeit des Kopfes. Die schöpferischen Gedanken Gottes, das geistige Licht, durchdringen alles Sein. Wenn ein Mensch eins mit diesen Gedanken wird, durchdringt er ebenfalls alles Sein und nimmt gleichsam von innen das Wesen der Dinge und sein eigenes Wesen wahr.

Dieser Zustand ist Erkenntnis. Er ist aber auch Kraft, denn die schöpferischen Gedanken Gottes sind lebendige Kräfte. Sie sind die produktive Liebe Gottes, die alles erhält und entwickelt. Daher spricht Eugnostos von seiner „Lichtrüstung". In diesem Licht ist er felsenfest gegründet, besitzt Kraft, um allen Wesen zu helfen, und ist unangreifbar für feindliche Kräfte der Finsternis. Überdies erhält er eine neue Gestalt. Er erhält im Konzert der schöpferischen Gedanken Gottes den Part, der ihm entspricht. Er ist selbst ein schöpferischer Gedanke Gottes, eine „Gestalt" (im Reich des Geistes besitzt er keine irdische Form mehr und ist „formlos"), und als diese Gestalt hat er seine bestimmte Funktion bei der Verwirklichung der Entwicklung des Geistes in Welt und Menschheit. So besitzt der Zustand der Erleuchtung drei Aspekte: den der Erkenntnis, den der Kraft, und den der Verwirklichung.

Der Text des „Ägypterevangeliums" zeugt von diesem Zustand der Erleuchtung und dem, was inhaltlich dabei erfahren wird. Eugnostos sieht – nicht von außen, sondern als Mitbeteiligter, der *im* Geschehen mitlebt – den Werdegang der Schöpfung: Aus dem unendlichen Schweigen wird der göttliche Geist manifest und bringt die Welten des Geistes und ihre Wesen hervor, aus denen dann auch die Welt der Materie entsteht. Bestimmte Wesen aus der Geistwelt steigen in der Folge in die Welt der Materie hinab und verstricken sich in sie – aber es gibt einen Weg zurück, den Weg der Erlösung, den Weg der Erleuchtung. Es ist der Wiederaufstieg zur göttlichen Welt des Geistes.

Es ist möglich, den Weg der Schöpfung und des Menschen darin bei seinem Abstieg in die Materie anhand des „Ägypterevangeliums" nachzuzeichnen und gleichzeitig zu zeigen, wie der Erleuchtete bei seinem Aufstieg zum Geist die einzelnen Phasen der Schöpfung in umgekehrter Reihenfolge erlebt und seiner eigenen Vergangenheit sozusagen wiederbegegnet.

Alles beginnt mit dem Zustand des „Schweigens", dem Zustand des allerersten Anfangs, nein, dem Zustand vor jedem Anfang, in den der Erleuchtete in der 13. Phase seiner Erfahrungen eingeht. Es ist der Zustand des Innersten – oder des Höchsten –, der unendlichen Ruhe, aus der doch alle Bewegung hervorkommt. Alles ist zwar schon vorhanden, aber nur als Potentialität, als schlummernder Same. Gott, der Ursprung von allem, ist noch untätig, ganz undifferenziert. Sein Denken ruht, seine Kraft ruht, sein Wirken ruht. Es ruhen in ihm auch die schöpferischen Gedanken, die „Formeln" für lebendige Wesen, nach denen sich diese einst entwickeln werden – unter anderem menschliche Seelen.

Der Erleuchtete ist eine Seele, die nach vielen Erfahrungen und Metamorphosen zum Bewußtsein des Geistes und seiner Tätigkeit gekommen ist. Alles, was im Urquell des Geistes noch schlummernd war, ist in ihr erwacht, bewußt und wirksam geworden. Und dennoch kann sie, zu diesem Urquell zurückkehrend, ihren eigenen ursprünglichen Zustand wieder wahrnehmen: Sie war schlummernd im Schoß des Schweigens. Was vor aller Zeit ein unbewußtes Prinzip war, eingebettet im Schoß des göttlichen Denkens, kehrt nach aller Zeit als bewußtes Prinzip zurück in diesen Schoß und ist sich auch des Unterschieds zwischen vorher und nachher bewußt.

Der Zustand des „Schweigens" differenziert sich in einer zweiten Phase aus: Er teilt sich in einen schöpferischen, zeugenden Teil und einen empfangenden, hervorbringenden Teil. Der schöpferische Teil wird in unserem Text als „Vater" – es ist der „erste" Vater im Unterschied zu den noch folgenden –, der hervorbringende Teil als „Vorsehung", die „männliche Jungfrau Yoel" bezeichnet. Im ganzen Weltall, in jedem Wesen und Ding, auch dem vom Ursprung entferntesten, wirken im Innersten diese beiden Prinzipien. Man könnte sie auch den zeugenden „Willen" und die hervorbringende „Kraft" nennen, das schöpferische Prinzip im Denken Gottes, und Gottes Denken selbst andererseits, das durch dieses Prinzip in Bewegung gesetzt wird. Aus diesen polaren Strömen entfaltet sich das ganze unsichtbare und sichtbare All, zunächst das geistige, dann das materielle. Es sind die 12. und die 11. Stufe des „Marsanes"-Textes, zu denen der Erleuchtete wieder hinaufsteigt – oder in die er wieder, als in sein Inneres, hineintaucht. Die 12. Stufe ist die des „Vaters", die 11. die der „Mutter", des „ersten Gedankens", der sich im Vater spiegelt und ihn reflektiert. Aus diesen beiden Strömen geht hervor das Licht, man könnte auch das Urbewußtsein sagen, hier als „Domedon Doxomedon" bezeichnet, das Urlicht, das allem späteren Geisteslicht und materiellem Licht zugrundeliegt. Es gehört noch zur 11. und 12. Stufe – von außen oder unten gerechnet. In diesem Stadium der Entwicklung sind die menschlichen Seelen als Gedankenkeime Gottes immer noch schlummernd, eingebettet ins Urlicht, den „Äon der Äonen".

Der Erleuchtete ist eine menschliche Seele, die nach unendlichen Entwicklungen sich ihrer selbst bewußt geworden und daher sich auch ihres Ursprungs bewußt geworden ist. Sie entdeckt die Wirklichkeit der 12. und 11. Stufe, sie erfährt bewußt das Urlicht und das zeugende und hervorbringende Prinzip des Geistes, aus dem dieses Licht hervorgegangen ist. Sie erkennt, daß sie selbst, als aus diesem Urlicht hervorgegangen, Teil von ihm ist, Teil auch des „Vaters" und der „Mutter, die das Urlicht erzeugt haben. Und sie sieht, wie sie, am Ende ihrer Entwicklung, aus einem unbewußt im Vater, Mutter und Urlicht schlummernden Wesen zu einem jetzt bewußt im Urlicht mitarbeitenden Wesen geworden ist.

„Vater" und „Mutter" bringen im weiteren Prozeß der Weltentwicklung „drei Kräfte" hervor, wie der Text sagt. Es sind sozusagen die zweite „Generation" in der Entfaltung des ursprünglichen Schweigens, ein Bild der ersten. Deshalb besteht auch die zweite Generation aus drei Prinzipien: Vater, Mutter und Sohn. Sie repräsentieren das schöpferische, zeugende Prinzip des Geistes, das gebärende, Gedanken hervorbringende Prinzip des Geistes und das daraus entstehende Bewußtseins- oder Lichtprinzip – auf einer zweiten Ebene. Das ursprüngliche Schweigen differenziert sich also weiter aus, wie ein Baum sich aus seiner Wurzel zum Stamm und dann zu den Ästen ausdifferenziert. Alles Frühere bleibt wirksam und durchdringt alles Spätere, aber das Spätere entwickelt eine Eigenaktivität. Was im Ursprung nur als Potenz anwesend war, wird nun in dieser Phase zur Realität. Es ist noch eine rein geistige Realität, eine Realität des Denkens und des Gedankens Gottes. Was offenbart sich da, das vorher wie in einem Samen unentfaltet gelegen hatte, aber doch schon vorhanden war? Wie könnte man diesen Zustand beschreiben? Man kann seine drei Prinzipien als „Urkräfte" bezeichnen, die noch in keinem Wesen Gestalt angenommen haben, aber doch als Eigenschaften und Kräfte der Gottheit schon manifest und wirksam sind. Jedes dieser Prinzipien besteht aus acht Aspekten: vier männlichen und vier weiblichen. Die erste „Achtheit", die des „Vaters" (der zweiten Generation), wird im Ägypterevangelium" genauer beschrieben als Gedanke und Wort, Unverderblichkeit und ewiges Leben, Wille und Geist, Vorwissen und mannweiblicher Vater. Es sind acht Aspekte, in denen sich das Vaterprinzip auf der zweiten Ebene des Weltprozesses ausdifferenziert. Und ist nicht überall, im ganzen Weltall und in jedem Wesen, der erzeugende Geist als Gedanke und Wort, das heißt als Formel und Vibration, als Unverderblichkeit und ewiges Leben, das heißt als unzerstörbare Identität und Dauer des Wesentlichen, als Wille und Geist, das heißt als vorwärtstreibende Entwicklungsenergie und -steuerung, als Vorwissen und mannweiblicher Vater, das heißt als Projektion in die Zukunft und Fähigkeit jedes Wesens, sich selbst in die Zukunft zu projizieren, wirksam?

Von der „Mutter" und ihrer Ausdifferenzierung in die acht Aspekte wird auf dieser Ebene nichts weiter berichtet, jedoch von der Achtheit des Sohnes heißt es, daß er die „sieben Stimmen" ist, ergänzt durch das „Wort" der Mutter. Das Erzeugende – der „Vater" – und das Gebärende – die „Mutter" – wird durch den Sohn manifest. Es wird ausgesprochen als die sieben „Stimmen" und das „Wort": als das, was im Reich des Geistes „Gestalt" verleiht. Der „Vater" auf dieser Ebene ist „Christus", Sohn der vorherigen Ebene. Er wird als das dreifachmännliche Kind bezeichnet, da in ihm die immer neue und erneuernde schöpferische Kraft des Ursprungs, des Vaters auf der ersten Ebene, und seine eigene schöpferische Kraft wirksam sind. Er entspricht dem Zustand der

Weltentwicklung auf der 10. Stufe (nach dem „Marsanes"-Text), während seine „Gefährtin", die „Mutter" auf dieser Ebene (9. Stufe nach Marsanes), und das aus ihnen hervorgehende verwirklichende Prinzip „Kind des Kindes" heißt (8. Stufe nach Marsanes).

Wir befinden uns immer noch in der Welt des reinen Geistes und seiner schöpferischen Gedanken. Aus dem ersten Prinzip, dem des „Schweigens", hat sich ein erstes dreifaches System herausgebildet, aus diesem ein zweites dreifaches System geistiger Prinzipien. Das höhere System durchdringt und lenkt jeweils das niedere, aber das niedere bringt zur Offenbarung, was im höheren noch latent und schlummernd war. Auch jetzt noch sind die menschlichen Seelen, gleichsam die dritte Generation der Gedanken Gottes, schlummernd, eingebettet in die bis zur zweiten „Generation" ausdifferenzierte Geistwelt. Aber der Erleuchtete, dem auch diese Stufen der Weltentwicklung bewußt werden, ist aus einer schlummernden Seele zu einer erwachten Seele geworden und erkennt und erfährt seinen früheren unbewußten Zustand.

Erst auf der nächstniederen Ebene, die der 7. und 6. Sphäre des „Marsanes"-Textes entspricht, wird der Mensch als lebende Seele, die aus der Unbewußtheit im Schoß des Geistes heraustritt, geboren. Er wird aus der „Wolke des großen Lichtes", der „Mutter der Heiligen" geboren: Mirothoe. Das ist das Mutterprinzip auf dieser Ebene, eine Projektion, eine „Wolke" des Urlichtes. „Vater" des Menschen ist das „Wort", der „göttliche Selbsterzeugte". Der „Mensch trat durch ein Wort ins Dasein". Die Grundlage des Menschen ist die Selbständigkeit, die Freiheit, ein Prinzip, das durch den Namen

„der göttliche Selbsterzeugte" bezeichnet wird. Aus diesem Prinzip lebt der wahre Mensch. Und es ist nicht die Freiheit und Selbständigkeit des Beliebigen und der Willkür, sondern sie ist in der göttlichen Ordnung, im „Wort", verankert. Der „göttliche Selbsterzeugte" ist gleichzeitig der „Gott der Wahrheit", das Prinzip der göttlichen Ordnung. Er ist seinerseits aus Christus geboren, dem ursprünglichen „Bewußtsein" Gottes. Daher ist Adamas, der wahre Mensch, „ein Licht, das vom Licht her strahlt": das „Auge des Lichtes". Der ursprüngliche Mensch, der auf der dritten Ebene der Weltentwicklung, von oben gezählt, entsteht, lebt also auf der Basis der Wahrheit, der göttlichen Ordnung. Er ist selbständig und frei, und er ist sich, als „Auge des Lichtes", seiner selbst und der göttlichen Ordnung, der er entstammt, bewußt. Die Kraft, aus der er entstanden ist, ist die „Wolke des Lichtes", die bei Marsanes als die „Kraft des Selbsterzeugten" bezeichnet wird.

Vier Aspekte – oder auch vier Entwicklungsstadien – besitzt diese Sphäre des Selbsterzeugten, in der Adamas, der erste Mensch auftritt. Denn Adamas als Vater zeugt wieder einen Sohn, Seth, wie aus der Wurzel eines Baumes der Stamm hervorkommt. Aus dem Stamm gehen Äste und Zweige hervor: die Söhne Seths; und an ihnen bilden sich Blätter: die Söhne dieser Söhne. Die „Söhne Seths" werden das „unverderbliche Geschlecht" genannt. Es sind die unzähligen Menschen, die alle aus dem Prinzip Adamas und Seth hervorgegangen sind. Alle Menschen tragen in sich als Prinzip die unvergängliche göttliche Wahrheit, die Freiheit, aus dieser Wahrheit heraus schöpferisch tätig zu sein, und das Licht des Bewußtseins, das diese Wahrheit erkennen kann. Dieses

Prinzip ist in sich viergeteilt entsprechend den „vier großen Lichtern" in der Sphäre des göttlichen Selbsterzeugten: Es besitzt Identität (Harmozel), die Fähigkeit zur Wahrnehmung (Oroiael), die Fähigkeit des Begreifens (Davithe) und die Fähigkeit des klugen Überlegens, des Verstandes (Eleleth). Das sind die vier weiblichen Pendants zu den 4 männlichen Aspekten des Prinzips des Menschen, zusammen bilden sie die „Achtheit des göttlichen Selbsterzeugten".

Die vier weiblichen Aspekte dieser Sphäre des „Selbsterzeugten sind wieder identisch mit den im „Zostrianos" genannten vier Äonen dieser Sphäre. Aber wie im „Zostrianos" die Gesamtheit dieser Äonen als „fünfter Äon" bereits in die 8. Sphäre hineinragt, die Sphäre des menschlichen Geistes, so erstreckt sich auch im „Ägyperevangelium" das oberste Paar der „Achtheit des Selbsterzeugten" in die Sphäre des menschlichen Geistes hinein. Denn „Adamas" und sein weibliches Gegenstück, Harmozel, die Identität der menschlichen Seele, sind im Geist verankert. Sie sind ja aus dem „Wort", einem geistigen Prinzip, geboren, sowie aus der „Wolke des Lichtes", einem Erkenntnisprinzip. Die Wurzel des Urmenschen, Adamas, ist geistig. Der Mensch ist seinem Wesen nach eine Geistseele und hat damit sowohl an der Sphäre des Geistes, dem „Erst-Erscheinenden", als auch an der Sphäre des „Selbsterzeugten", der vom Geist durchdrungenen Seele, teil.

Der „Achtheit des Selbsterzeugten" untergeordnet, erscheint eine weitere Achtheit: die der „Diener des Selbsterzeugten". Sie entsprechen der fünften Stufe des Marsanes-Textes. Die weiblichen Aspekte dieser Achtheit sind „Gedächtnis", „Liebe", „Frieden" und „ewiges

Leben", also die Fähigkeit zur Rückbesinnung, die Fähigkeit zur Verbindung mit anderen, die Fähigkeit zur Harmonie und die Fähigkeit zur Dauer, die Beständigkeit. All diese Eigenschaften und Fähigkeiten besitzen die Menschen als geistige Wesen, als „unverderbliches Geschlecht". Es stammt aus einer „Generationenkette" von vier „Vätern". Seth erzeugt das unverderbliche Geschlecht unmittelbar. Er ist das Urprinzip der Wahrnehmung. Sein Vater ist „Adamas", das „Auge des Lichtes". Dessen Vater wiederum ist der göttliche Selbsterzeugte, das „Wort", und dessen Vater das ursprüngliche Lichtprinzip: Christus. Diese geistige Wurzel ist in jedem Menschen als Geistwesen angelegt und reicht bis zum Urquell des Daseins, bis zum „Schweigen" hinunter. Und der Erleuchtete wird sich dieser im Menschen wirkenden Prinzipien bewußt.

Nachdem Adamas und Seth und das Geschlecht der unverderblichen Seelen im großen Weltentwicklungsprozeß geboren sind, wird dieses Geschlecht vom Geist erfüllt. Christus als Kraft des Geistes tritt in sie ein und wird in ihnen offenbar. Sie werden zur „unverderblichen Geistkirche", zu den menschlichen Wesen, die in der geistig-seelischen Welt mit *einer* Stimme die Ordnung des Geistes verwirklichen. Sie realisieren auf dieser Ebene als Gedanken Gottes gemeinsam den schöpferischen Willen Gottes.

Eleleth, der vierte Äon in der Sphäre des Selbsterzeugten, ist das unterste Prinzip im geistig-seelischen Menschen: der Verstand. Er hat die Aufgabe, über die Welt der Materie, grobstofflich und feinstofflich gesehen, zu herrschen: Der grobstoffliche Aspekt heißt in unserem Text „Chaos", der feinstoffliche Aspekt Hades.

Der Verstand des geistig-seelischen Menschen erschafft mit Hilfe seiner Diener 12 Prinzipien, die die Welt der grob- und feinstofflichen Materie ordnen. Im Verstand des Menschen befindet sich die „hylische Sophia", eben die Fähigkeit, die Materie (Hyle) zu ordnen. Es sind aber in ihm auch ein besonderer Engel und ein Dämon, Sakla und Nebruel, die als Eigenwilligkeit und Selbstliebe gesehen werden können. Im Prozeß der Weltentwicklung schnüren sich nun diese beiden Eigenschaften Eigenwilligkeit und Selbstliebe vom Geist ab und verbinden sich fest mit der Welt der Materie. Die Welt der Materie bekommt dadurch ein Eigengewicht und stellt ihre eigene Gesetzmäßigkeit der der Welt des Geistes gegenüber. Der Verstand des geistig-seelischen Menschen, der die Welt der Materie beherrschen und nach dem Bild des Geistes formen sollte, immer im Einklang mit der Ordnung des Geistes, verliert sich an die Welt der Materie. Und so werden alle im Verstand des geistig-seelischen Menschen vorhandenen göttlichen Prinzipien, die die Materie beherrschen sollten, zu Gefangenen der Materie. Sie werden der Materie immanent und formen sie nach dem Bild des göttlichen Menschen. Es entstehen materielle Geschöpfe in der Materie, die irdischen Menschen – materielle Abbilder des geistig-seelischen Menschen (Spiegelbilder des Spiegelbildes). Und doch keine wirklichen Abbilder: Denn sie leben nach den Gesetzen der Materie, die durch Eigenwilligkeit und Selbstliebe charakterisiert sind, nicht durch Freiheit und Bezogenheit auf die Ordnung des Geistes. Der Verstand des geistig-seelischen Menschen reißt diesen in die Welt der Materie hinein und läßt ihn dort körperliche „Gehäuse" nach dem Bild des Geistes bauen, die nun aber in ihrer Eigengesetzlichkeit die Entfaltung des Geistes verhindern. Das „unverderbliche Geschlecht" ist, soweit es nicht zur „unverderblichen Geistkirche" gehört, zum Gefangenen der Materie geworden. Das einst im Zuge der Schöpfung in der 7. und 6. Sphäre erwachte geistig-seelische Bewußtsein des Menschen ist erloschen, und es hat sich ein Bewußtsein entwickelt, das nur noch den äußersten Hüllen der Welt – oder ihren tiefsten Stufen – entspricht: ein materielles Bewußtsein, ein Bewußtsein der sinnlichen Wahrnehmungen.

Eben dies macht den Weg der Erlösung durch Wiedereintritt in die Sphäre der „Selbsterzeugten" und dann durch Erleuchtung notwendig. Was einst in dieser Sphäre des geistig-seelischen Menschen geschah: die Überwältigung des Menschen durch Eigenwilligkeit und Selbstliebe, muß rückgängig gemacht werden. Dann wird der Mensch, in diese Sphäre zurückgekehrt, erfahren, daß er sich durch diese Dämonen hat blenden lassen und auch, warum er sich von ihnen hat blenden lassen.

Der geistig-seelische Mensch ist nun also von den Hüllen der materiellen Welt, grobstofflich und feinstofflich gesehen, eingeschlossen und kann sich aus eigener Kraft nicht mehr aus ihnen befreien. Bei vielen Menschen sind die Eigengesetzlichkeit der Materie, die Eigenwilligkeit und Selbstliebe dermaßen stark, daß sie fast stets im Schwerefeld der Materie verbleiben. In anderen aber tritt nach vielen Prüfungen „Reue ins Dasein". Das geistige Prinzip im irdischen Menschen beginnt sich zu regen, seine unwürdige Lage zu bemerken und sich nach freier Entfaltung im Feld des Geistes zu sehnen. Das ist die Reue, und wer von ihr erfaßt wird, verläßt innerlich das Schwerefeld der Materie und tritt in die Stufe der Entwicklung ein, die den Rückweg aus der Materie zum Geist bedeutet. Es ist die Vorbereitung auf die Erleuchtung und die Befreiung des Geistmenschen aus dem Griff der Materie. Diese Vorbereitung ist eine Kette von Erfahrungen in der Welt, die durchlebt und durchgestanden werden müssen. Sie bestehen erstens aus einer Auseinandersetzung mit den Prinzipien der grobmateriellen und feinmateriellen Welt: den sieben Äonen der grobmateriellen, den fünf Äonen der feinmateriellen Welt und dem 13. Äon als ihrer Zusammenfassung. Überdies kommen auf den Menschen die Auswirkungen seines Verhaltens in der materiellen Welt zu. Er muß nun versuchen, sich von seinen Verstrickungen in dieser Welt zu lösen und Bewußtsein von seiner Lage und Aufgabe zu gewinnen. Im „Zostrianos" hatte es geheißen, daß er „geübt" werden müsse. Die Erfahrungen in der materiellen Welt sind die „Übungen", durch die der Mensch zum Bewußtsein seiner Lage und Aufgabe gelangen soll.

Das „Ägypterevangelium" nennt drei große Erscheinungen, die dem Menschen als Auswirkungen seines Verhaltens gegenübertreten. Das „unverderbliche Geschlecht" ist der großen Flut, der großen Feuersbrunst und zahlreichen Heimsuchungen ausgesetzt.

Eigenwilligkeit und Selbstliebe und ein Leben, das nicht im Einklang mit den Gesetzen des Geistes verläuft, müssen zu einer Überschwemmung der Menschheit mit ungebundenen Trieben und Energien und zu einer Verbrennung durch die Flammen des Hasses, der Angst und der Gier führen. Die Orientierungslosigkeit infolge des Verlustes der Erkenntnis des Geistes muß unzählige Zielvorstellungen ins Leben rufen, wie das gesellschaftliche und politische Leben verbessert werden könnte – Zielvorstellungen, die miteinander konkurrieren und sich über kurz oder lang als „falsche Propheten" herausstellen müssen.

Aber diese Erscheinungen sind nicht nur Folgen des falschen Lebens der Menschen, sondern sie kommen „um des unverderblichen Geschlechtes willen". Gerade in ihnen können sich die Menschen ihres grundsätzlichen Fehlers bewußt werden: der Abwendung vom Geist, und sich in Standfestigkeit allmählich wieder der Wahrheit zuwenden, die die Lebensbasis des „unverderblichen Geschlechtes" ist. In Flut, Feuer und Irrtum werden alle Hoffnungen, in der vergänglichen Welt das Göttliche verwirklichen zu können, vernichtet. Es zeigt sich dem Menschen, daß kein gesellschaftliches, politisches, wirtschaftliches, religiöses und psychologisches System, kein Mensch, kein Fortschritt und auch nicht die Natur ein dauerhaftes Lebensfundament bilden können. Ein solches Fundament ist einzig die geistige Realität, die ewig ist, die in jedem Menschen angelegt ist und nur auf Bewußtwerdung wartet, um dieses Fundament bilden zu können. Wenn es bewußt wird, ist die Phase der Vorbereitung auf die Erleuchtung abgeschlossen und die Erleuchtung selbst tritt ein.

Aber kein Mensch ist in dieser Phase der Vorbereitung auf sich allein angewiesen. Er wäre zu schwach, um beim Verlust allen bisherigen scheinbaren Haltes in der vergänglichen Welt nicht zu schwanken und den Mut zu verlieren. Sein geistiger Kern wäre noch nicht entwickelt genug, um die Geistwelt als sein eigentliches Fundament zu erfahren. Daher werden ihm „Wächter" zur Seite gestellt, die ihm bei seinem Kampf behilflich sind. Das sind geistige Kräfte, die ihn in der Orientierungslosigkeit stärken und ihm Kraft zur Lösung von allen Einflüssen aus der Welt der Materie geben.

Was aber noch entscheidender ist: Die Geistwelt selbst nähert sich ihm bis in die Welt der Materie hinein, um ihn dort in Empfang zu nehmen und in die Geistwelt zurückzubringen. Zu diesem Zweck begibt sich ein Geistwesen, das niemals in der Materie verlorengegangen war, bewußt in die Welt der Materie. Seth selbst, der Mensch mit einer Geistseele, die sich niemals vom Geist getrennt hatte, tritt in einen irdischen Körper ein. Dieser Körper wird von einer irdischen Frau nach den biologischen Gesetzen geboren.

Aber es ist eine „reine" Jungfrau, nämlich ein Mensch, der den Weg der Reue und Vorbereitung gegangen und nicht mehr von Einflüssen aus der irdischen Welt befleckt werden kann. Deshalb ist auch der von dieser „Jungfrau" geborene Körper ein reines Gefäß für das Geistwesen, das in ihn eintritt. Es bleibt von Geburt an mit der Geistwelt verbunden, aus der es kam, und wird nicht in die Verstrickungen der irdischen Welt hineingezogen. Dieser irdische Körper heißt bei den irdischen Menschen Jesus. Er ist das reine Gefäß für den ursprünglichen Geistmenschen, Seth, der als Sohn des Adamas die Kraft des Christus und des ursprünglichen Geistes in sich verkörpert.

Und der in Jesus verkörperte wahre Mensch, ausgestattet mit allen Kräften des Geistes, gibt allen, die in der Materie auf Befreiung warten, „ein Fundament", eine „Rüstung": die „Kenntnis seiner Wahrheit" und die „Kraft der Unverderblichkeit". Noch mehr: Er entlarvt durch die Kraft der Wahrheit die Eigenliebe und Eigenwilligkeit der 13 Äonen, der Kräfte der irdischen Welt, und macht sie dadurch für den Erkennenden unwirksam. Er „nagelt sie an".

Zahllose Helfer, ähnliche Seelen wie der in Jesus verkörperte Seth, sind mit ihm gekommen und kommen auf ähnliche Weise seitdem durch die Jahrhunderte zur Menschheit. Sie vermitteln, wie Jesus, der Christus, die Kraft der Reue – das „lebende Wasser" –, die „heilige Taufe – die neue Seelenkraft, in der die alten Bindungen an die irdische Welt gelöst werden können –, und „unsichtbare, geheime Symbole" – geheim und unsichtbar nur für die, die ihren Blick allein auf die vergängliche Welt richten. Aber sie werden erkennbar für alle, die sich der Geistwelt zuwenden, und werden zu Führern zur Geistwelt – zum Beispiel ist das „Ägypterevangelium", das Buch, das Seth auf dem Berg des Geistes niedergelegt hat, ein solches Symbol.

Dies alles sieht Eugnostos als Erleuchteter. Er sieht den Weg der Erlösung der Menschheit, der zur Erleuchtung führt, da er selbst diesen Weg gegangen ist. Und er gehört nun auch zu den Menschen, die, vom Geist erfüllt, anderen im Zustand der Reue befindlichen Menschen begegnen. Er hilft ihnen in ihrer Zuwendung zum Geist und bei dem Prozeß, dem „Gott der 13 Äonen" zu entsagen. Er führt sie zum Fundament der Wahrheit, zum Stehen in der Selbständigkeit und Freiheit der Seele. Und schließlich geleitet er sie zum Zustand der Erleuchtung: der Einswerdung des veränderten menschlichen Bewußtseins mit dem Bewußtsein Gottes.

Das Ägypterevangelium

Das heilige Buch der Ägypter, vom großen, unsichtbaren Geist, dem Vater, dessen Namen niemand auszusprechen vermag, der hervorkam aus den Höhen der Vollendung, das Licht des Lichtes der Lichtäonen, das Licht des Schweigens der Vorsehung und der Vater des Schweigens, das Licht des Wortes und der Wahrheit, das Licht der Unverderblichkeiten, das unendliche Licht, die Strahlung der Lichtäonen des unenthüllbaren, unbezeichenbaren, nie alternden, unaussprechlichen Vaters, der Äon der Äonen, der Selbsterzeugte, Selbstgewordene, Selbstzeugende, der dem Irdischen Fremde, der wahrhaftige Äon.

Drei Kräfte gingen aus ihm hervor. Es sind der Vater, die Mutter und der Sohn, entstanden aus dem lebendigen Schweigen, das hervorkam aus dem unverderblichen Vater. Diese gingen hervor aus dem Schweigen des ungekannten Vaters.

Und aus jenem Ort ging hervor Domedon Doxomedon, der Äon der Äonen und das Licht jeder dieser Kräfte. Und so kam der Sohn als vierter hervor, die Mutter als fünfte, der Vater als sechster. [...] Er ist es, der unbezeichnet ist unter allen Mächten, Herrlichkeiten und Unverderblichkeiten.

Aus jenem Ort also kamen die drei Kräfte

hervor, die drei Achtheiten, die der Vater hervorbringt, im Schweigen seiner Vorsehung, aus seinem Schoß: also der Vater, die Mutter und der Sohn.

Die (erste) Achtheit, durch die das dreifach männliche Kind hervorkam: Sie ist der Gedanke und das Wort, die Unverderblichkeit und das ewige Leben, der Wille und der Geist, das Vorwissen und der mannweibliche Vater.

Die zweite Achtheit-Macht, die Mutter, die jungfräuliche Barbelo epototioch [...]ai, memeneaimen [... die] den Himmeln vorsteht, [...]: Sie ist die unerklärbare Macht, die unaussprechliche Mutter. Sie entstand aus sich selbst [...]; sie kam hervor; sie war im Einklang mit dem Vater des schweigenden Schweigens.

Die dritte Achtheit-Macht ist der Sohn des schweigenden Schweigens, und die Krone des schweigenden Schweigens, und der Ruhm des Vaters, und die Tugend der Mutter. Diese bringt aus ihrem Schoß die sieben Mächte des großen Lichtes, die sieben Stimmen hervor, und das Wort ist ihre Vollendung.

Dies sind die drei Mächte, die drei Achtheiten, die der Vater durch seine Vorsehung aus seinem Schoß hervorbrachte. Er brachte sie hervor an jenem Ort.

Domedon Doxomedon kam hervor, der Äon der Äonen, und der Thron, der in ihm ist, und die Mächte, die ihn umringen, und die Herrlichkeiten und Unverderblichkeiten. Der Vater des großen Lichtes, der hervorkam aus dem Schweigen – er ist der große Doxomedon-Äon, in dem das dreifach männliche Kind ruht. Und der Thron seiner Herrlichkeit war gegründet in ihm, auf dem sein unenthüllbarer Name eingeschrieben ist, auf der Tafel [...]; er ist das Wort, der Lichtvater von allem, er, der hervorging aus dem Schweigen, während er ruht im Schweigen, er, dessen Name ein unsichtbares Zeichen ist. Ein verborgenes, unsichtbares Geheimnis kam hervor iiiiiiiiiiiiiiiiiiiii, ēēēēēēēēēēēēēēēēēēēē, oooooooooooooooooooooo, yyyyyyyyyyyyyyyyyyyyy, eeeeeeeeeeeeeeeeeeeee, aaaaaaaaaaaaaaaaaaaaa, ōōōōōōōōōōōōōōōōōōōō.

So priesen die drei Kräfte den großen, unsichtbaren, unnennbaren, jungfräulichen, nicht zu bezeichnenden Geist und seine männliche Jungfrau. Und sie baten ihn um eine Kraft. Und ein Schweigen des lebendigen Schweigens kam hervor, nämlich Herrlichkeiten und Unverderblichkeiten in den Äonen [... Äonen], zehntausende hinzugefügt [...] Die männlichen Geschlechter füllten den großen Doxomedon-Äon mit der Kraft des Wortes der gesamten Fülle. Da pries das dreifach männliche Kind, der große Christus, den der große unsichtbare Geist gesalbt hatte – er, dessen Macht Ainon genannt wurde –, den großen unsichtbaren

Geist und seine männliche Jungfrau Yoel und das Schweigen des schweigenden Schweigens, und die Größe [...], er, der dort alle Größen der Größe des Schweigens des Schweigens besitzt. Das dreifach männliche Kind pries den großen unsichtbaren, jungfräulichen Geist und bat ihn um eine Kraft. [...]
Und es erschien das Kind des Kindes: Ephesech.
Und so wurde er vollendet: der Vater, die Mutter, der Sohn, die fünf Siegel, die unbesiegbare Kraft, welche ist der große Christus alles Unverderblichen. [...], sie sind Mächte und Herrlichkeiten und Unverderblichkeiten [...]; zehntausend Mächte ohne Zahl umgeben sie, Herrlichkeiten und Unverderblichkeiten [...] des Vaters, und der Mutter und des Sohnes und der ganzen Fülle, von der ich soeben sprach, und der fünf Siegel und des Geheimnisses der Geheimnisse. [...]
Da kam Vorsehung hervor aus dem Schweigen und das lebendige Schweigen des Geistes und das Wort des Vaters und ein Licht.
Sie [...] die fünf Siegel, die der Vater aus seinem Schoß hervorgebracht hatte, und sie zog durch alle Äonen hindurch, von denen ich soeben sprach. Und sie gründete Throne des Ruhms und Zehntausende von Engeln ohne Zahl, die sie umringten, Mächte und unverderbliche Herrlichkeiten, die lobsingen und

verherrlichen, und alle preisen mit *einer* Stimme, mit einem Klang, mit einer niemals schweigenden Stimme [...] den Vater und die Mutter und den Sohn [...] und all die Fülle, von der ich soeben sprach. Sie ist der große Christus, welcher ist aus dem Schweigen, welcher ist das unverderbliche Kind Telmach Telmachael Eli Eli Machar Machar Seth, die Macht, die wahrhaft lebt. Und die männliche Jungfrau, die bei ihm ist, Youel, und Ephesech, der Besitzer der Herrlichkeit, das Kind des Kindes und die Krone seines Ruhms [...] der fünf Siegel, die Fülle, von der ich soeben sprach.

Da kam auch das große, selbsterzeugte lebende Wort hervor, der wahre Gott, die ungeborene Form, das Wort, dessen Name ich ausspreche, wenn ich sage [...], welches ist der Sohn des großen Christus, welcher ist der Sohn des unaussprechlichen Schweigens, der hervorkam aus dem großen unsichtbaren und unverderblichen Geist. [...]. Und es gründete die vier Äonen. Mit einem Wort gründete es sie.

Es pries den großen, unsichtbaren, jungfräulichen Geist, das Schweigen des Vaters im Schweigen des lebendigen Schweigens des Schweigens, an dem Ort, wo der Mensch ruht. [...]

Nun kam aus jenem Ort die Wolke des großen Lichtes hervor, die lebendige Kraft, die Mutter der Heiligen, Unverderblichen, die große Kraft, die Mirothoe. Und sie gebar ihn, dessen Name ich ausspreche, wenn ich sage ien ien ea ea ea, und zwar dreimal. Denn er, Adamas, ist ein Licht, das vom Licht her strahlte. Er ist das Auge des Lichtes. Denn er ist der erste Mensch, er, durch den und zu dem alles geworden ist, und ohne den nichts geworden ist. Der unkennbare, unbegreifliche Vater kam hervor. Er kam herab von oben zur Vernichtung des Mangels.

Jetzt vermischten sich das große Wort, der göttliche Selbsterzeugte, und der unverderbliche Mensch Adamas miteinander. Ein Wort des Menschen trat ins Dasein. Doch der Mensch selbst trat durch ein Wort ins Dasein.

Er pries den großen, unsichtbaren, unbegreiflichen, jungfräulichen Geist und die männliche Jungfrau und das dreifach männliche Kind und die männliche Jungfrau Youel und Ephesech, den Besitzer der Herrlichkeit des Kindes und die Krone seiner Herrlichkeit, und den großen Doxomedon-Äon und die Throne, die in ihm sind, und die Mächte, die ihn umringen, die Herrlichkeiten und die Unverderblichkeiten und ihre ganze Fülle, von der ich soeben sprach, und die geistige Erde, die Gott empfängt, auf der die Heiligen des großen Lichtes Gestalt empfangen, die Menschen des Vaters des schweigenden, lebendigen Schweigens, des Vaters und ihrer ganzen Fülle, von der ich soeben sprach.

Das große Wort, der göttliche Selbsterzeugte und der unverderbliche Mensch Adamas stimmten nun einen Lobpreis an, und sie baten um eine Kraft und ewige Stärke für den Selbsterzeugten zur Vollendung der vier Äonen, damit durch diese die [...] Herrlichkeit und die Macht des unsichtbaren Vaters der Heiligen des großen Lichtes in Erscheinung trete, welches in die Welt, die das Bildnis der Nacht ist, kommen wird. Der unverderbliche Mensch Adamas erbat für sie einen aus ihm selbst hervorgehenden Sohn, damit (dieser) der Vater der unbeweglichen, unverderblichen Geschlechter werde, so daß durch (dieses Geschlecht) das Schweigen und die Stimme in Erscheinung treten könnten und durch (dieses Geschlecht) der tote Äon sich selbst aufhebe und sich auflöse.

Und so kam hervor von oben die Kraft des großen Lichtes, die Offenbarwerdung. Sie gebar die vier großen Lichter, Harmozel, Oroiael, Davithe und Eleleth, und den großen unverderblichen Seth, den Sohn des unverderblichen Menschen Adamas.

So wurde die vollkommene Siebenheit, die im verborgenen Geheimnis ist, vervollständigt. Wenn sie die Herrlichkeit empfängt, wird sie zur Achtheit.

Und der Vater spendete Beifall. Die ganze

Fülle der Lichter freute sich. Die Gefährtinnen des Lichtes kamen hervor, um die Achtheit des göttlichen Selbsterzeugten zu vervollständigen: die Gnade des ersten Lichtes – Harmozel –, die Wahrnehmung des zweiten Lichtes – Oroiael –, das Begreifen des dritten Lichtes – Davithe –, die Klugheit des vierten Lichtes – Eleleth. Das ist insgesamt die erste Achtheit des göttlichen Selbsterzeugten.

Und der Vater spendete Beifall, und die ganze Fülle der Lichter freute sich. Und es kamen die (Diener) hervor: der erste, der große Gamaliel des ersten großen Lichtes – Harmozel –, und der große Gabriel des zweiten großen Lichtes – Oroiael –, und der große Samblo des großen Lichtes – Davithe –, und der große Abrasax des großen Lichtes – Eleleth. Und auch deren Gefährtinnen kamen hervor durch den Willen des Wohlgefallens des Vaters: das Gedächtnis des großen, des ersten – Gamaliels -; die Liebe des großen, des zweiten – Gabriels -; der Friede des dritten, des großen Samblo; das ewige Leben des großen, des vierten – Abrasax. So waren also jetzt die fünf Achtheiten vollständig, insgesamt vierzig, eine Kraft, die nicht erklärt werden kann.

Da priesen das große Wort, der Selbsterzeugte, und das Wort der Fülle der vier Lichter den großen, unsichtbaren, unnennbaren, jungfräulichen Geist und die männliche Jungfrau und den großen Doxomedon-Äon und die Throne, die in ihnen sind, und die Mächte, die sie umringen, die Herrlichkeiten, Gewalten und Kräfte und das dreifach männliche Kind und die männliche Jungfrau Youel und Ephesech, den Besitzer der Herrlichkeit, das Kind des Kindes und die Krone seiner Herrlichkeit, die ganze Fülle und all die Herrlichkeiten, die sich dort befinden, die unendliche Fülle und die unnennbaren Äonen, damit sie den Vater nannten: „Der vierte (Vater) beim unverderblichen Geschlecht" und damit sie den Samen des Vaters nannten: „Der Same des großen Seth."

Da kam eine große Erschütterung, und die Unverderblichen erzitterten. Die drei männlichen Kinder kamen von oben herab, hinein in die nie Geborenen und die Selbsterzeugten und alle, die im Gezeugten gezeugt sind. Die Größe trat hervor, die ganze Größe des großen Christus. Er gründete Throne in Herrlichkeit, Zehntausende ohne Zahl, in den sie umringenden vier Äonen, Zehntausende ohne Zahl, Mächte und Herrlichkeiten und Unverderblichkeiten. Und so kamen sie hervor.

Und die unverderbliche Geistkirche nahm zu in den vier Lichtern des großen, lebendigen Selbsterzeugten, des Gottes der Wahrheit. Sie pries, sang und verherrlichte mit *einer* Stimme, mit *einem* Klang, mit einem niemals ruhenden Mund den Vater, und die Mutter und den Sohn und deren ganze Fülle, von der ich oben sprach, die fünf Siegel, die im Besitz der zehntausende sind, und sie, die über die Äonen herrschen, und sie, die als Führer in Herrlichkeit vorangehen. Ihnen wurde Befehl gegeben, allen, die würdig sind, Offenbarung zu schenken. Amen.

Jetzt pries der große Seth, der Sohn des unverderblichen Menschen Adamas, den großen, unsichtbaren, nicht zu bezeichnenden, unnennbaren, jungfräulichen Geist, und die männliche Jungfrau Youel und Ephesech, den Besitzer der Herrlichkeit, und die Krone seiner Herrlichkeit, das Kind des Kindes, und die großen Doxomedon-Äonen und die Fülle, von der ich oben sprach. Und er bat um seinen Samen.

Da kam hervor aus jenem Ort die große Macht des großen Lichtes – Plesithea –, die Mutter der Engel, die Mutter der Lichter, die herrliche Mutter, die Jungfrau mit den vier Brüsten. Sie brachte die Frucht aus der Quelle Gomorrha, und aus Sodom, welches ist die Frucht der Quelle Gomorrha, die in ihr (Plesithea) ist. Sie kam hervor durch den großen Seth.

Jetzt frohlockte der große Seth über das Geschenk, das ihm von dem unverderblichen Kind gewährt wurde. Er nahm seinen Samen von der Jungfrau mit den vier Brüsten und legte ihn zu sich in die vier Äonen, in den dritten großen Licht-Davithe.

Nach fünftausend Jahren sprach das große Licht Eleleth: „Es herrsche einer über das Chaos und Hades." Und es erschien eine Wolke – ihr Name ist „hylische Sophia". [... Sie] schaute (aus der Wolke) hervor auf die Teile des Chaos, und ihr Antlitz war wie [...]. Und der große Engel Gamaliel sprach zu dem großen Gabriel, dem Diener des großen Lichtes Oroiael, und sagte: „Laß einen Engel hervortreten, damit er über das Chaos und Hades herrsche." Da kam die Wolke bereitwillig hervor in den zwei Monaden, deren jede Licht besaß. [...] Da sah Sakla, der große Engel, den großen Dämon, der bei ihm ist, Nebruel. Und zusammen wurden sie zum zeugenden Geist der Erde. Sie zeugten sich Engel als Helfer. Sakla sprach zu dem großen Dämon Nebruel: „Laß die zwölf Äonen ins Dasein treten [...]." Der große Engel Sakla sagte nach dem Willen des Selbsterzeugten: „Es sollen sein, die [über den Hades herrschen, fünf an der Zahl, und sieben herrschen über das Chaos]". Und zu seinen großen Engeln sagte er: „Geht hin, und ein jeder herrsche über seine Welt." Nun gingen alle diese zwölf Engel fort. Der erste Engel ist Athoth. Er ist es, den die großen Geschlechter der Menschen [...] nennen. Der zweite ist Harmas, das Auge des Feuers. Der dritte ist Galila. Der vierte ist Yobel. Der fünfte ist Adonaios, der auch Sabaoth heißt. Der sechste ist Kain, den die großen Geschlechter der Menschen die Sonne nennen. Der siebte ist Abel, der achte Akiressina, der neunte Yubel. Der zehnte ist Harmupiael. Der elfte ist Archir-Adonin. Der zwölfte ist Belias. Diese sind es, die über den Hades und das Chaos herrschen.

Nach der Grundlegung der Welt sagte Sakla zu seinen Engeln: „Ich, ich bin ein eifersüchtiger Gott, und außer mir ist nichts ins Dasein getreten." Denn er verließ sich ganz auf sein eigenes Wesen. Da kam eine Stimme aus der Höhe, die sagte: „Der Mensch existiert und der Sohn des Menschen." Aufgrund des Herabstiegs des Bildes droben, das seiner Stimme in der Höhe gleicht; aufgrund des Bildes droben, das (aus der Wolke) hervorgeschaut hatte – durch das Hervorschauen des Bildes droben also wurde das erste Geschöpf geschaffen.

Und aus diesem Grunde trat nun auch Reue ins Dasein. Sie empfing Vollendung und Kraft durch den Willen des Vaters und den Beifall, mit dem er das große, unverderbliche, unbewegliche Geschlecht der großen, mächtigen Menschen, des großen Seth gutgeheißen hatte, damit er (dieses Geschlecht) säe in die Äonen, die hervorgebracht worden waren, so daß durch (Reue) der Mangel aufgefüllt werden könne. Denn sie war von oben hervorgekommen und in die Welt hinabgestiegen, die das Bildnis der Nacht ist. Als sie herabgekommen war, betete sie für die Buße, einerseits des Samens des Archonten dieses Äons und der Gewalten, die aus ihm hervorgekommen waren: dem verdorbenen Samen des Dämonen zeugenden Gottes, (welcher Same) zerstört werden wird; andererseits des Samens Adams und des großen Seth, (welcher Same) wie die Sonne ist.

Nun kam der große Engel Hormos, um für den Samen des großen Seth mit Hilfe der Jungfrauen der verdorbenen Saat dieses Äons in einem vom Wort gezeugten, heiligen Gefäß, durch den heiligen Geist nämlich, Vorbereitung zu treffen.

Und der große Seth kam und brachte seinen Samen. Er wurde gesät in die Äonen, die hervorgebracht worden waren, ihrer Zahl nach gleich der Anzahl Sodoms. Manche sagen, Sodom sei das Beet des großen Seth, was identisch mit Gomorrha wäre. Andere aber sagen, der große Seth habe seine Pflanze aus Gomorrha geholt und sie an der zweiten Stelle eingepflanzt, der er dann den Namen Sodom gab.

Das ist das Geschlecht, das durch Edokla hervorkam. Denn sie gebar durch das Wort Wahrheit und Gerechtigkeit, den Ursprung des Samens des ewigen Lebens, das allen gehört, die durchhalten, weil sie wissen, woher sie stammen. Das ist das große, unverderbliche Geschlecht, das durch drei Welten hindurch bis in diese Welt gekommen ist.

Und die Flut kam als ein Beispiel dafür, wie der Äon beendigt werden wird. Aber um dieses Geschlechtes willen wird sie in diese Welt geschickt werden.

Auch eine große Feuersbrunst wird über die Welt kommen. Aber Gnade wird mit allen sein, die zu diesem Geschlecht gehören, durch die Propheten und die Wächter, die über das Leben dieses Geschlechtes wachen. Um dieses Geschlechtes willen werden auch Hungersnöte und Plagen auftreten. Aber dies alles wird geschehen um des großen, unverderblichen Geschlechtes willen. Um dieses Geschlechtes willen werden Versuchungen kommen und Falschheit der falschen Propheten.

Jetzt sah der große Seth auch die Wirksamkeit des Teufels und seine vielen Gestalten und Absichten, die über sein unverderbliches, unbewegliches Geschlecht kommen werden, und die Verfolgungen der Mächte und Engel (des Teufels) und ihre Irrtümer, so daß sie sich gegeneinander wandten.

Da pries der große Seth den großen, unnennbaren, jungfräulichen Geist und die männliche Jungfrau Barbelo und das dreifach männliche Kind Telmael Telmael Heli Heli Machar Machar Seth, die Kraft, die wahrhaft lebt, und die männliche Jungfrau Youel, und Ephesech, den Besitzer der Herrlichkeit und die Krone seiner Herrlichkeit, und den großen Doxomedon-Äon und die Throne, die in ihm sind, und die Mächte, die ihn umringen, und die ganze Fülle, von der ich eben gesprochen habe. Und er bat um Wächter für seine Samen.

Da kamen hervor aus den großen Äonen vierhundert geistige Engel, begleitet vom großen Aerosiel und vom großen Selmechel, um über das große, unverderbliche Geschlecht, die Frucht (seines Samens) und die großen Menschen des großen Seth zu wachen, und zwar von der Zeit und dem Augenblick der Wahrheit und Gerechtigkeit an bis zur Beendigung des Äons und seiner Archonten, welche von den großen Richtern zum Tod verurteilt sind.

Jetzt wurde der große Seth von den vier Lichtern, dem Willen des Selbsterzeugten und der ganzen Fülle ausgesandt, mit Hilfe des Geschenkes und des Wohlgefallens des großen unsichtbaren Geistes und der fünf Siegel und der ganzen Fülle.

Er durchquerte die drei Erscheinungen, die ich schon erwähnt habe: die Flut, die Feuersbrunst und das Gericht der Archonten und Mächte und Gewalten, um (das Geschlecht), das in die Irre ging, zu retten: durch die Versöhnung der Welt und die Taufe, durch einen vom Wort erzeugten Körper, den der große Seth für sich selbst vorbereitet hatte, heimlich durch die Jungfrau, damit die Heiligen durch den heiligen Geist gezeugt würden, durch unsichtbare, geheime Symbole, durch die Wiederversöhnung der Welt mit der Welt, indem sie der Welt und dem Gott der dreizehn Äonen entsagten, und durch die Einberufung aller Heiligen und der Unaussprechlichen und des unverderblichen Schoßes und durch das große Licht des Vaters, der mit seiner Vorsehung vor aller Zeit existierte und durch sie die heilige Taufe einsetzte, die die Himmel übertrifft, durch den Unverderblichen, vom Wort Erzeugten, eben Jesus, den Lebendigen, eben den, den der große Seth (als Körper) angezogen hat. Und durch ihn nagelte er die Mächte der dreizehn Äonen an und gab allen ein Fundament, die ins Dasein gebracht und wieder aus ihm hinweggenommen werden. Er rüstete sie mit einer Rüstung aus, nämlich der Kenntnis seiner Wahrheit, mit einer unbesiegbaren Kraft der Unverderblichkeit.

Und es erschienen ihnen der große Beistand Yesseus Mazareus Yessedekeus, das lebende Wasser, und die großen Führer, der große Jakobus und Theopemptos und Isaouel, und die der Quelle der Wahrheit vorstehen: Micheus und Michar und Mnesinous, und der der Taufe des Lebens vorsteht und die Reiniger und Sesengenpharanges und die den Pforten des Wassers vorstehen: Micheus und Michar, und die dem Berg vorstehen: Sedao und Elainos, und die das große Geschlecht der unverderblichen, mächtigen Menschen des großen Seth in Empfang nehmen: die Diener der vier Lichter, der große Gamaliel, der große Gabriel, der große Samblo und der große Abrasax, und die der Sonne und ihrem Aufgang vorstehen: Olses und Hyneus und Henoumaios, und die dem Eingang in die Ruhe des ewigen Lebens vorstehen: die Herrscher Mixanther Michanor, und die die Seelen der Auserwählten bewachen: Akramas und Strempsouchos, und die große Macht Heli Heli Machar Machar Seth und der große, unsichtbare, unnennbare, nicht zu bezeichnende jungfräuliche Geist und das Schweigen und das große Licht Harmozel, der Ort des lebendigen Selbsterzeugten, der Gott der Wahrheit, und er, der bei ihm ist, der unverderbliche Mensch Adamas; der zweite, Oroiael, der Ort des großen Seth und Jesu, der das Leben besitzt und kam und kreuzigte, was im Gesetz besteht; der dritte, Davithe, der Ort der Söhne des großen Seth; der vierte, Eleleth, der Ort, an dem die Seelen des Sohnes ruhen; der fünfte, Yoel, der dem Namen dessen vorsteht, dem es gewährt ist, mit der heiligen, den Himmel übersteigenden Taufe zu taufen, der Unverderbliche.

Aber von jetzt an werden durch den unverderblichen Menschen Poimael alle, die würdig sind anzurufen, weil sie die Entsagungen in der Quellentaufe der fünf Siegel (vollbracht haben) – sie werden wissen, wer sie empfängt, da sie über diese Empfänger unterrichtet sind, und sie werden von ihnen erkannt werden. Sie werden den Tod nicht schmecken.

Iē ieus ēō ou ēō ōua! Wahrhaft wirklich, Yesseus Mazareus Yessedekeus, lebendes Wasser, Kind des Kindes, herrlicher Name, wahrhaft wirklich, aiōn o ōn, iiii ēēēē eeee oooo yyyy ōōōō aaaa, wahrhaft wirklich ēi aaaa ōōōō, du Existierender, der die Äonen sieht! Wahrhaft wirklich, aee ēēē iiii yyyyyy ōōōōōōōō. der ewiglich ewig ist, wahrhaft wirklich, iē a aiō, im Herzen, der existiert, Sohn für immer, du bist, was du bist, du bist, der du bist!

Dieser dein großer Name ruht auf mir, o du selbsterzeugter Vollkommener, der du nicht außerhalb von mir bist. Ich sehe dich, o du, der du für jedermann unsichtbar bist. Denn wer wird dich in einer anderen Sprache verstehen können? Jetzt, da ich dich gesehen habe, habe ich mich mit dem Unveränderlichen vereinigt. Ich habe mich gerüstet mit einer Lichtrüstung. Ich bin Licht geworden. Denn die Mutter war an jenem Ort wegen der glänzenden Schönheit der Gnade. Deshalb habe ich meine Hände gefaltet und ausgestreckt. Ich wurde gestaltet im Kreis der Reichtümer des Lichtes, das in meiner Brust ist, und das den vielen, die in dem durch nichts zu trübenden Licht gezeugt sind, Gestalt gibt. Ich werde deinen Ruhm wahrhaft verkünden, habe ich dich doch verstanden, o Sohn iēs ide aeiō aeie ois, o Äon, Äon, Gott des Schweigens! Ich ehre dich in jeder Hinsicht. Du bist mein Ort der Ruhe, o Sohn ēs ēs o e, Formloser, der du in den Formlosen existierst, der du existierst und den Menschen emporhebst, in welchem du mich in dein Leben hinein reinigen willst, im Einklang mit deinem unvergänglichen Namen. Deshalb ist der Weihrauch des Lebens in mir. Ich mischte ihn mit dem Wasser, nach dem Muster aller Archonten, damit ich mit dir lebte im Frieden der Heiligen, du, der du wahrhaft existierst für immer.

Dies ist das Buch, das der große Seth schrieb und im hohen Gebirge niederlegte, wohin die Sonne noch nie gestiegen ist und auch nicht zu steigen vermag. Und seit den Tagen der Propheten und Apostel und Prediger ist der Name noch nie bis in ihre Herzen hinaufgestiegen und kann auch nicht bis dorthin steigen. Und ihr Ohr hat ihn nicht gehört. Der große Seth schrieb dieses Buch mit Buchstaben in hundertdreißig Jahren. Er legte es in dem Gebirge nieder, das Charaxio heißt, damit es am Ende der Zeiten und Perioden nach dem Willen des göttlichen Selbsterzeugten und der gesamten Fülle durch die Gabe der unerforschlichen, unerdenklichen väterlichen Liebe hervortrete und dieses unverderbliche, heilige Geschlecht des großen Erlösers zur Offenbarung bringe und alle, die mit ihnen in Liebe leben, und den großen, unsichtbaren, ewigen Geist, und seinen einzig gezeugten Sohn, und das ewige Licht, und seine große, unverderbliche Gefährtin, und die unverderbliche Sophia und die Barbelon, und die ganze Fülle in Ewigkeit. Amen.

Das Evangelium der Ägypter. Das von Gott geschriebene, heilige, geheime Buch. Gnade, Verständnis, Begriff und Klugheit seien mit ihm, der es geschrieben hat: Eugnostos, dem im Geist Geliebten – im Fleisch ist mein Name Gongessos – und mit meinem Lichtgefährten in der Unverderblichkeit, Jesus Christus, Sohn Gottes, Erlöser, Fisch.

ΙΧΘΥΣ (Fisch)			
Ι	(I)	Jesus	**Jesus**
Χ	(Ch)	Christus	**Christus**
Θ	(Th)	Theou	**Gottes**
Υ	(Y)	Hyios	**Sohn**
Σ	(S)	Soter	**Erlöser**

Von Gott geschrieben ist das heilige Buch des großen, unsichtbaren Geistes. Amen

Das Heilige Buch des großen
unsichtbaren Geistes
Amen

Zeugnis der Wahrheit

Zum „Zeugnis der Wahrheit"

Die bisher behandelten Texte gaben eine Vorstellung vom Zustand der Erleuchtung, von den Stufen, die bis zu diesem Zustand führen, und von den Erfahrungen, die in diesem Zustand gemacht werden – bis zur Erkenntnis des geistigen Urquells aller Dinge und des Einswerdens mit ihm. Eine Voraussetzung zum Eintritt in diesen Zustand war stets, daß der Mensch eine bestimmte Vorbereitung durchlief – nicht in Form von Techniken und Übungen, sondern in Form eines Reifungs- und Erfahrungsprozesses, den das Leben selbst in Gang setzte. Eine zweite, ebenso unerläßliche Voraussetzung, war, daß dem Menschen, sowohl bei der Vorbereitung als auch für den Zustand der Erleuchtung selbst, Hilfe von Wesen gegeben wurde, die aus den Gebieten des Geistes stammen.

Mit der ersten Voraussetzung befaßt sich „Das Zeugnis der Wahrheit". Wer genau wissen will, was der Mensch tun muß, um bis zur Stufe des „Selbsterzeugten", das heißt des selbständigen Ruhens in der Wahrheit, zu gelangen, die die Ausgangsbasis für die Stufe der unmittelbaren Erleuchtung im Geist ist, der sollte sich mit dieser Schrift beschäftigen. Sie zeigt die Eigenschaften, die Handlungs- und Denkweisen des Menschen, der in den Bereich des „Selbsterzeugten" aufsteigt. Sie beschreibt, daß ein solcher Mensch einerseits vor allem die Leidenschaften überwinden muß, die ihm anhaften, weil er einen irdischen Körper besitzt, andererseits frei von allen Fremdeinflüssen werden muß. Er muß *selbst* nach der Wahrheit fragen und sie finden. Er muß *selbst* die Schleier der Illusionen zerreißen, in denen er sich befindet, und so zu einer inneren Selbständigkeit kommen, frei von allen relativen Wahrheiten, die den unzähligen Interessen der an die natürliche Welt gebundenen Gruppen und Organisationen entsprechen. Er wird und kann dies nur tun, weil das wahre Wesen in ihm der Geist selbst ist. Die Wahrheit und Kraft des Geistes in ihm sind es, die ihn von Leidenschaften und Illusionen befreien und die erst wirkliche Selbständigkeit bedeuten.

Zunächst die Frage: Was bedeutet, frei zu werden von Leidenschaften, Leidenschaften im weitesten Sinn, zum Beispiel Streben nach Macht, Reichtum und Ehre, aber insbesondere auch von den sinnlichen Leidenschaften? Um den Verfasser unseres Textes hier verstehen zu können, ist es notwendig, sich erst folgendes klarzumachen. Er weiß, daß es eine Entwicklung des Menschen gibt, die nicht willkürlich ist, sondern im Menschen selbst angelegt ist. Verborgen im natürlichen Menschen, der wie ein Tier auf die ihn umgebende Natur abgestimmt ist, liegt gleich einer Formel ein geistiges Gesetz, das den Menschen zur Verwirklichung einer anderen Existenz drängt. Im Menschen wirkt der Urquell des Geistes und möchte ihn zu den Erfahrungen veranlassen, die in den bisherigen Schriften geschildert werden. Es sind dies also Erfahrungen, die dem Menschen von Uranfang her bestimmt sind. Wenn er diesem geistigen Gesetz, nach dem er angetreten ist, auf Dauer nicht genügt, wird er unglücklich und unzufrieden, weil er seine Bestimmung, die Verwirklichung seines wahren Selbstes, verfehlt.

Wer das Drängen dieses geistigen Gesetzes im eigenen Wesen spürt, wird bemerken, daß das Leben des sich Durchsetzens und Begehrens dieser Entwicklung hinderlich ist und sie ausschließt. Wer dieses Drängen noch nicht oder nur schwach spürt, wird sich weiter den natürlichen Zusammenhängen hingeben und alles von ihnen erwarten.

Wer nun bereit ist, das Gesetz des Geistes, das heißt das eigene innerste Selbst, zu verwirklichen, der wird bemerken, daß jede Leidenschaft, die ja noch größere Verankerung im natürlichen Leben bedeutet, eine Trübung der Klarheit des Geistes bedeutet. So wird verständlich, daß es Menschen gibt, die auf jegliche geschlechtliche Erfahrung verzichten wollen, deren Verzicht aber nicht *moralisch* motiviert ist, etwa aus der Angst vor einer Instanz heraus, die Leidenschaften für verwerflich hält. Ihr Verzicht ist vielmehr im Entwicklungsweg des Menschen und in der eigenen Erfahrung begründet, daß Leidenschaften diesem Entwicklungsweg hinderlich sind. Es sind also *vernünftige*, der Erfahrung entspringende Gesichtspunkte, nicht *moralische*, die solche Menschen veranlassen, ihren Leidenschaften zu entsagen. Ein sehr profanes Beispiel kann das verdeutlichen: Ein Sportler, der bemerkt, daß er sein Ziel nicht erreicht, wenn er sich vorher sexuell verausgabt, wird von sich aus entsprechende Lebensregeln einhalten. Ebenso wird der Mensch, der, vom innersten Gesetz getrieben, diesem innersten Gesetz zu entsprechen sucht, die Erfahrung machen, wie sein *Zustand* durch Leidenschaften jeder Art derart beeinträchtigt wird, daß der Geist sich nicht auf die ersehnte Weise entfalten kann. Versucht er nun aber, von dieser Erfahrung ausgehend, seine Leidenschaften zu unterdrücken, so wird er bemerken, daß er durch Selbstzwang und Askese nicht weiterkommt. Nur wenn sich ihm die Kräfte des Geistes aus dem eigenen Innern schon mitteilen und er in einem neuen Zustand lebt, wird er auch in der Lage sein, sich zwanglos seinen Leidenschaften zu entziehen.

So radikal wie der Verfasser des „Zeugnisses der Wahrheit" muß nicht jeder Mensch sein, der sich auf dem beschriebenen Entwicklungsweg befindet. Es gibt unterschiedliche Entwicklungsstufen auf diesem Weg. Und was für den einen schon eine Notwendigkeit ist, muß es für den anderen, der vielleicht noch nicht über die Kraft zu voller Entsagung verfügt, durchaus nicht sein.

Die durch das „Gesetz" gegebene Begründung für den Verkehr im Rahmen ehelicher Gemeinschaft lehnt der Verfasser unseres Textes ab: Es gibt religiöse und weltanschauliche Systeme, die den Menschen nur als natürliches Wesen sehen, das von Gott geschaffen ist, um sich in der natürlichen Welt zu bewähren. Wenn diese Systeme – das „Gesetz" – fordern, daß der Mensch Nachkommen zeuge, so geschieht das mit der Begründung, daß die natürliche Welt als Selbstzweck aufrechterhalten werden müsse. Aber gerade diese Begründung war dem Verfasser unseres Textes unannehmbar. Er wollte ja, daß der Mensch die Bindungen an die natürliche Welt verlasse, um in einer geistigen Welt aufzugehen. Ebensowenig war er bereit, sich in dieser Frage einer äußeren Autorität zu beugen, den Vertretern des irdischen religiösen Gesetzes. Es gehört ja gerade zum Hineinwachsen in den Zustand des „Selbsterzeugten", daß der Mensch in solchen Fragen von äußeren Autoritäten frei wird und allein nach dem inneren Gesetz des Geistes lebt. Es wirkt in seinem Innern und kann dort erfahren werden. Es ist sein wahres Wesen. Wenn er diesem Gesetz folgt, verwirklicht er sein wahres Wesen und ist dadurch frei von jeder Fremdbestimmung. Diese Selbstbestimmung ist aber auch nicht Willkür. Es ist ja das Gesetz des Geistes, das er damit verwirklicht. Er entspricht damit der höchsten Vernunft und Liebe.

Es gäbe sicher andere Begründungen für eine Notwendigkeit, im Rahmen einer ehelichen Gemeinschaft Kinder zu zeugen, die dem Ziel des Verfassers nicht feindlich wären, zum Beispiel daß die Zeugung von Nachkommen erforderlich ist, weil Körper für Seelen da sein müssen, die den Entwicklungsweg des Menschen gehen wollen und noch Erfahrungen zur Vorbereitung auf diesen Weg machen müssen. Er selbst konnte seinen Weg der Bewußtwerdung ja nur gehen, weil seine Seele in einen irdischen Körper hineingeboren worden war. Und sogar der Erlöser mußte irdisch gezeugt und geboren werden, um in der irdischen Welt seine Aufgabe zu verrichten. Doch der Verfasser ist radikal und kann es, von seiner eigenen Entwicklungsstufe her gesehen, wohl auch sein.

Festzuhalten ist jedenfalls: Wer einen solchen Entwicklungsweg geht, wird *allmählich* seine Abhängigkeit von Leidenschaften und seine daraus folgenden Verstrickungen in die materielle Welt verlieren müssen. Denn sie bringen sein Wesen in einen Zustand, der den Einwirkungen des Geistes aus dem eigenen Innern hinderlich ist. Mit einer solchen Auffassung steht unser Text in deutlichem Gegensatz zu einer Einstellung, die das Ausleben aller Leidenschaften gerade im Interesse der persönlichen Freiheit und Selbstverwirklichung fordert. Unter Selbstverwirklichung wird dabei die Entfaltung des „natürlichen" Menschen verstanden. Wenn man nichts von einem geistigen Menschen und nichts davon weiß, daß das wahre Selbst des Menschen ein geistiges Selbst und die eigentliche Selbstverwirklichung des Menschen die Verwirklichung dieses geistigen Selbstes ist, das im Menschen angelegt ist und das natürliche Selbst überwinden will – wenn man das alles nicht weiß oder nicht akzeptiert, wird man die Haltung des vorliegenden Textes nicht verstehen können. Man wird es um so weniger können, als diese natürliche Selbstverwirklichung als große Errungenschaft angesehen wird, die einer *moralischen* Einschränkung der Leidenschaften mühsam abgetrotzt wurde.

Es könnte aber sein, daß hinter dieser Einstellung nicht nur das Bedürfnis nach natürlicher Selbstverwirklichung steht, sondern auch die Ahnung, daß eine *moralische* Begründung der Einschränkung der Leidenschaften nicht genügt. Dann aber wäre die Befreiung von moralischen Vorschriften nur ein erster Schritt. Der zweite müßte sein, neue Maßstäbe für den Umgang mit den Leidenschaften zu finden. Sie können nur im eigenen Innern gefunden werden, in den Grenzen, die ein geistiger Entwicklungsweg den Leidenschaften setzt. Man müßte erkennen, wie sehr ein schrankenloses Ausleben der Leidenschaften den Menschen der Voraussetzungen beraubt, einen Entwicklungsweg einzuschlagen, der seinem innersten Wesen entspricht, und wie sehr es ihn in Depressionen und chaotische Situationen stürzen muß, weil er dadurch die ihn wirklich erfüllende innere Entwicklung versäumt.

Muster für den Weg zur Befreiung von Leidenschaften ist für den Autor des „Zeugnisses der Wahrheit" der „Sohn des Menschen", dem „jede Verderbnis fremd" ist.

Er ist die Verkörperung des geistigen Menschen. Wenn das geistige Selbst im Menschen wirksam wird, zieht sich der „Jordan", der Begierdenstrom im natürlichen Menschen, zurück. Hier wird ein geographischer Sachverhalt zum Bild für innere Vorgänge, was den Ohren des modernen Menschen vielleicht ungewohnt klingt, aber dem gnostischen Denken vertraut war. Der „Sohn des Menschen" *ist* die Kraft der Unvergänglichkeit des Geistes im Menschen. Wenn sie in einem Menschen wirkt, weichen die Leidenschaften, der Jordanstrom, von selbst zurück, so daß in keiner Weise von Selbstzwang oder Askese gesprochen werden kann. „Wer die Unvergänglichkeit kennengelernt hat, ist fähig, gegen die Leidenschaften zu kämpfen."

Der Mensch, der die Wahrheit finden und selbst so werden will, daß er der Wahrheit entspricht und sie bewußt erkennen kann, wird also lernen müssen, sich auf nichts mehr zu stützen, was ihm in der Welt der Erscheinungen und Sinneswahrnehmungen einen Halt vorgaukelt. Nichts anderes sind ja seine Wünsche und Leidenschaften: verzweifelte Versuche, Halt in irgendwelchen begehrten Objekten oder Menschen oder Situationen zu finden. Und immer wird sich herausstellen, daß sich dieser Halt verflüchtigt, da Objekte, Menschen und Situationen in der Welt der Erscheinungen niemals dauerhaft sind.

Genauso wird der Mensch, der zum Zustand innerer Freiheit, zum Zustand des „Selbsterzeugten", gelangen will, lernen müssen, daß auch kein sicherer Halt in religiösen oder ideologischen Systemen zu finden ist. Der Mensch, der von Objekten, Menschen und Situationen in der Welt der Erscheinungen nachhaltig enttäuscht worden ist, pflegt Halt in solchen Systemen zu suchen. Er hofft dann zum Beispiel auf ein ewiges Leben im Jenseits oder ein Paradies auf Erden und glaubt, das eine oder andere verwirklichen zu können, wenn er sich an bestimmte Verhaltensregeln hält. Doch wirklichen Halt kann nur ein bestimmter innerer *Zustand* des Menschen geben, in dem er sich im Einklang mit dem unveränderlichen Geist befindet, nicht der Glaube an Dogmen. Der Glaube hat lediglich einen Sinn als Vorstufe, die zu diesem Zustand führt. Wenn er den Menschen veranlaßt, sich zu diesem Zustand, der dem Wesen des Menschen und seiner Aufgabe entspricht, hinzuentwickeln, erfüllt er seine eigentliche Funktion.

Mit der Illusion des Menschen, Dogmen, Riten oder Verhaltensregeln könnten ihm endgültigen Halt geben, ja er könne durch sie gar erlöst werden, befaßt sich jetzt unser Text. Er tut dies im Rahmen der Auseinandersetzung mit einer Religion. Aber seine Aussagen gelten sinngemäß auch für jedes Hängen an einer Ideologie mit ihren Dogmen, Riten und Regeln. Die erste Illusion, die das „Zeugnis der Wahrheit" zerreißt, ist, allein das Bekenntnis zu einer Religion bringe schon das unvergängliche Leben. Nur mit Worten zu bekennen: „Wir sind Christen", führt zu nichts. Das Bekenntnis muß mit „Kraft" erfolgen, das heißt Kräfte müssen im Menschen wach werden, die den Menschen zum wahren Menschen machen, der mit Christus, dem Muster des wahren Menschen, eins ist. Das ist dann eine Realität, ein Zustand. Nur er bedeutet unvergängliches Leben, die „Erlösung".

Wie gelangt der Mensch zu diesem Zustand? Unter anderem dadurch, daß er dem falschen Halt der Illusion entsagt. Dieser falsche Halt behindert die Kraft des Geistes, die den Menschen zum Zustand des Ruhens im Geist führt. Ein falscher Halt ist zum Beispiel auch, daß der „Christ" glaubt, er sei durch ein „Menschenopfer", wie der Text sagt, schon erlöst. Aber das Opfer Jesu erhält erst dann erlösende Kraft, wenn der Mensch es in der durch dieses Opfer freigewordenen Kraft nachvollzieht. Der Mensch muß selbst sein altes Leben „opfern", wie Jesus sein Leben geopfert hat, um das neue Leben zu gewinnen.

Eine weitere Illusion, auf die der Text eingeht, ist, daß der Mensch durch ein bestimmtes Verhalten erlöst werden könne – in letzter Zuspitzung durch einen bereitwillig angenommenen Märtyrertod, wie er zur Entstehungszeit des Textes durch die Christenverfolgungen immer drohte. Es hat keine erlösende Wirkung, wenn sich der Mensch „um des Namens Jesu willen dem Tod ausliefert". Ein solcher Märtyrertod ändert ja am Zustand, an der Qualität des Menschen nichts. Dieser Zustand aber bestimmt darüber, was der Mensch im Leben und nach dem Leben erfährt. Ist er dem Geist ähnlich, wird er den Geist erfahren, ist er der vergänglichen Welt ähnlich, die weder in ihren Erscheinungen noch in ihren Dogmen Halt gewähren kann, wird er auch nur die Haltlosigkeit dieser Welt erfahren.

Auf diesen Sachverhalt bezieht sich auch folgende Illusion: der Glaube, der Mensch werde, wenn er sich mit Worten als Christ bekennt, „fleischlich", das heißt mit dem natürlichen Leib, auferstehen. Auferstehung, wie sie unser Text beschreibt, ist die Bewußtwerdung des Geistes im Menschen – Erkenntnis – und das Wirksamwerden dieses Geistes mittels eines geistigen Leibes. Geisterkenntnis, Erleuchtung, ist die Auferstehung der

Seele. Es ist dann der geistig-seelische Mensch vom Tod im natürlichen Menschen auferstanden. Und diese Auferstehung wird vollständig und leiblich, wenn sich der geistige Mensch mit einem unvergänglichen geistigen Leib umkleidet. Das kann sich ereignen, noch bevor der Mensch seinen natürlichen Leib abgelegt hat. Wer aber „das Wort, das Leben ins Herz gibt, nicht besitzt, muß sterben". Das Wort im Herzen besitzen: Das ist der wahre Glaube, die lebendige Wirksamkeit des Geistes im Herzen. Dieser Geist ist ewig, und ein solcher Mensch ist ewig und auferstanden.

Eine weitere Selbsttäuschung des Menschen, mit der sich der Text befaßt, besteht darin, daß er das „Wort" des Geistes auf den natürlichen Menschen bezieht. Wenn von Auferstehung die Rede ist, denkt er an die Auferstehung des natürlichen Menschen. Wenn die Menschen hören: „Gott schuf unsere Glieder", ziehen sie daraus den Schluß, der Mensch solle seine Glieder gebrauchen, um die Welt zu genießen und sich in ihr immer besser einzurichten. Aber es kommt darauf an, sich im Geist einzurichten; das Leben in der irdischen Welt ist nur die Voraussetzung dazu. Nur dann erfüllt der Mensch seine Bestimmung. Und diese allmähliche Verwurzelung im Geist schließt ein, daß der Mensch seine geistigen Wurzeln dem Körperlichen und der materiellen Welt entzieht. Er wird erkennen müssen, daß die irdische Welt nicht seine Bestimmung ist, im Gegenteil, ihn daran hindern will, seine Bestimmung zu erfüllen, und er wird das Band zu ihr zerschneiden müssen. Später kann er sich ihr vom Geist aus auf neue Weise wieder zuwenden. Sehr drastisch wird diese Notwendigkeit im „Zeugnis der Wahrheit" durch das Bild vom Propheten Jesaja illustriert, der mit einer Säge durchsägt wird. Der Mensch wird durch das „Wort des Kreuzes" ausdrücklich in die zwei Wesen zerteilt, die bis dahin ununterscheidbar miteinander verbunden waren. Er sieht sich durch die vom Geist ausgehende Erkenntnis , das „Wort des Kreuzes", jetzt deutlich als natürliches und als geistiges Wesen, die voneinander geschieden werden müssen. Nur dann kann sich das geistige Wesen, vom natürlichen frei geworden, entfalten, um später das natürliche Wesen als geeignetes Instrument benützen zu können.

Das Verhältnis zwischen natürlichem und geistigem Menschen nimmt der Autor unserer Schrift zum Anlaß, den Unterschied zwischen einem schon vom natürlichen Wesen befreiten Menschen wie Jesus und einem Menschen, dessen Seele noch im natürlichen Wesen gebunden ist, zu klären. Die Seele eines Menschen wie Jesus ist schon vor seiner Geburt mit dem Geist verbunden und vom Geist durchdrungen. Wenn er von einer irdischen Frau geboren wird, so ist er, als natürlicher Mensch, zwar auch von einem irdischen Vater gezeugt und erhält durch die Geburt einen natürlichen Leib. Aber die Seele, die sich mit diesem Leib verbindet, wird auch durch den Geburtsprozeß nicht vom Geist getrennt. Sie bleibt mit ihm verbunden, wird sich selbst in dem Maße äußern, wie der natürliche Leib sich entwickelt, und wird sich schließlich, wenn der natürliche Leib eine gewisse Reife erlangt hat, des Geistes bewußt. Der Geist tritt in sie ein, und der natürliche Leib wird allmählich zu einem geeigneten Instrument des Geistes umgeschaffen.

Zur Geburt einer solchen mit dem Geist schon verbundenen Seele ist es aber notwendig, daß die irdische

Frau, die den natürlichen Leib gebiert, ebenfalls eine reine, auf den Geist ausgerichtete Seele besitzt. Sie muß eine „Jungfrau" sein, die allen Leidenschaften und Einflüssen der irdischen Welt schon entsagt hat.

Der gewöhnliche Mensch dagegen kommt mit einer vom Geist getrennten, gleichsam schlafenden Seele auf die Welt. Er muß erst „wiedergeboren" werden, das heißt seine Seele muß aufwachen, ehe sie sich mit dem Geist verbinden kann. Seine Seele muß zur „Jungfrau" werden, rein von allen irdischen Trübungen. Deshalb sagt der Text: „Stärken wir uns deshalb als ‚Jungfrauen'..."

Nur wer „allen weltlichen Dingen" und allem Halt in Dingen, Menschen und Vorstellungen entsagt, wer „das Gewand Gottes", den Geist, ergriffen und „das Verlangen unterworfen" hat, „richtet sich selbst als Kraft auf". Er wird zum Selbsterzeugten. Er bestimmt jetzt über sich selbst. Das Wesen des Geistes, sein wahres Selbst, ist dann sein Halt geworden. Und nun möchte dieses wahre Selbst in ihm bewußt werden. Es möchte nicht nur als Halt und Ruhe in ihm existieren, sondern wirksam und aktiv werden. Dieser Drang des noch Unbewußten nach Bewußtwerdung äußert sich im betreffenden Menschen als erneutes Fragen. Alle bisherigen Selbstverständlichkeiten sind ihm ja frag-würdig geworden. Er möchte jetzt *selbst* erkennen, ohne Beeinflussung durch andere, ohne durch Kindheit und Erziehung übernommene Denk- und Glaubensmuster. Deshalb stellt jetzt der von allen weltlichen Dingen frei Gewordene in unserem Text unzählige Fragen. Sein Innerstes sehnt sich nach Erkenntnis, nach Berührung durch den Geist. Und wenn er die Kraft des Geistes empfängt und „in die Wahrheit eintritt", zerbricht er alle Fesseln. Er „hält sich schweigend in sich selbst auf", bis er würdig ist, „droben empfangen zu werden": bis er der Erleuchtung teilhaftig wird.

Im Zustand des „Selbsterzeugtseins" wird er auch ein neues Verhältnis zu den Mitmenschen gewinnen: Er hält sich aus allem leeren Getriebe heraus. Weil er aber selbst einen unerschütterlichen Halt gewonnen hat, kann er anderen, Strauchelnden, helfen und ihnen den Weg zu diesem Halt zeigen. Andererseits ist er allein dadurch, daß er den geistigen Menschen, Ziel und Bestimmung jedes Menschen, repräsentiert, Maßstab für alle, die diese Bestimmung noch nicht erfüllen. Er ist dieser Maßstab allein durch seine Existenz, nicht indem er den moralischen Zeigefinger erhebt. So wird er, ohne es zu beabsichtigen und ohne sich sebst zu „erhöhen", zum „Gericht über die anderen", so wie ein gerade gewachsener Baum zum Gericht über die krummen wird. Wenn ein Mensch das in ihm verankerte Gesetz des Geistes, das ihn seiner wahren Bestimmung zuführen will, noch nicht als drängenden Impuls erfährt, wird er in der irdischen Welt der Vergänglichkeit, Leidenschaften und Autorität, also in der Welt des irdischen „Gesetzes", sein Genüge finden. Er wird solange enttäuschende Erfahrungen in ihr machen müssen – denn jeder Halt in ihr stellt sich als nicht dauerhaft heraus –, bis ihm seine wahre Bestimmung aufdämmert. Von daher gesehen, hat die Welt des irdischen Gesetzes ihren Sinn als Vorbereitung auf den eigentlich dem Menschen bestimmten Weg.

Erfährt ein Mensch aber diesen Impuls des in ihm angelegten Geistes und macht sich auf den ihm bestimmten Weg, so wird er die irdische Welt als Fessel und Hindernis erleben. Die Kräfte der irdischen Welt halten ihn gefangen. Das „Gesetz", die Autorität hält ihn davon ab, die Freiheit im Geist zu finden. Aus dieser Perspektive erscheint ihm die Welt als feindlich und sinnlos.

Hat ein Mensch aber seine Freiheit im Geist gefunden, einen in sich ruhenden Halt, so wird er sich der irdischen Welt wieder auf neue Weise zuwenden und ihr einen neuen Sinn als Ausdrucksmöglichkeit des Geistes geben können.

So hängen also die Funktion und der Sinn der irdischen Welt jeweils vom Entwicklungszustand des Menschen ab, der sich in ihr befindet – sowohl subjektiv als auch objektiv. Der Verfasser unseres Textes steht in der zweiten Phase der Entwicklung des Menschen. Er erfährt innerlich, daß er seiner Bestimmung nur genügt, wenn er die irdische Welt überwindet. Und so wird er, wie Jesus es im Evangelium formuliert, die Welt „hassen". Er kann es von seinen Erfahrungen her nicht akzeptieren, daß sie als Selbstzweck, als absolute Schöpfung Gottes, betrachtet wird. Daher sind ihm auch theologische und philosophische Systeme, die die irdische Welt als absolute Schöpfung Gottes rechtfertigen, auf die sich die Worte: „Und siehe da, es war sehr gut", beziehen, verhaßt. In dieser Lage befindet sich der Verfasser des „Zeugnisses der Wahrheit". Das Alte Testament erscheint ihm als Rechtfertigung der irdischen Welt, die von seiner Warte aus nicht gerechtfertigt werden kann.

In diesem Licht muß die Auseinandersetzung des Verfassers mit dem Alten Testament und seinem Gott gesehen werden, die sich nun anschließt. Es ist die Auseinandersetzung mit einem System, das die natürliche Welt rechtfertigt, von der der Mensch auf dem Weg zur Erkenntnis und Erleuchtung doch Abschied nehmen muß und will. Das ist eine zeitlose Auseinandersetzung, die sich immer ergibt, wenn ein Mensch diesen Abschied nimmt. Das Alte Testament ist nur eine besondere Ausprägung eines Rechtfertigungssystems, gegen das ein solcher Mensch Stellung bezieht.

Es gibt im Alten Testament zwei Weltenschöpfer: Vom ersten wird im ersten Schöpfungsbericht (1. Mose 1-2,3) gesprochen. Es ist der Schöpfer der geistigen Welt, der am sechsten Tag auch den Menschen als mannweibliches geistiges Wesen, als Ebenbild des Geistes, schuf. Von dieser geistigen Schöpfung kann gesagt werden: Und siehe da, es war sehr gut. Der zweite Weltenschöpfer, „Gott der Herr", ist derjenige, der die Welt der Materie und den natürlichen, irdischen Menschen darin erschaffen hat. (1. Mose 2,4-3) Er ist für den Verfasser unseres Textes, im Vergleich zu dem Schöpfer der geistigen Welt „unwissend" und nur auf sich selbst und seine materielle Schöpfung bezogen. Er hindert den Menschen an der Erkenntnis des Geistes, da er ihn in der Materie und ihrem Gesetz festhält. So muß er von einem Menschen gesehen werden, der sich auf dem Weg zur Erkenntnis des Geistes befindet. Betrachtet man die irdische Welt jedoch als Vorbereitung für diesen Weg, so kann der zweite Weltenschöpfer als Diener und Instrument des ersten gesehen werden. Und in dieser Funktion haben die irdische Welt und ihr Schöpfer ihre Berechtigung.

Das Alte Testament ist immer von diesen zwei Dimensionen durchzogen, die durch die zwei Schöpfungsberichte, die an seinem Anfang stehen, repräsentiert sind. Immer gibt es Äußerungen des Gottes der Materie bzw. des „Gesetzes", der den irdischen Menschen einen bestimmten Erfahrungsweg führt. Immer gibt es aber auch Äußerungen des geistigen Weltenschöpfers, der diese Dimension des Irdischen und der Vorbereitung durchbricht und den Weg in die geistige Welt hinein zeigt. Der „Baum des Lebens" im Paradies ist ja nichts anderes als die Möglichkeit für den geistigen Menschen, unmittelbar aus der Erkenntnis des Geistes zu leben und dadurch ewig zu leben. Und die in unserem Text erwähnte „kupferne Schlange" ist Ausdruck der Liebe des Geistes, des Christusprinzips. Es ist die Kraft des Geistes, die den Menschen in die Sphäre erhebt, in der er vom Geist erleuchtet werden und dadurch ewig leben kann. In dieser Kraft kann der Mensch die „Schlangen" der Leidenschaften verlassen, die den geistigen und natürlichen Tod bringen.

Unter dieser Perspektive gewinnt auch die Verführung durch die Schlange im Paradies eine andere Bedeutung. Der Verfasser unseres Textes interpretiert diese Szene anders als die heutige theologische Tradition. Für ihn ist das Paradies das noch unversehrte Reich des zweiten Weltenschöpfers, der die Materie und das Gesetz repräsentiert. Es ist der Zustand des Menschen, der sich im Einklang mit diesem Gesetz befindet. Aber die Bestimmung des Menschen ist, zum ersten Weltenschöpfer, ins Reich des Geistes, zu gelangen. Auf dem Weg zu dieser Bestimmung *muß* er sich von der Materie lösen. Er *muß* das Paradies verlassen. Wenn er vom Baum der Erkenntnis ißt, so bedeutet das, daß er sich denkend über die fraglose Einheit mit der Natur erhebt. Es ist ein Schritt in die Selbständigkeit. Er *muß* also die „Sünde" des Ungehorsams gegen den Gott des „Gesetzes" begehen.

Vom Standpunkt dieses Gottes aus ist es tatsächlich eine Sünde. Vom Standpunkt des Geistes aus, des Schöpfers der geistigen Welt, ist es ein notwendiger Schritt. Die Schlange des Paradieses ist dieses Denken des Menschen, das sich von der Abhängigkeit von Natur und Autorität löst. Und dadurch wird der Mensch aus der fraglosen Einheit mit Natur und Gesetz, aus dem „Paradies", vertrieben.

Doch ist dieser notwendige Schritt der Emanzipation des Menschen von Natur und Autorität noch nicht ausreichend. Wenn der Mensch dabei stehen bleibt und nur auf diesen Fort-Schritt setzt, entsteht das Chaos, das die gegenwärtige Welt bestimmt. Das emanzipierte Ich des Menschen hat jede Orientierung verloren und verhält sich feindlich gegenüber Natur und Mensch. Ein Weg zurück zur fraglosen Einheit mit Natur und Autorität, dem blinden unwissenden Weltenschöpfer, ist aber nicht mehr möglich. Jetzt ist nach dem ersten Schritt der Emanzipation der zweite, entscheidende Schritt erforderlich: Das Essen vom Baum des Lebens, das Anschauen der „kupfernen Schlange", und zwar bewußt und eigenständig. Es ist jetzt die Aufgabe des Menschen, im neu errungenen Bewußtsein seiner selbst auf den in ihm angelegten Geist zu reagieren. Er muß zunächst bewußt und selbständig den Weg der Vorbereitung gehen: bewußt allen Leidenschaften und aller Selbstherrlichkeit entsagen. Und nach diesem Weg der Vorbereitung kann er dann bewußt und selbständig den Weg der Geisterkenntnis und Erleuchtung gehen. Dann wird er nicht mehr vom Gesetz der Natur und der Autorität bestimmt, sondern vom Gesetz des Geistes im eigenen Wesen. Gewinnt er diesen Halt in der Kraft der „kupfernen Schlange" und durch die Frucht vom „Baum des Lebens", der in seinem eigenen, wahren Selbst steht, so wird er auch mit den Gegebenheiten der irdischen Natur in ein neues Verhältnis kommen, ohne aber von ihnen noch beherrscht zu werden.

Was hat es mit der letzten Passage unseres Textes, mit den Ausführungen über König David und Salomo und ihre „Dämonen" auf sich? Eine Blasphemie gegenüber geheiligten Traditionen? Auch diese Ausführungen werden verständlich, wenn im Hintergrund die Tatsache der zwei Weltenschöpfer, des Geistes und des Schöpfers der irdischen Welt, der vom Geist umfaßt wird, gesehen wird. Die Aussagen sind sogar sehr aktuell. Man muß nur erkennen, welche Wahrheiten sich hinter den alten Symbolen verbergen. David und Salomo sind Werkzeuge des Schöpfergottes der irdischen Welt. Jerusalem ist der Ort, an dem die Religion des Schöpfergottes der irdischen Welt ausgeübt wird: der Ort des Tempels, modern gesagt: der Ort der Kirchen. Die „Dämonen" sind hier die bösen Kräfte der irdischen Schöpfung. Denn in ihr gibt es aufbauende Kräfte der Moral und Sitte, aber auch niederreißende Kräfte der Leidenschaften und Bosheit. Beide Aspekte gehören nicht zur Welt des Geistes, sondern zur Welt des irdischen „Gesetzes".

Die Religion des Schöpfergottes der irdischen Welt hält die „Dämonen", die bösen Kräfte der irdischen Schöpfung, in Schach und bändigt sie. Das ist ihre Aufgabe und ihr Verdienst. Auf diese Weise wird das Chaos in der Welt moralisch gebändigt. Aber damit gelangt der Mensch nicht zu seiner Bestimmung, frei von äußerer Autorität in bewußter Erkenntnis des Geistes zu leben.

Daher brechen die „Römer", die Heiden in den Tempel ein. Das emanzipierte Bewußtsein und Denken des Menschen zerstört die Religion und die Kirchen – so wie es, in einem anderen Symbol ausgedrückt, durch die „Schlange" des Paradieses geschieht. Dadurch werden aber auch die von der Religion und den Kirchen moralisch gebändigten irdischen Kräfte der Bosheit frei und treiben fortan in der Menschheit ihr Unwesen. Das ist die aktuelle Situation auch der Gegenwart: Die moralischen Tabus sind von den „Römern" durchbrochen worden – und jetzt haben Leidenschaften jeder Art freies Spiel. Sie lassen sich nicht mehr in die „Wasserkrüge" der religiösen und kirchlichen Morallehren einsperren. Die Entwicklung ist irreversibel. Der Schritt nach vorwärts, der jetzt getan werden müßte, und der aller Orientierungslosigkeit ein Ende machen würde, wäre – von der Dimension des geistigen Weltenschöpfers aus, der in jedem Menschen als geistige Kraft lebt und drängt –, in Freiheit zu lernen, wie mit den Leidenschaften umgegangen werden muß, sie allmählich zu überwinden und dann aus einem neuen Bewußtsein und Sein zu leben.

Das Zeugnis der Wahrheit

Ich spreche hier zu Menschen, die nicht mit den Ohren des Körpers, sondern mit den Ohren des Geistes hören. Denn viele haben nach der Wahrheit gesucht, haben sie aber nicht finden können, weil sie sich im Griff des alten Sauerteigs der Pharisäer und Schriftgelehrten befanden. Und der Sauerteig ist das in die Irre führende Verlangen der Engel (der Erde), Dämonen und Sterne. Die Pharisäer und Schriftgelehrten gehören zu den Archonten (der irdischen Welt), welche Macht über sie besitzen.

Denn niemand, der unter dem Gesetz steht, vermag zur Wahrheit aufzublicken. Man kann eben nicht zwei Herren dienen. Denn klar ist, daß durch das Gesetz die Verderbnis kommt. Die Unverderblichkeit hingegen gehört zum Licht. Das Gesetz befiehlt, sich einen Mann oder eine Frau zu nehmen und zu zeugen, sich zu vermehren und zahlreich zu werden wie der Sand am Meer. Leidenschaft, die sie als Wonne empfinden, übt Zwang auf die Seelen aller aus, die an diesem (irdischen) Ort erzeugt sind – aller Verderber und aller Verdorbenen –, damit das Gesetz durch sie erfüllt werde. Und sie geben dadurch den Beweis, daß sie der Welt dienen. Sie wenden sich vom Licht ab und sind nicht fähig, am Archonten der Finsternis vorbeizugehen, bevor sie den letzten Heller bezahlt haben.

Doch der Sohn des Menschen trat hervor aus der Unvergänglichkeit. Ihm ist jede Verderbnis fremd. Er kam am Jordanfluß in die Welt, und sogleich zog sich der Jordan zurück. Und Johannes bezeugte die Herabkunft des Jesus. Er ist es, der die Kraft sah, die hinabkam zum Jordan. Denn er wußte, daß das Ende der Herrschaft der fleischlichen Fortpflanzung gekommen war. Der Jordanfluß – das ist die Kraft des Körpers, also die Vergnügungen der Sinne. Das Wasser des Jordans ist das Verlangen nach geschlechtlichem Verkehr. Johannes ist der Archont des Mutterleibes.

Und dies ist es, was der Sohn des Menschen uns offenbart: Es ist gut für euch, das Wort der Wahrheit zu empfangen. Wenn jemand es in Vollkommenheit empfängt, (wird er Werke des Lichtes tun). Doch dem, der in Unwissenheit ist, wird es schwerfallen, in Zukunft weniger Werke der Finsternis zu tun als bisher. Wer jedoch die Unvergänglichkeit kennengelernt hat, ist fähig, gegen die Leidenschaften zu kämpfen [...]. Ich habe zu euch gesagt: „Baut nicht und sammelt nicht an den Stätten, wo die Räuber einbrechen, sondern bringt Frucht für den Vater."

Die Narren denken in ihrem Herzen, sie bräuchten nur zu bekennen: „Wir sind Christen", nur mit Worten, statt in Kraft. Damit liefern sie sich der Unwissenheit aus, dem (geistigen) Tod. Denn sie wissen nicht, wohin sie gehen, noch wer Christus in Wirklichkeit ist, und sie denken, sie leben, während sie sich tatsächlich im Irrtum befinden. Dadurch geraten sie schnell in die Gewalt der Fürsten und Gewalten. Sie fallen ihnen in die Hände wegen der Unwissenheit, die in ihnen ist. Denn wenn allein Bekenntnis*worte* schon die Erlösung bewirkten, so würde alle Welt die Konsequenzen davon auf sich nehmen und gerettet werden. Auf diese Weise also ließen sie den Irrtum in sich ein. [...] Sie sind unwissend, womit sie sich selbst zugrunderichten. Wenn der Vater ein Menschenopfer verlangen würde, so wäre er nur ein eitler Prahler.

Denn der Sohn des Menschen gürtete sich mit ihren ersten Früchten (des Glaubens). Damit stieg er hinab in den Hades und vollbrachte dort viele mächtige Taten. Er richtete die Toten auf. Und die Weltherrscher der Finsternis wurden neidisch auf ihn, fanden sie doch keine Sünde in ihm. Aber er zerstörte ihre Werke auch bei den Menschen, so daß den Lahmen, den Blinden, den Gelähmten, den Tauben und den Besessenen Heilung geschenkt wurde. Und er wandelte auf dem Wasser des Meeres. [...] Sie sind blinde Blindenleiter wie die Jünger damals. Diese gingen an Bord des Schiffes, und nach etwa dreißig Stadien sahen sie Jesus auf dem Wasser wandeln. Ihr Märtyrertum ist hohl, da sie nur für sich selbst zeugen. Und sie sind krank, sie sind nicht imstande, sich selbst aufzurichten.

Bei der Aussicht, durch einen Märtyrertod „vollkommen" zu werden, haben sie folgenden Gedanken: „Wenn wir uns um des Namens (Jesu) willen dem Tod ausliefern, werden wir gerettet." Doch so lassen sich diese Dinge nicht handhaben. Aber sie sagen, durch die Vermittlung der Wandelsterne hätten sie ihren Lauf vollendet [...]. Sie haben nicht das lebenspendende Wort.

Manche sagen: „Es ist gewiß, daß wir am letzten Tag, bei der Auferstehung, auferstehen werden." Aber sie wissen nicht, was sie da sagen, denn der letzte Tag ist dann, wenn die, die Christus angehören, die Erde, die [...]. Als die Zeit erfüllt war, zerstörte er ihren Archonten der Finsternis [...]. Sie fragten, womit sie gebunden waren, und wie sie sich am besten von ihren Fesseln lösen könnten. Und sie lernten sich selbst kennen, erkannten, wer sie sind, oder besser, wo sie jetzt sind und welches demgegenüber der Ort ist, an dem sie von ihrem Unverstand ruhen können, wenn sie zur Erkenntnis gelangt sind. Diese sind es, die Christus zu den Höhen emportragen wird. Denn sie haben die Torheit abgelegt und sind zur Erkenntnis vorgedrungen. Und sie, die Erkenntnis besitzen, [sie werden] die Auferstehung gewinnen. [...] Denn wer den Sohn des Menschen erkannt hat, hat sich selbst erkannt. Dies ist das vollkommene Leben: daß der Mensch sich selbst erkennt, und zwar durch das All.

Erwarte deshalb nicht, daß du fleischlich auferstehen wirst, was nur der Untergang wäre. Und wer irrtümlich eine Auferstehung erwartet, die im Grunde keine ist, wird nicht vom Fleisch befreit. Sie kennen die Macht Gottes nicht, auch verstehen sie, wegen ihres unklaren Verstandes, die richtige Auslegung der Schriften nicht. Das Mysterium, über das der Sohn des Menschen sprach [...], und sie wohnen vor Gott und leben unter dem leichten Joch. Wer das Wort, das Leben ins Herz gibt, nicht besitzt, muß sterben. Und in ihren Gedanken sind sie offenbar geworden vor dem Sohn des Menschen, entsprechend ihren Taten und ihrem Irrtum.

[...] Die ihn bei sich mit Aufrichtigkeit und Kraft und jeglicher Erkenntnis empfangen, diese sind es, die er zu den Höhen, zum ewigen Leben emportragen wird.

Doch die, die ihn bei sich in Unwissenheit empfangen, werden nur von den Vergnügungen, die ins Verderben führen, beherrscht. Diese Menschen pflegen zu sagen: „Gott schuf unsere Glieder, damit wir sie gebrauchen und immer mehr zunehmen in dieser Welt – die doch das Verderben ist! – und damit wir unser Leben genießen." So ziehen sie Gott in solche Taten, wie sie sie ausführen, mit hinein. Und ihre Existenz auf dieser Erde ist unbeständig. Ebensowenig werden sie den Himmel erlangen. [...] am Jordanfluß, als er zur Zeit seiner Taufe zu Johannes kam. Der heilige Geist ließ sich als Taube auf ihn nieder [...]. Unseretwegen willigte er ein, von einer Jungfrau geboren zu werden und Fleisch anzunehmen. [...] Sind wir etwa in einer Jungfrau gezeugt worden oder durch das Wort empfangen? Wir sind doch durch das Wort *wieder*geboren. Stärken wir uns deshalb als „Jungfrauen" in [...].

[...] Wie Jesaja, der mit einer Säge durchsägt und in zwei Wesen zerteilt wurde. So zerteilt uns der Sohn des Menschen durch das Wort des Kreuzes. Es scheidet den Tag von der Nacht und das Licht von der Dunkelheit, das Verderbliche von der Unverderblichkeit, und es scheidet die Männlichen von den Weiblichen. Doch Jesaja ist das Symbol für den Körper. Die Säge ist das Wort des Sohnes des Menschen, das uns vom Irrtum der (irdischen) Engel trennt.

Niemand kennt den Gott der Wahrheit, nur der Mensch, der allen weltlichen Dingen entsagt, nachdem er den ganzen Ort negiert und den Saum des Gewandes (Gottes) ergriffen hat.

Er hat sich dann selbst als Kraft aufgerichtet. Überall in sich selbst hat er das Verlangen unterworfen. [...] (Und er fragt), wie viele Kräfte er besitzt. Und wer ist es, der ihn gebunden hat? Und wer ist es, der ihn lösen wird? Und was ist das Licht? Und was ist die Finsternis? Und wer ist es, der die Erde geschaffen hat? Und wer ist Gott? Und wer sind die Engel? Und was ist die Seele? Und was ist Geist? Und wo ist die Stimme? Und wer ist es, der spricht? Und wer ist es, der hört? Wer ist es, der Schmerz verursacht? Und wer ist es, der leidet? Und wer ist es, der das verderbliche Fleisch erzeugt hat? Und was ist die Ordnung, die hier herrscht? Und warum sind manche lahm und manche blind [...] und einige reich, andere arm? Und warum sind einige machtlos, andere aber Räuber? [...] wenn er gegen die Gedanken der Archonten und der Kräfte und der Dämonen kämpft. Er räumte ihnen keinen Platz in sich ein, wo sie ruhen konnten, sondern kämpfte gegen ihre Leidenschaften [...] und verurteilte ihren Irrtum. Er reinigte seine Seele von den Übertretungen, die er mit einer (seinem wahren Wesen) fremden Hand begangen hatte. Er richtete sich auf und stand aufrecht in sich selbst. Denn er existiert in allen anderen (Menschen) und trägt Tod und Leben in sich und lebt in der Mitte zwischen den beiden. Und als er die Kraft empfangen hatte, wandte er sich dem zu, was zur Rechten liegt, und trat in die Wahrheit ein. Allen Dingen, die zur Linken gehören, hatte er entsagt und war nun von Weisheit, Vernunft, Verstand, Einsicht und ewiger Kraft erfüllt. Und er zerbrach seine Fesseln. Er hielt Gericht über alle, die zusammen den ganzen Ort gebildet hatten. Sie jedoch konnten [seine Kraft nicht] finden, denn sie war in ihm verborgen.

Und er bestimmte nun über sich selbst. Er erkannte sich selbst und sprach in seinem Innern mit seinem Geist, der der Vater der Wahrheit ist. Er sprach mit ihm über die unerzeugten Äonen und die Jungfrau, die das Licht hervorgebracht hat. Und er sinnt über die Macht nach, die den ganzen Ort überflutet hatte und diesen jetzt fest im Griff hat. Und er ist ein Schüler seines Geistes, der männlich ist. Er hielt sich nun schweigend in sich selbst auf, bis zu dem Tag, an dem er würdig wäre, droben empfangen zu werden. Er weigert sich, an leerem Gerede und fruchtlosen Diskussionen teilzunehmen und duldet (still) alles, was dort geschieht. Und er bleibt standhaft, auch wo sie ihn bedrängen, und erduldet alles Böse. Und er übt Geduld gegen jedermann. Er erhöht sich über niemanden, macht sich aber auch mit niemandem gemein. Und wessen jemand [wirklich bedarf], das bringt er ihm, damit auch dieser vollkommen und heilig werde. Wenn der

[Strauchelnde fallen wollte], ergriff er ihn, und er band ihn an [das Wort und die Kraft], und auch er wurde mit Weisheit erfüllt. Er zeugte für die Wahrheit [...] und ging in die Unvergänglichkeit ein, den Ort, aus dem er hervorgegangen war, nachdem er die Welt, die der Nacht gleicht, und die Wesen, die die Sterne in ihr in Umlauf halten, verlassen hatte.

Das also ist das Zeugnis der Wahrheit: Wenn ein Mensch sich selbst kennt und Gott kennt, der über der Wahrheit ist, wird er gerettet und mit der niemals vergehenden Krone gekrönt.

Johannes wurde durch das Wort in einer Frau, Elisabeth, gezeugt. Christus wurde durch das Wort in einer Jungfrau, Maria, gezeugt. Was bedeutet dieses Mysterium? Johannes wurde in einem altersschwachen Leib gezeugt, doch Christus kam durch den Leib einer Jungfrau. Als sie empfangen hatte, gebar sie den Erlöser. Auch danach wurde sie wieder als Jungfrau erfunden. Warum irrt ihr euch also über diese Mysterien und erforscht sie nicht, die unseretwegen im voraus vorgebildet wurden?

Was dies betrifft, so steht im Gesetz, daß Gott Adam befahl: „Von jedem Baum darfst du essen, aber vom Baum, der in der Mitte des Paradieses steht, sollst du nicht essen, denn an dem Tag, an dem du von ihm issest, wirst du des Todes sterben." Doch die Schlange war klüger als alle Tiere im Paradies, und sie überredete Eva und sagte: „An dem Tag, an dem du von dem Baum issest, der in der Mitte des Paradieses steht, werden die Augen deines Geistes aufgetan werden." Und Eva gehorchte, und sie streckte die Hand aus. Sie nahm von dem Baum, sie aß und gab auch ihrem Mann. Und sogleich erkannten sie, daß sie nackt waren, und nahmen Feigenblätter und schürzten sich mit ihnen.

Doch zur Zeit des Abends kam Gott, als er inmitten des Paradieses wandelte. Als Adam ihn sah, versteckte er sich. Und Gott sprach: „Adam, wo bist du?" Adam antwortete und sagte: „Ich bin unter den Feigenbaum gegangen." Und in diesem Augenblick wußte Gott, daß Adam von dem Baum gegessen hatte, von dem er ihm befohlen hatte: „Iß nicht von ihm!"

Und er sprach zu ihm: „Wer ist es, der dich das gelehrt hat?" Und Adam antwortete: „Das Weib, das du mir gegeben hast." Und das Weib sagte: „Die Schlange ist es, die es mich gelehrt hat." Und (Gott) verfluchte die Schlange und nannte sie „Teufel". Und er sagte: „Siehe da, Adam ist wie einer von uns geworden, er kennt jetzt Gut und Böse." Dann sagte er: „Wir wollen ihn aus dem Paradies verstoßen, damit er nicht vom Baum des Lebens nehme und esse und ewig lebe."

Was ist das nun für ein Gott? Erstens gönnte er Adam nicht, vom Baum der Erkenntnis zu essen. Und zweitens fragte er: „Adam, wo bist du?" Er besitzt also kein Vorauswissen, da er das nicht von vornherein wußte. Und danach sagte er: „Wir wollen ihn aus dem Paradies verstoßen, damit er nicht vom Baum des Lebens nehme und esse und ewig lebe." Eindeutig hat er sich damit als böswillig und neidisch deklariert. Was für ein Gott ist das nur? Groß ist die Blindheit derer, die so etwas lesen. Sie haben das nicht bemerkt. Auch sagte er: „Ich bin ein eifersüchtiger Gott. Ich werde die Sünden der Väter in den Kindern heimsuchen bis ins dritte und vierte Glied." Und er sagte: „Ich will ihre Herzen verstocken, und ihren Verstand blind machen, damit sie die Dinge, die gesagt werden, nicht erkennen und verstehen." Aber dies alles hat er zu denen gesagt, die an ihn glauben und ihm dienen.

Und an einer Stelle schreibt Mose: „Er machte den Teufel zur Schlange für alle, die seinem Geschlecht angehören." In dem anderen Buch, das „Exodus" genannt wird, steht folgendes geschrieben (vgl. 7,8-12): „Er stritt gegen die Zauberer, als der Ort voller Schlangen war gemäß ihrer Bosheit. Und aus dem Stab, den Mose in Händen hielt, wurde eine Schlange, und sie verschlang die Schlangen der Zauberer."

Wiederum steht geschrieben (Numeri 21,9): „Er machte eine kupferne Schlange und hängte sie an eine Stange. Jeder aber, der (von den anderen Schlangen gebissen ist und) die kupferne Schlange anschaut, wird von niemandem getötet werden können, und wer an diese kupferne Schlange glaubt, wird am Leben bleiben."

Denn diese (Schlange) ist Christus. Sie, die an ihn glaubten, haben das Leben empfangen. Die aber nicht glaubten, werden sterben.

Was ist denn dieser Glaube? [...] ihr versteht Christus nicht in geistigem Sinn, wenn ihr sagt: „Wir glauben an Christus." Denn dies ist nur die Art, wie Mose in allen seinen Büchern schreibt. Das Buch des Geschlechtes Adams ist für die geschrieben, die sich im Geschlecht des Gesetzes befinden. Sie folgen dem Gesetz und gehorchen ihm.

[...] Ihnen kommt es zu, vom Verderben befreit zu werden, damit sie jedermann zeigen können, daß sie vom Geschlecht des Sohnes des Menschen sind, denn für sie hat der Erlöser Zeugnis abgelegt.

Doch alle, die vom Samen Adams sind, werden durch ihre Taten offenbar, die ihre Werke sind. Sie haben nicht vom Begehren abgelassen, das übel ist [...] am Tag, wo sie Kinder zeugen. Und nicht nur das: Sie haben schon wieder Verkehr, während sie ihre Kinder noch säugen.

Andere aber sind die Beute des Todes des Geizes. Sie werden hierhin und dorthin gezogen und freuen sich am ungerechten Mammon. Sie verleihen Geld (um Zinsen). Sie vergeuden ihre Zeit und arbeiten nicht. Aber er, der der Vater des Mammon ist, ist auch der Vater des Geschlechtsverkehrs.

Aber wer imstande ist, dem allen zu entsagen, zeigt damit, daß er vom Geschlecht des Sohnes des Menschen ist, und er besitzt die Macht, die anderen anzuklagen. [...] Und er macht das Äußere wie das Innere. [...] Und wenn er sich zurückgezogen hat [...], wird er still und läßt alles leere Gerede und alle fruchtlosen Diskussionen. Doch wer den Vater der Wahrheit erkannt hat, kommt zur Ruhe. Er hört auf zu suchen, er hat gefunden. Und wenn er gefunden hat, wird er ruhig. [...] Manche gelangen zum Glauben, indem sie die Taufe empfangen, wobei sie sie als Verheißung der Erlösung betrachten und sie das „Siegel" nennen. Sie wissen nicht, daß es die Väter der Welt sind, die an jenem Ort (der Taufe) gegenwärtig sind. Doch (Jesus) selbst weiß, daß er versiegelt ist. Denn der Sohn des Menschen taufte keinen seiner Schüler. Aber [wenn alle, die] getauft sind, wirklich dem Leben zugeführt würden, würde die Welt leer werden. Und die Väter der Taufe befinden sich im Verderben.

Etwas anderes aber ist die Taufe der Wahrheit. Man findet sie nur dadurch, daß man der Welt entsagt. Doch die, die nur mit den Lippen sagen, sie übten Entsagung, lügen, und sie werden an den Ort der Angst geraten. Sie werden darin gedemütigt. Als ob die, denen (die Taufe) gegeben wurde, nachdem sie schon verdammt waren, noch etwas anderes empfangen könnten!

Sie werden böse handeln, und einige von ihnen fallen ab und beten Götzen an. Andere bekommen dann Besuch von Dämonen, die sich bei ihnen niederlassen, so wie es König David erging. Er war es, der den Grundstein Jerusalems legte. Und sein Sohn Salomo, den er im Ehebruch zeugte, war es dann, der Jerusalem mit Hilfe der Dämonen erbaute, da er ihre Kräfte empfing. Als er mit dem Bauen fertig war, sperrte er die Dämonen im Tempel ein. Er steckte sie in sieben Wasserkrüge. Sie blieben lange darin und wurden dort vergessen. Als die Römer in Jerusalem eindrangen, entdeckten sie die Krüge. Sofort entflohen die Dämonen, wie jemand, der aus dem Gefängnis ausbricht. Seitdem sind die Krüge reingeblieben. Und die Dämonen haben sich bei Menschen, die in Unwissenheit leben, niedergelassen und sind auf der Erde geblieben.

Wer ist aber David? Und wer ist Salomo? Und was ist der Grundstein (Jerusalems)? Und was ist die Mauer, die Jerusalem umgibt? Und wer

sind die Dämonen? Und was sind die Wasserkrüge? Und wer sind die Römer? Doch dies sind [Geheimnisse]
[...]

Die Auslegung der Erkenntnis

Zur „Auslegung der Erkenntnis"

Niemand wird durch die Kraft seines eigenen Verstandes zu Erkenntnis und Erleuchtung gelangen. Niemand auch, der sich auf den Weg der Erkenntnis und Erleuchtung vorbereitet, kann dies aus eigener Kraft tun. Er braucht die Kraft eines „Erlösers", und er braucht die Kräfte, die ihm aus der Gemeinschaft mit Gleichgesinnten zufließen.

Zu allen Zeiten gab es Erlöser: Menschen, die von Geburt an in innigstem Verhältnis zum Geist standen, so daß dieser durch sie wirken konnte. Jesus ist nur einer von ihnen, vielleicht der Mensch, der den Typus und die Kraft des Erlösers am reinsten verkörperte, exemplarisch, und der als Christus, als mit der Kraft des Geistes Gesalbter, die innigste Verbindung zwischen Mensch und Geist schuf. Zu allen Zeiten haben solche „Erlöser" auch Schüler um sich versammelt, wodurch gruppendynamische Prozesse in Gang kamen, die die vom Erlöser ausgehenden Kräfte durch die Gemeinschaft der Schüler verstärkten und jedem einzelnen Schüler in erhöhter Intensität zugute kommen ließen.

Mit diesen Sachverhalten befaßt sich die „Auslegung der Erkenntnis".

„Glaube" ist die Voraussetzung für den Empfang der Kräfte des Erlösers. Es handelt sich nicht um ein Fürwahrhalten von Dogmen, sondern um die Offenheit für die vom Erlöser ausgehenden Kräfte. Im Glauben erschließt sich der Mensch für das „Urbild", wie es unser Text nennt, nämlich für eine neue Lebensmöglichkeit: die Verwirklichung des Menschen als Ebenbild Gottes. Würde ein Mensch die Existenz des Geistes und die

Möglichkeit, bewußt aus dem Geist zu leben, leugnen, so würde er sich eben dadurch von der Entwicklung, die zu dieser Lebensmöglichkeit führt, ausschließen.

Der Glaube ist also die Voraussetzung für das Betreten des geistigen Weges und den Empfang der dazu notwendigen Kräfte. Aber auf der Basis dieser Voraussetzung muß es dann auch weitergehen bis zur bewußten Erfahrung und Verwirklichung dieser Lebensmöglichkeit.

Der Glaube an das „Urbild", das Bild vom wahren Menschen, das sich im Menschen verwirklichen will, kann dadurch entstehen, daß diesem Menschen ein anderer Mensch begegnet, in dem das „Urbild" schon verwirklicht ist. Die äußere Erscheinung eines solchen Erlösers, seine „Werke und Zeichen", ist die „materielle Spur" dieses Urbildes. Durch diese sichtbare materielle Spur als Ausdruck des „Urbildes" wird im Sehenden das in ihm selbst schlummernde „Urbild" des wahren Menschen erweckt. Er ahnt somit die neue Lebensmöglichkeit und glaubt an sie, da sie sich im Erlöser deutlich sichtbar verkörpert. Der Glaube ist aber nur möglich, weil im Glaubenden selbst dieses Urbild schon wirksam ist. Es fühlt die Verwandtschaft, ja Identität mit dem im Erlöser verkörperten Urbild.

Genauso ist es mit den Einsichten, die der Erlöser dem Glaubenden vermittelt. Keine Lehre könnte aufgenommen werden und wirken, wenn sie nicht auf ihr entsprechende Erfahrungen im Lernenden stieße. Die vom Erlöser übertragenen Lehren sind nur das Mittel, um die im Lernenden selbst schon angelegten Einsichten anzuregen und bewußt zu machen. Aber dieses Mittel ist notwendig. Von selbst würden die im Menschen schlummernden Einsichten nicht erwachen. Sie wären auch zu schwach, um sich gegen die vielen Einflüsse aus Erziehung und Umwelt durchzusetzen.

Was sind es für Einsichten, die im Glaubenden durch die Lehren des Erlösers wach werden? Zum Beispiel, daß der Mensch als geistiger Mensch nur einen Vater, den Geist, hat. In der materiellen Welt herrscht die Vielheit. Dort werden die natürlichen Menschen erzeugt, und jeder hat einen anderen Vater. Aber alle geistigen Menschen haben nur einen Vater, den ungeteilten Geist. Ihn gilt es kennenzulernen. Voraussetzung dafür ist die Einsicht, daß der Mensch nicht dazu da ist, um aus der „Form", der materiellen Welt, Nutzen und Genuß zu ziehen, sondern um sich von ihr zu befreien und sie vom Geist her zu ordnen. In dieser Befreiung besteht *eine* Vorbereitung auf den Weg der Erkenntnis und Erleuchtung.

Doch Einsichten allein genügen nicht. Sie stellen zwar große Kräfte dar. Aber zur Überwindung der Fesseln der Leidenschaften bedarf es einer Basis des Geistes, eines inneren Haltes, den der Mensch zwar in sich selbst gewinnen muß, aber nicht aus sich selbst erzeugen kann. So ist es die Funktion des Erlösers nicht nur, Einsichten im Glaubenden hervorzurufen, sondern ihm auch Kräfte des Geistes zu schenken, auf deren Grundlage er die Verfallenheit an die Materie überwinden kann.

Wie tut der Erlöser das? Indem er, der unverbrüchlich mit dem Geist Verbundene, freiwillig einen irdischen Körper annimmt und sich „klein" macht. Seine mit dem Geist verbundene Seele legt ihr Ausdrucksinstrument im Reich des Geistes, den geistigen Leib, ab und verbindet sich mit einem von einem irdischen Mann gezeugten und einer irdischen Frau geborenen irdischen Körper. Durch diesen Körper und seine Lebenskräfte ist er mit allen anderen irdischen Körpern verbunden, da die Menschheit *einen* großen Lebensorganismus darstellt, in dem jedes Element auf ein anderes einwirkt. Was der Erlöser im irdischen Körper tut, teilt sich energetisch, wie über das unsichtbare Kraftfeld eines Magneten, allen anderen irdischen Körpern mit. Wenn er im Geist die Vorherrschaft seines irdischen Körpers bricht, bricht er sie prinzipiell auch in allen anderen irdischen Körpern. Das ist die „Vergebung der Sünden", die „Gnade".

Aber damit sind den Menschen „nur" die Kräfte des Geistes zur Verfügung gestellt und ist ihnen der Weg zur Erlösung, zur Lösung von den irdischen Einflüssen, eröffnet. Wenn sie diese Kräfte nicht anwenden und umsetzen, indem sie tatsächlich den Leidenschaften entsagen, sich von Autoritäten und Illusionen freimachen und den Geist in sich wirken *lassen*, wird die Erlösung nicht wirksam.

Der Erlöser „starb nicht seinen eigenen Tod": Was bedeutet das? Heißt das, daß sein irdischer Körper nicht litt und nicht starb, eine Ansicht, die man den Gnostikern immer wieder unterstellt hat? Nein, es heißt nur, daß der irdische Körper des Erlösers, der litt und starb, nicht sein wahrer Körper war. Sein wahrer Körper ist der geistige Leib, der Ausdruck des Geistes ist. Der irdische Körper ist nicht der „eigene" Körper, sondern nur ein zur Wirksamkeit in der irdischen Welt angenommener Körper. Daher ist der Tod dieses Körpers auch nicht der „eigene Tod".

Mit der freiwilligen Annahme des irdischen Körpers, der von einem irdischen Mann gezeugt und von einer irdischen Frau geboren wurde, ermöglichte also der Erlöser die Erlösung für alle Menschen. Aber er setzte sich dadurch auch der tiefsten Erniedrigung aus. Gerade weil er inmitten der Natur vom Geist zeugte, der der irdischen Welt entgegengesetzt ist, rief er Haß, Spott und Feindschaft der Welt hervor. Er nahm seinen irdischen Körper im vollen Bewußtsein dieser Konsequenzen an – um seine Aufgabe der Erlösung erfüllen zu können. Mit sehr überraschenden Bildern wird dieser Sachverhalt im Text ausgedrückt: Sein „Haupt wurde am Kreuz nach unten gedrückt", so daß die unten Befindlichen nach oben blicken konnten. Der Geist neigt sich zu den Menschen herab, damit ihn die Menschen erkennen und zu ihm hinaufsteigen können.

Was folgt aus diesem Geschehen? Alle Menschen haben prinzipiell einen einzigen geistigen Vater. Solange sie noch aus der irdischen Welt leben, ist ihnen dieser Vater unbekannt und verleugnen sie ihn. Wahre Söhne des geistigen Vaters sind daher erst die, die sich dem Geist wieder zuwenden und so die Verdammnis in Adam – die Todverfallenheit des irdischen Menschen, dessen Muster und Prototyp Adam ist – beseitigen.

Sie sind die „kleinen Brüder" des „großen Sohnes" des geistigen Vaters. Sie sind im Geist miteinander verbunden. Und aus dieser Verbundenheit folgt, daß sie einander mitteilen, was ihnen an Kräften geschenkt wird. Sollte in einer solchen Gemeinschaft noch Raum für kleinliches Mißtrauen, Neid auf die Gaben und Funktionen anderer, Streit und Vorwurf sein? Das sind doch alles Verhaltensweisen, die vom irdischen Menschen zu erwarten sind! Und nicht moralische Vorschriften sind es wiederum, die die Mitglieder der Gemeinschaft zu einem Verhalten veranlassen, das dem Geistgesetz entspricht. Es ist vielmehr die eigene Erfahrung eines jeden, daß ihn solche Verhaltensweisen gerade von den Kräften des Geistes abschneiden, daß zum Beispiel „der Neidische sich auf seinem eigenen Pfad ein Hindernis ist". Solche Verhaltensweisen bringen den Betreffenden in einen seelischen Zustand, in dem er weder für die Kräfte offen ist, die vom „Haupt" der Gemeinschaft, dem Erlöser, ausgehen, noch für die Kräfte, die ihm zum Nutzen seiner geistigen Entwicklung von allen anderen zuströmen, die wie er auf dem Weg zu Erkenntnis und Erleuchtung sind.

Um so wichtiger ist es, unverbrüchlich in der Gemeinschaft der Glieder und des Hauptes zu verbleiben, da die Menschen, die noch im „Fleisch leben", den Menschen, die aus dem Geist zu leben versuchen, feindlich gesinnt sind. Sie ahnen, daß dort neue Möglichkeiten des Menschseins erschlossen werden. Da sie aber selbst nicht bereit sind, in sich diese Möglichkeiten zu erschließen, möchten sie auf andere Weise ihrer habhaft werden. Sie suchen im Außen, was sie nur im eigenen Innern finden könnten. Und das ist der tiefste psychologische Grund, weshalb sie Menschen wie den Erlöser töten: Es ist das gewalttätige Zerbrechen der äußeren Schale, in der Hoffnung, so den Kern in Besitz nehmen zu können. Darum kämpfen sie, wenn es nicht überhaupt „Durchschnittsmenschen", gleichgültig gegenüber dem Geist, sind, gegen das Wort. Die Brüder im Geist aber sind Kämpfer für das Wort: Nicht indem sie die Waffen ergreifen, sondern indem sie über jede Bindung an irdische Ziele und Illusionen, über jede „Sünde", hinaussteigen. So erlangen sie die „Krone des Sieges": die Erleuchtung, die Verherrlichung, so wie auch der Erlöser vom Geist verherrlicht wurde.

Die Auslegung der Erkenntnis

[...] sie kamen zum Glauben durch Zeichen und Wunder und Werke. Und das Urbild, das durch diese (Zeichen) ins Leben trat, folgte ihm, doch durch Widrigkeiten und Erniedrigungen hin, bevor sie fähig wurden, der Erscheinung (dieses Urbildes) standzuhalten. Und sie flohen, noch bevor sie hörten, der Gesalbte sei gekreuzigt worden. Aber Menschen eurer Art fliehen (vor der irdischen Welt), noch bevor sie hören, der Gesalbte lebe, damit unser Glaube heilig und rein sei, und nicht auf sich selbst gegründet sei, sondern sich halte, weil er in ihn gepflanzt ist. Und es wurde einmal gefragt: „Wer bringt die Geduld auf, den Glauben zu messen?" Denn jeder ist von dem überzeugt, was er glaubt. Würde er nicht glauben, könnte er nicht überzeugt werden. Aber es ist ein großes Ereignis für einen Menschen, wenn er den Glauben gewinnt. Er lebt dann nicht mehr im Unglauben – die Welt ist der Unglauben.

Die Welt ist also der Ort des Unglaubens und des Todes. [...] Es ist etwas Heiliges um den Glauben, man sehe das Urbild. Der Gegensatz dazu ist der Unglaube an das Urbild. Die Dinge, die er ihnen schenkt, helfen ihnen. Es war unmöglich für sie, (aus eigener Kraft) zur Unvergänglichkeit zu gelangen.

Er wurde zu einem Ausfluß und einer (materiellen) Spur. Denn sie sagen von einem (geistigen) Bild, es werde durch seine (materielle) Spur wahrgenommen. Die Struktur des Bildes wird durch die Spur des Bildes wahrgenommen, und Gott wird durch seine Glieder wahrgenommen. Er kannte sie, bevor sie gezeugt waren, und einst werden sie ihn kennen. Und der sie alle am Anfang zeugte, wird ihnen innewohnen. Er wird über sie herrschen. [...]
In der Tat: Das Wort (in der Seele), das ihn (den Geist) zum Gatten nahm, ist nicht unwissend, aber Fleisch, während er selbst wie ein (geistiges) Bild ist, so daß jetzt der (ehemalige) Sklave lebt, und sie (die Materie), die uns vom Geist abschnitt, ihn erkennen läßt, daß sie der Mutterleib ist. Einige (Worte) fielen auf den Weg. Andere fielen auf felsiges Land. Wieder andere werden in die Dornen gesät. [...] Und dies ist die ewige Wirklichkeit, bevor die (lebenden) Seelen aus denen hervortreten, die getötet werden.

Doch der Erlöser wurde an diesem Ort aufgrund der Spur (seines Körpers), die er gelegt hatte, verfolgt. Und er wurde gekreuzigt und starb – nicht seinen eigenen Tod, denn er hatte es nicht verdient, um der Kirche der Sterblichen willen getötet zu werden. [...] während der Mangel sie einengt, bis die vollkommene Wirklichkeit ihr Teil ist. Denn der (Archont) brachte uns hinab und band uns mit den Fesseln des Fleisches. Da der Körper nur eine zeitliche Behausung ist, den die Herrscher der Gewalten als Zuflucht benützen, fiel der Mensch darin, nachdem er in dieses Gefäß eingekerkert war, ins Leiden, und sie zwangen ihn, ihnen zu dienen, und übten Druck auf ihn aus, den Mächten zu Willen zu sein. Sie spalteten die Kirche [...].

[...] Denn er sprach auch mit der Kirche und machte sich zu ihrem Lehrer, der Unsterblichkeit lehrte. [...]

Dies nun ist seine Lehre: Ruft nicht nach einem Vater auf der Erde. Euer Vater, der im Himmel ist, ist der einzige Vater. Ihr seid das Licht der Welt. Die den Willen des Vaters tun, sind meine Brüder und Freunde. Denn was hättet ihr für einen Nutzen, wenn ihr die ganze Welt gewönnet und verspielet dabei eure Seele? Denn als wir in der Finsternis lebten, pflegten wir viele „Vater" zu nennen, da wir den wahren Vater nicht kannten.

Welches ist nun der Ort, der ihr von ihrem Lehrer gegeben wurde, der Ort, an dem sie die Unwissenheit und Finsternis ihres Herzensauges beseitigte? Er erinnerte sie an die Güter ihres Vaters und ihres Geschlechts. Denn er sagte zu ihr (der Kirche): „Die Welt gehört dir nicht, damit du die Form, die in ihr ist, empfängst und Vorteil aus ihr ziehst. Sie ist vielmehr von

Nachteil für dich und eine Strafe. Empfange nun die Lehren dessen, der verachtet wurde – sie sind ein Vorteil und ein Nutzen für die Seele –, und empfange seine Gestalt. [...] Es ist die Gestalt, die in der Gegenwart des Vaters lebt, des Wortes und der Höhe, damit ihr ihn kennenlernt, bevor ihr, im Fleisch der Verdammnis, in die Irre geführt werdet. Genauso machte ich mich sehr klein, damit ich euch durch meine Niedrigkeit zu der großen Höhe emporheben könnte, von der ihr gefallen seid. Ihr seid in diese Grube hinabgerissen worden. Wenn ihr nun an mich glaubt, bin ich es, der euch wieder hinaufreißt, und zwar durch die Gestalt, die ihr hier seht. Ich bin es, der euch auf seinen Schultern tragen wird. Tretet ein durch den Spalt, durch den ihr kamt, und verbergt euch vor den „wilden Tieren". Die Last, die ihr jetzt tragt, ist nicht die eure.

[...] Und sie streiften ihm ein Gewand der Verdammnis über. Denn das Weib hatte kein anderes Gewand, ihren Sohn zu kleiden, als das eine, das sie zuerst am Sabbat anzog (das Gewand aus „Fellen", das Tiergewand). Denn im (heiligen) Äon existiert kein wildes Tier. Denn der Vater hält den Sabbat nicht, sondern wirkt für den Sohn, und durch den Sohn schuf er sich weitere Äonen. Der Vater besitzt lebende Elemente der Vernunft, durch die er ihn mit meinen Gliedern als seinen Gewändern bekleidet. [...] Aber der, der verachtet wurde, änderte seinen Namen und erschien mit dem, was wie Verachtung aussah: als Fleisch. Und der Verspottete verfügt über keine weiteren Hilfsmittel. Er braucht keine Herrlichkeit, die nicht die seine ist. Er hat seine eigene Herrlichkeit in dem Namen „Sohn" (Gottes). Er kam, damit wir verherrlicht würden. Aber er ist der Verspottete, der an den Stätten des Spottes wohnt. Und durch ihn, der verachtet wurde, empfangen wir die Vergebung der Sünden. Und durch ihn, der verachtet wurde, und ihn, der erlöst wurde, empfangen wir Gnade.

Aber wer ist es, der den Verachteten erlöste? Es ist die Emanation des Namens. Denn ebenso wie das Fleisch einen Namen braucht, so ist das Fleisch auch ein Äon, den die Weisheit projiziert hat. Es empfing die herabsteigende Majestät, so daß der Äon in den eintreten konnte, der verachtet wurde, damit wir der Verachtung des Leichnams entrinnen konnten und neu belebt würden im Fleisch und Blut des [Sohnes] [...].

Aber auf welche Weise wurde sie (die Weisheit) zu einem Haupt für sie? Nun, sie bereitete ihnen die Stätte und brachte das Licht für jene hervor, die in ihm leben, so daß sie die aufsteigende Kirche sehen könnten. Denn das Haupt riß sich selbst aus der Grube heraus. Es wurde am Kreuz nach unten gedrückt und blickte in den Tartaros hinab, so daß die unten Befindlichen nach oben blicken konnten. Es ist ja so, wenn jemand einen anderen anblickt, blickt das Gesicht dessen, der vorher zur Erde hinabgeblickt hat, jetzt hinauf. So blickten auch wir als Glieder, als das Haupt aus der Höhe zu seinen Gliedern hinabblickte, hinauf, wo das Haupt war. Und das Kreuz erlebte das Annageln *für* seine Glieder, und nur, damit sie fähig wären, [ihm zu folgen]. Und die Vollendung besteht also darin: Er, dem das Zeichen gegeben wurde, wird durch den vollendet, der das Zeichen gab. Und die Samen, die bleiben, werden ausharren, bis das All getrennt ist und Gestalt annimmt.

Und so wird das Gebot erfüllt werden, [...]. Und seine Kinder werden die Herrlichkeit empfangen, die für sie bestimmt ist, und vollkommen werden. (Der unverderbliche Mensch) hat ein freigebiges Wesen, da der Sohn Gottes in ihm lebt. Und wenn er das All erwirbt, wird alles, was er vorher besaß, im Feuer aufgelöst werden, da es den Vater verachtete und ihm Trotz bot.

Als der große Sohn zu seinen kleinen Brüdern geschickt wurde, verbreitete er das Gebot des Vaters und verkündete es, und setzte sich damit in Gegensatz zum All. Und er entfernte die alte Fessel der Schuld, die Fessel der Verdammnis. Und dies ist das Gebot: Alle, die sich zu den Sklaven zählen mußten, waren in Adam verdammt. Sie wurden aber jetzt dem Tod entrissen, empfingen Vergebung ihrer Sünden und wurden von [...] erlöst, da wir [...] würdig sind. [...] [... Der Erlöste], der einen Bruder besitzt, der uns als Wesen ansieht, wie er selbst eines ist, verherrlicht den, der uns Gnade gibt. Und jeder von uns hat die Pflicht, sich über die Gabe zu freuen, die er von Gott empfangen hat, und nicht neidisch zu sein, wissen wir doch, daß der Neidische sich auf seinem eigenen Pfad ein Hindernis ist. Denn er zerstört sich nur selbst zusammen mit der Gabe und kennt Gott nicht. Er sollte sich vielmehr freuen und froh sein und an der Gnade und der Großzügigkeit (Gottes) teilnehmen. Besitzt jemand die Gabe der Prophetie? Teile sie dann ohne Zögern anderen mit. [...], damit sie unbedingt über die Dinge nachdenken, über die sie nach deinem Wunsch nachdenken sollen, wenn sie über dich nachdenken. Denn dein Bruder besitzt dieselbe Gabe, die auch in dir ist. Mach dich selbst nicht kleiner, sondern freue dich und danke im Geist und bete für jenen, damit auch du an der Gnade teilhast, die in ihm lebt. Sieh ihn nicht als einen Fremden an, sondern als jemanden, der zu dir gehört, und den auch jeder deiner Mitgefährten empfangen hat. Wenn du das Haupt liebst, das (die Glieder) besitzt, dann besitzt du damit auch ihn, von dem diese Gaben, die unter deine Brüder ausgeschüttet wurden, stammen.

Macht jemand Fortschritte im Wort? Ärgere dich nicht darüber! Sage nicht: „Warum spricht er, während ich nicht spreche?" Denn was er spricht, ist auch das deine, und es ist dieselbe Kraft, die das Wort vernimmt und die es spricht. Das Wort [...] oder nur eine Hand, aber sie sind *ein* Körper. Jene, die zu uns allen gehören, dienen gemeinsam dem Haupt. Denn jedes Glied betrachtet sich als sein Glied.

Nun können natürlich nicht alle ausschließlich Füße oder ausschließlich Augen oder ausschließlich Hände sein, da diese Glieder nicht für sich allein leben können. Sie wären dann tot. Wir wissen, daß sie zum Tod verurteilt wären. Warum liebst du also die Glieder, die noch tot sind, statt der lebendigen? Wie kannst du wissen, daß jemand von den Brüdern unwissend ist? Du bist unwissend, wenn du sie haßt und beneidest und so auch die Gnade, die in ihnen ist, nicht empfängst. Du bist dann nicht bereit, sie alle durch die Freigebigkeit des Hauptes miteinander zu verbinden. Du solltest lieber für unsere Glieder danken und darum bitten, daß auch dir die Gnade geschenkt werde, die ihnen gegen wurde. Denn das Wort ist reich, großzügig und freundlich. Es verteilt in dieser Welt Gaben an seine Menschen, ohne Rückhalt [...] da sie niemals miteinander wegen etwaiger Unterschiede zwischen ihnen streiten. Sie leiden vielmehr miteinander, wie sie auch miteinander arbeiten, und wenn sich einer von ihnen umwendet, wenden sich die anderen mit ihm um, und wenn einer gerettet wird, werden sie alle gemeinsam gerettet.

Wenn Menschen sich vom Auszug aus der (irdischen) Harmonie Ruhe erwarten würden, würden sie [in den Äon der Ruhe] kommen. Wenn aber diese schon fähig sind, an der (wahren) Harmonie teilzuhaben, um wieviel mehr dann jene, die von der ursprünglichen Einheit abstammen! Sie sollten untereinander einig sein. Mache deinem Haupt keinen Vorwurf, daß es dich nicht zum Auge, sondern vielleicht zum Finger bestimmt hat. Und sei nicht neidisch auf das, was als Auge oder Hand oder Fuß geschaffen ist, sondern sei dankbar, daß du nicht überhaupt außerhalb des Körpers leben mußt. Du hast ja im Gegenteil dasselbe Haupt, durch das auch das Auge wie auch die Hand, der Fuß und alle anderen Teile leben. [...] Und einige leben für das Leben der Kirche, durch die sie leben. Für sie gehen sie in den Tod. Andere gehen ins Leben. Sie lieben das überquellende Leben. Von ihnen lebt jeder durch seine eigene Wurzel. Er bringt Frucht hervor, die ihm gleicht, da die Wurzeln miteinander verbunden sind und ihre Früchte allen gemeinsam sind, von jedem die beste. Sie besitzen sie, leben für sie und füreinander. Laßt uns also wie die Wurzeln werden [...].

Denn wenn die Seele tot ist, wird immer noch von den Herrschern und Gewalten auf sie eingewirkt.

Was nun, glaubst du, ist der Geist? Oder weshalb verfolgen sie Menschen dieser Art bis in den Tod? Genügt es ihnen nicht, sich an die Seele zu halten und sie zu suchen? Denn jeder Ort bei den Menschen Gottes ist ihnen verschlossen, solange sie im Fleisch leben. Und wenn sie sie nicht sehen können, da die Menschen Gottes durch den Geist leben, reißen sie weg, was (materielle) Erscheinung ist, als ob sie sie so finden könnten. Was haben sie für einen Nutzen davon? Sie sind von Sinnen und dem Wahnsinn verfallen. Sie zerreißen alles! Sie graben die Erde auf! [...] Denn jeder war zu zwei Typen der Übertretung fähig: der eines Kämpfers und der eines Durchschnittsmenschen. Es ist nur eine einzige Fähigkeit, die sie besitzen. Und was uns betrifft, so sind wir Kämpfer für das Wort. Wenn wir gegen es sündigen, sündigen wir mehr als Barbaren. Aber wenn wir über jede Sünde hinaussteigen, empfangen wir die Krone des Sieges, genauso wie unser Haupt vom Vater verherrlicht wurde.

Asklepios

Zu „Asklepios"

Es handelt sich um ein Gespräch zwischen Hermes Trismegistos, dem legendären Eingeweihten der ägyptischen Mysterienweisheit, einem Erleuchteten, und einem seiner Schüler, Asklepios (begleitet von Tat und Ammon). Auf den ersten Blick scheint der Text wenig mit dem Vorgang und der Erfahrung der Erleuchtung zu tun haben, und erst recht nicht zeitlos zu sein: Stets ist von Ägypten und seinen Göttern die Rede, vom Untergang Ägyptens, nachdem es von den Göttern verlassen worden ist, und am Schluß wird ausführlich von den bösen Seelen und ihrer Bestrafung im Jenseits gesprochen. Aber der Text bezieht sich tatsächlich auf zeitlose Wahrheiten, und er ist sogar, wenn man die von der Symbolik verhüllten Sachverhalte erkennt, von beklemmender Aktualität.

Was ist sein eigentliches Thema? In den vorhergehenden Texten ist der Weg der Erkenntnis und Erleuchtung beschrieben worden, sowie die Voraussetzungen, die der einzelne Mensch erfüllen muß, bevor er seinen Fuß auf diesen Weg setzen kann. Er muß frei von Leidenschaften und Illusionen werden und bedarf der Hilfe eines schon mit dem Geist verbundenen Menschen, eines „Erlösers". Die Frage ist nun, ob es auch bestimmte kollektive, sozialpsychologische Bedingungen gibt, die dem einzelnen oder einer Schule des Geistes bei der Vorbereitung auf den Weg der Erleuchtung und beim Gehen des Weges selbst förderlich oder hinderlich sind. Spielt der seelische Zustand einer Gesellschaft und der davon abhängige Zustand ihrer Institutionen eine Rolle für die Möglichkeit, in dieser Gesellschaft einen Weg zu Erkenntnis und Erleuchtung zu gehen? Ist es für dieses Ziel gleichgültig, ob eine Gesellschaft insgesamt von Verehrung für etwas Höheres, von „Pietät" und Verhaltensweisen der Rechtschaffenheit, Rücksichtnahme, Achtung für die Würde des Menschen usw. geprägt ist oder von Korruption, Zynismus und Mißachtung aller menschlichen Werte? Eben dieser Frage geht der Text „Asklepios" nach, und es ist sicher sinnvoll, sich am Ende einer langen Beschäftigung mit dem Weg der Erleuchtung und der Vorbereitung auf ihn mit dieser Frage zu befassen. Denn gerade die Verhältnisse in modernen Gesellschaften rücken dieses Problem in den Mittelpunkt des Interesses.

Dabei ist sogleich ein Mißverständnis abzuwehren. Der Text erklärt tatsächlich, daß es günstige sozialpsychologische Bedingungen für den Mysterienweg gibt, und er beschreibt sie auch, ebenso wie er ungünstige sozialpsychologische Bedingungen aufzeigt, die die Arbeit eines Erlösers und seiner Mysterienschule sehr erschweren, ja praktisch verhindern können. Und es ist selbstverständlich die Aufgabe aller gutgesinnten Menschen, so weit wie möglich günstige Bedingungen zu fördern und ungünstige zu verhindern. Aber die eigentliche Aufgabe und das Ziel des Menschen bleiben doch die Vorbereitung auf den Weg der Mysterien und das Gehen dieses Weges. Er muß sich darüber im klaren sein, daß die Bedingungen nicht die Hauptsache sind und daß sie auch nur realisiert werden können, wenn das eigentliche Ziel im Bewußtsein des Menschen lebendig ist. Nur dann läßt sich ja erkennen, welche Bedingungen im einzelnen geschaffen werden müssen. Es wäre fatal, wenn die Menschen sich im Kampf für gute oder gegen schlechte

Bedingungen aufreiben würden und dabei ihr eigentliches Ziel vergäßen. Es sollte vielmehr umgekehrt sein: Je intensiver ein Mensch oder eine Gruppe von Menschen auf den Weg der Erkenntnis und Erleuchtung gerichtet sind, desto eher werden sich auch die Bedingungen entsprechend gestalten lassen.

Auch dürfen die günstigen Bedingungen nicht mit dem Ziel selbst verwechselt werden. Leicht führt die Ahnung davon, daß es ein Reich der Vollkommenheit und Freiheit gibt – welches im bewußten Einklang des Menschen mit den Gesetzen und Kräften des Geistes besteht –, dazu, diese Ahnung auf die irdische Welt zu projizieren und zu versuchen, ein irdisches Reich der Vollkommenheit und Freiheit zu schaffen. So etwas ist nicht möglich. Man kann nur im Rahmen der irdischen Möglichkeiten und Grenzen günstige Bedingungen für das eigentliche Ziel des Menschen zu schaffen versuchen.

Dieses Ziel wird denn auch gleich an den Beginn der Schrift „Asklepios" gestellt. Es ist das Mysterium der geistigen Hochzeit. Das ist nur ein anderes Bild für Erleuchtung. Wenn die Seele, das Bewußtsein eines Menschen, durch entsprechende Vorbereitung ihren Halt in sich selbst gefunden hat und zum „Selbsterzeugten" geworden ist, kann das Licht des Geistes in sie eindringen und sie erleuchten. Sie empfängt den Geist wie eine Braut den Bräutigam. Die Vorgänge bei der irdischen Vereinigung von Mann und Frau sind Analogien für die Vorgänge, die sich bei der geistigen Hochzeit abspielen. Denn auch vor der geistigen Hochzeit muß eine Spannung zwischen der Sehnsucht der Seele – ihrer Frage – und dem Drang des Geistes, sich mit ihr zu vereinigen, entstanden sein. Erst wenn diese Spannung zum Höhepunkt gelangt ist, kann sich die Kraft des Geistes mit dem Verlangen der Seele verbinden. Und in diesem Augenblick der Vereinigung empfängt die Seele die Kraft des Geistes, das Licht, das ihr alle Geheimnisse des Alls erhellt, während der Geist die Kraft der Seele empfängt: die Fähigkeit, das Licht zu Leben werden zu lassen. Der göttliche Gedanke kann sich durch die Seele verwirklichen und Gestalt annehmen.

So ist in der Tat die irdische Hochzeit nur das schwache Abbild der geistigen. Was sich in der geistigen Hochzeit vollzieht, ist die eigentliche Wirklichkeit, Voraussetzung für die Vorgänge im irdischen Bereich. Man wird den Verfasser dieses Textes und viele andere Autoren, die die irdische Hochzeit als Symbol zur Verdeutlichung der geistigen benutzen, daher sicher nicht als frivol ansehen. Es kommt ihnen in ihren Schriften und erst recht in der Praxis des Lebens nicht auf ein Schwelgen in sexuellen Phantasien an, sondern sie enthüllen anhand der irdischen Liebe den Kern des Weltgeschehens, der im Geist liegt und auf der irdischen Ebene nur seine Entsprechung findet.

Schon gleich zu Anfang unseres Textes und ebenfalls im Bild der irdischen Hochzeit wird nun aber auch das Problem der Bedingungen angesprochen, unter denen sich die geistige Hochzeit vollzieht. Die irdische Hochzeit kann nur Freude und Erfüllung geben, wenn die Umgebung die richtige Einstellung dazu hat. Es handelt sich bei der Vereinigung von Mann und Frau um einen Vorgang, der den Kern ihrer seelischen und körperlichen Beziehung, das „Mysterium der ehelichen Gemeinschaft", betrifft. Wenn die „Menge" dieses Mysterium nicht versteht, und über diese Vorgänge spottet, ist das Mysterium entweiht. Nur wenn die Menschen es verstehen und achten, können sich Mann und Frau ungetrübt ihrer Freude hingeben. Genauso ist es mit dem Mysterium der geistigen Hochzeit. Nur wenn es Menschen mit Pietät gibt, haben die Schüler der Mysterien die Möglichkeit, sich ohne Furcht vor Spott und Repressalien der Vorbereitung auf den Weg der Erleuchtung und dem Weg selbst hinzugeben. Ist aber die sie umgebende gesellschaftliche Wirklichkeit von Unverständnis gegenüber diesem Weg geprägt, ja von Feindschaft, dann sind das sehr erschwerende Faktoren für den einzelnen und für eine Gruppe.

Nach dieser Einleitung durch ein deutlich sprechendes Bild geht der Autor der Schrift dazu über, günstige und ungünstige gesellschaftliche Bedingungen für das eigentliche Ziel des Menschen darzustellen, sowie die Fähigkeit des Menschen zu charakterisieren, solche günstigen Bedingungen herzustellen. Um ihn zu verstehen, ist es notwendig, kurz sein Weltbild zu erläutern.

Er unterscheidet zwischen einer Sphäre des ursprünglichen Geistes, ausgedrückt in den Begriffen „Gott, Vater und Herr", und der materiellen Welt. Diese besitzt zwei Ebenen: den Himmel und die Erde, dazwischen liegt die Luft. Den Himmel bewohnen die „Götter". Er ist eine Sphäre des feinen Stoffes, man könnte sagen, der Energie. Die Erde bewohnen die Menschen. Sie sind aus dichter Materie aufgebaut. Das „Luftreich" dazwischen ist das Gebiet der Dämonen und das Reich, in dem sich die Toten zu weiterer Läuterung oder zu „Bestrafung" aufhalten. Die Erde ist vom Himmel, also der Wirksamkeit der Götter, abhängig.

Die Welt der Materie – Himmel, Erde und Luft – ist in allen ihren Ebenen zweipolig. Es gibt Götter, die für positive Entwicklungen auf der Erde zuständig sind, beispielsweise das Wachstum der Pflanzen, den Wechsel der Jahreszeiten, die Schönheit der Natur, Harmonie unter den Menschen, Gesundheit usw. Andere wirken zerstörerisch und lösen auf, was geworden ist. Sie sind für Erscheinungen wie Krankheit und Tod verantwortlich. Überhaupt sind die „Götter" nichts anderes als Verkörperungen von in der sichtbaren Materie wirkenden feinen, unsichtbaren Kräften und Gesetzen, gewissermaßen Naturgesetze und Naturkräfte, die in allem Materiellen und Lebendigen wirken, es erhalten und entwickeln. Dennoch sind diese Naturgesetze und -kräfte nicht abstrakt, sondern wesenhaft, eben „Götter". Man könnte sich vorstellen, daß ein Naturgesetz ein „Gedanke" einer solchen Gottheit ist, der allem natürlichen Sein zugrundeliegt und einen bestimmten Aspekt regelt, während Naturkräfte die seelischen Eigenschaften dieser Gottheiten sind. Ordnen doch auch die Menschen ihr Leben durch feste Grundsätze und halten es durch seelische Energien in Gang. Aber die Götter sind unsichtbar und feinstofflich. Sie haben keinen irdischen Leib wie die Menschen. Sie sind nur „Haupt", wie der Text sagt, nur Gedanke und Empfindung. Sie sind überdies leidenschaftslos und in ihrem Bewußtsein ungetrübt von Einflüssen der schweren, dichten Materie. Deshalb müssen sie nicht lernen und erkennen, sie sind reines Bewußtsein und Erkenntnis.

Zweipolig ist auch die Ebene der dichten Materie mit ihren Gegensätzen von hell und dunkel, gut und böse, Leben und Tod. Sie ist aber zweipolig noch in einem anderen Sinn. Denn der Mensch ist einerseits ein Gedanken- und Seelenwesen und enthält in sich sogar den

Keim zur Unsterblichkeit, andererseits ist er ein Wesen mit einem dichtmateriellen Leib. Dieser Leib erfüllt ihn mit Bedürfnissen und Leidenschaften, die das klare Erkennen der Seele behindern, ja unmöglich machen können. Insofern ist der Mensch als leibliches Wesen sterblich. Er kann aber durch Lernen und Erkennen unabhängig von den Leidenschaften und Bedürfnissen des dichten Körpers werden, wie die Götter frei in Gedanken und Seelenleben existieren, und dadurch sogar über die feine Materie hinaus zur Unsterblichkeit im Geist aufsteigen.

Zweipolig ist schließlich auch die zwischen Himmel und Erde liegende Sphäre der „Luft", in der es helfende Dämonen gibt, die gute Menschen nach ihrem Tod geleiten, und strafende Dämonen, die böse Menschen strafen.

Nun läßt sich die menschliche Gesellschaft so organisieren, daß die Götter sich in ihr ausdrücken, also eine harmonische Wechselwirkung zwischen den positiven und negativen, den aufbauenden und auflösenden Gesetzen und Kräften des Alls auch in der Gesellschaft zur Geltung kommt. Die Menschenwelt wird dann zum Bild der Götterwelt, die Erde zum Bild des Himmels. Die Angelegenheiten des menschlichen Lebens, Geburt und Tod, Gesundheit und Krankheit, Wachstum und Alter, Entwicklung und Auflösung der Kultur usw. vollziehen sich dann im Einklang mit den Gesetzen des Himmels. In diesem Fall wird die Welt als ein „Wunderwerk" erfahren. Und die in ihr lebenden Menschen nehmen die Gesetze des Lebens und des Todes an, ohne dagegen aufzubegehren.

Das aber bedeutet auch eine günstige Situation für die Etablierung von Mysterienschulen und das Gehen des Mysterienweges durch einzelne dafür disponierte Menschen. Man wird in dieser Menschengemeinschaft das „Wunderwerk" der Welt als eine Einrichtung des Geistes erfahren, in der die Menschen durch Lernen und Erkennen zur Freiheit von Leidenschaften und Materie gelangen sollen, um dann im frei gewordenen Bewußtsein zur Erfahrung des Geistes selbst aufzusteigen: zur Erleuchtung. Alle für diesen Weg noch nicht reifen Menschen werden doch diesen Weg als etwas Heiliges achten und allen, die für ihn in Frage kommen, keine Steine in den Weg legen, ja sie fördern. Und sie selbst werden alles tun, um durch Lernen und Erkenntnis doch allmählich die Voraussetzungen für diesen Weg zu schaffen. Institutionen politischer, wirtschaftlicher und erzieherischer Art dienen in einer solchen Gesellschaft diesen Zielen. Es wird auch religiöse Einrichtungen geben, die der Vorbereitung auf den geistigen Weg dienen, und andere, in denen der geistige Weg von den dazu Gereiften gegangen wird: die Mysterienstätten. Und niemals werden die zur Vorbereitung dienenden religiösen Einrichtungen sich als Selbstzweck betrachten oder einen Menschen, der die Vorbereitung abgeschlossen hat, am Übergang in eine Mysterienschule hindern.

„Ägypten" ist in unserem Text das Modell für eine solche Gesellschaft. „Weißt du nicht, daß Ägypten das Bild des Himmels ist?" Es scheint eine Zeit gegeben zu haben, da diese Bedingungen in Ägypten tatsächlich verwirklicht waren. Aber die Ordnung der Menschenwelt und der Gesellschaften kann auch verfallen. Es kommen Zeiten, in denen die Gesellschaft und die Erde im weiteren Sinne kein Abbild der Göttersphäre mehr sind. Die Leidenschaften und Bedürfnisse der Materie reißen die Herrschaft an sich. Es bestehen Streben nach Reichtum,

Macht, Ehre und Genuß auf der einen Seite, Sicherheitsbedürfnis auf der anderen Seite. Denn mit dem Verlust einer natürlichen Ordnung und der Emanzipation der Leidenschaften melden sich auch Unsicherheit und Angst und setzen sich durch. Alle Institutionen der Gesellschaft, ob politisch oder pädagogisch, wirtschaftlich oder religiös, werden diesen Zielen dienstbar gemacht. Die „Götter", die das All durchdringenden Gesetze und Kräfte, können in einer solchen Unordnung nicht mehr unmittelbar wirken: Die Ordnung des „Himmels" zieht sich aus den menschlichen Angelegenheiten zurück. Und Konflikte und Kampf aller gegen alle treten an ihre Stelle. „Leichen werden sich am Ufer des Stromes Ägyptens häufen."

Viele Züge des Bildes, das der Verfasser unseres Textes von einer solchen Welt entwirft, lassen sich in der Gesellschaft der Gegenwart erkennen. Die „bösen Engel", die Dämonen der Ideologien und Illusionen, werden die Menschen zu „rücksichtsloser Bosheit verführen", zu „Atheismus, Kriegen und Raubzügen", und „die Luft wird verseucht sein". Die „Ägypter" – in unserem Text die Menschen, die an eine Ordnung glauben, die „nicht im Gegensatz zur Natur" steht – haben keine Möglichkeit mehr, sich zu entfalten und ihrem Wesen Ausdruck zu geben. Die „Fremden", das sind die von Leidenschaften und Illusionen bestimmten Menschen, dominieren im Leben der Gesellschaften und Völker. Und den „Ägyptern" bleibt nichts anderes übrig, als sich den Lebensgewohnheiten der „Fremden" wenigstens äußerlich anzupassen, um überleben zu können. Die Welt ist durch die Taten der „Fremden" so verunstaltet, daß man sie kaum noch als „Wunderwerk" erkennen kann, sondern eher als „Last" empfindet. Denn Unordnung in Natur und Gesellschaft beeinträchtigt den Menschen in seinen Lebenäußerungen.

Was haben die „Ägypter" in einem solchen Fall für Chancen, einen Weg der Vorbereitung, des Lernens und Erkennens, und schließlich einen geistigen Weg zu gehen, der zur Erleuchtung führt? Man wird den „Frommen als geisteskrank ansehen und den Gottlosen als Weisen verehren". Das ist die Einstellung, die die große Mehrheit Einrichtungen entgegenbringt, die zur Vorbereitung auf den Weg der Mysterien oder zur Erfahrung der Mysterien selbst dienen. Wenn überhaupt solche Wege noch öffentlich organisiert werden können, ist es jedenfalls den Menschen, die sie gehen möchten, sehr erschwert, sie zu betreten. Die Bestimmung des Menschen, sich von den Einflüssen der Materie zu lösen und in einer Welt des Geistes bewußt zu werden und zu leben, wird unter solchen Umständen stark behindert.

Was aber ist es eigentlich, das den Menschen veranlaßt, sich in der einen oder anderen Weise zu entwickeln? Sich dem Ziel zu widmen, das ihm durch sein inneres Gesetz vorgegeben ist, oder sich der äußeren Welt zuzuwenden, die von Leidenschaften und den Bedürfnissen des Körpers bestimmt ist? Eine Gesellschaft zu organisieren, die die natürlichen Gesetze widerspiegelt und so zu einer Plattform wird, von der aus das eigentliche Ziel des Menschen möglichst günstig angestrebt werden kann, oder das Leben zwischen den Menschen und in der Natur nach den Forderungen der Leidenschaften und Illusionen zu regeln, so daß Chaos die Folge ist und der geistige Weg des Menschen behindert wird?

Es ist die Fähigkeit des Menschen, in ihm vorhandenen Gegebenheiten Ausdruck in der Materie zu verleihen: Abbilder zu schaffen. Er kann auf Erden „Götter nach seinem eigenen Bild erschaffen". Das ist „die eigentliche Stärke des Menschen". Der Mensch ist schöpferisch. Und was seine innersten Ziele, Motive und Vorstellungen sind, das kann er aus sich herausstellen. Aber die Geschöpfe, die er dadurch hervorbringt, sind ihm freundlich oder feindlich. Es liegt in seiner Macht, seine Umgebung und Zukunft zu bestimmen. Er kann sich selbst einen Tempel schaffen – ein „Ägypten", das Abbild der Gesetze des Himmels ist und ihm einen Weg in die Freiheit des Geistes eröffnet – oder ein Gefängnis, eine Welt, die Abbild seiner Leidenschaften und Größenwahnvorstellungen ist und ins Chaos führt. Im ersten Fall schafft er „Götter" nach dem in ihm liegenden Bild der Götter: Die Gesellschaft wird nach dem Bild der Götter organisiert. Im zweiten Fall schafft er „Götzen": Verhältnisse, die nichts Heilsames mehr an sich haben, sondern ihn wie ein Moloch verschlingen.

Trotzdem wirkt über allem, Menschen wie Göttern, das höchste Gesetz des Geistes. Es steht in Beziehung zu den Menschen, in denen die Bereitschaft und die Möglichkeit, den Weg zum Geist zu gehen oder sich auf ihn vorzubereiten, lebendig sind. Es wird diese Menschen trotz aller Ungunst der äußeren Verhältnisse niemals loslassen und im Stich lassen. Und es wirkt andererseits korrigierend. Auch die dichte Materie ist letzten Endes vom Geist erschaffen und von ihm abhängig. Wenn die in ihr entstehenden Leidenschaften sich zu sehr verselbständigen, schneiden sie sich selbst von ihrem Urquell ab und werden, abgesehen davon, daß sie sich in gegenseitigem Kampf zermürben, aus Mangel an Nahrung nach einem letzten Aufbäumen zugrunde gehen. Der Irrtum wird durch die Wahrheit vernichtet – und das Böse, die durch die Unordnung unerträglich gewordenen Verhältnisse, wird in „einer großen Flut untergehen", das heißt die Leidenschaften werden von ihrer eigenen Wut verschlungen. Oder das Böse wird „durch Feuer verzehrt", nämlich durch sein eigenes Feuer verbrannt, oder durch Kriege und Krankheiten zerstört.

Dadurch wird ein Neuanfang möglich werden. Der Mensch kann, durch Erfahrungen klug geworden, sein schöpferisches Vermögen so anwenden, daß er seiner eigentlichen Bestimmung günstige Bedingungen schafft. Auf diese Weise erhalten die „Ägypter", die „Frommen", wieder eine Entfaltungsmöglichkeit. Und ihr Wesen wird wiederhergestellt werden, in „einer Periode, die keinen Anfang kennt". Was heißt das? Das innerste Wesen des Menschen korrespondiert mit der Ewigkeit. Die Leidenschaften und der sterbliche Körper entsprechen der Zeit. Die Wiederherstellung der Frommen, das ist ihre endgültige Verbindung mit der Welt des Geistes, kann nur dadurch erfolgen, daß sie an das Ewige anknüpfen. Sie treten aus der Zeit heraus in eine Periode, „die keinen Anfang kennt".

Zusätzlich zur anziehenden Wirkung des Geistes und zu seiner reinigenden und aufbauenden Wirkung gibt es noch eine weitere Hilfe für die Menschen, die sie ihrer Bestimmung entgegendrängt – sowohl die Guten als auch die Bösen. Diese Hilfe besteht in einem besonderen Wissen. Wie könnte es auch anders sein, da doch der Mensch das Wesen ist, das sich durch die Fähigkeit des Lernens und Erkennens auszeichnet, wodurch es seiner Bestimmung entgegenwächst! Dieses besondere Wissen bezieht sich auf das Gesetz von Ursache und Wirkung, vor allem auf die Wirkungen, die im Leben gelegte Ursachen nach dem Tod haben. Hat der Mensch im Leben im Einklang mit den Gesetzen der Natur, den „Göttern", gelebt, so wird er auch nach dem Tod nicht mit diesen Gesetzen in Konflikt geraten. Sein Zustand entspricht ihnen ja. Wer aber nicht im Einklang mit diesen Gesetzen lebt, wird u.U. schon im Leben die entsprechende Korrektur erfahren, erst recht aber nach dem Tod. Und unser Text schildert wiederum, wie solche Korrekturen durch den großen Dämon der Luft – die Gesamtheit aller mit dem Gesetz nicht übereinstimmenden Gedanken, Wünsche und Taten eines Menschen – vorgenommen werden. Gedanken, Wünsche und Taten des Menschen vergehen nicht im Augenblick des Geschehens, sondern leben als Energien weiter – und begegnen ihm, da sie mit ihrem Erzeuger verbunden bleiben, in den feinstofflichen Gebieten der Welt wieder. Er wird sie dort als das erfahren, was sie sind: Aggressionen, Lügen, Bosheiten, Täuschungen, und wird unter diesen Energien leiden wie unter einer Folter.

Ein solches Wissen von den Ereignissen nach dem Tod wird den Guten unterstützen, seinem Weg treu zu bleiben. Den Bösen kann es daran hindern, auf seinem Weg fortzugehen. „Dies muß man glauben und sich davor fürchten, damit man nicht hineingerät." Nicht um den Menschen zu erschrecken, malt der Text also die nachtodlichen Erfahrungen mit so grellen Farben, sondern um ihn durch dieses Wissen vor sich selbst zu schützen. Aber wer es nicht glaubt, wird von diesem Wissen keinen Nutzen haben. Er wird „dann zwangsläufig daran glauben müssen". Und die Wirklichkeit wird ihn dann irgendwann doch so geläutert haben, daß auch er bereit ist zu lernen, zu erkennen, und sich schließlich auf den Weg der Mysterien, zur Hochzeit der Seele mit dem Geist, zu begeben.

Asklepios

„Und wenn du die Wirklichkeit dieses Mysteriums erblickst, erblickst du das wunderbare Vorbild der ehelichen Gemeinschaft, die zwischen Mann und Frau vollzogen wird. Denn wenn der Drang des Samens den Höhepunkt erreicht, springt der Same hervor. In diesem Augenblick empfängt die Frau die Stärke des Mannes. Der Mann seinerseits empfängt die Stärke der Frau, während der Same hervorspringt. Deshalb wird das Mysterium der ehelichen Gemeinschaft im geheimen vollzogen, damit sich die beiden Geschlechter vor den Augen der Menge, die dieses Geschehen nicht mitempfindet, nicht in Schande bringen. Denn jedes der beiden trägt seinen Teil zur Zeugung bei. Und wenn sich dies in Gegenwart von Menschen ereignet, die diesen Vorgang nicht verstehen, wirkt es lächerlich und unglaubwürdig. Und überdies handelt es sich um heilige Mysterien, sowohl in Worten als auch in Taten, weil sie nicht nur nicht gehört, sondern auch nicht gesehen werden.

Darum sind solche Menschen (die die Mysterien verspotten) Gotteslästerer. Sie sind gottlos und ohne Pietät. Aber von den anderen (die nicht spotten) gibt es nur wenige. Menschen mit Pietät sind selten. Die große Menge ist von Bosheit erfüllt, da sie nicht gelernt hat, was das

Gebot verlangt. Denn die Kenntnis des Gebotes bedeutet die sichere Genesung von den Leidenschaften der Materie. Lernen ist etwas, das sich aus Erkenntnis ergibt.

Doch wenn Unwissenheit herrscht und der Mensch in seiner Seele nicht lernt, bleiben die Leidenschaften in der Seele, und sie ist unheilbar. Und ein zusätzliches Übel tritt mit den Leidenschaften auf, nämlich eine unheilbare Verletzung der Seele. Und diese Wunde quält die Seele unaufhörlich, es ist, wie wenn in der Seele Würmer aus dem Übel erzeugt würden und alles zu stinken anfinge. Doch Gott ist nicht die Ursache für so etwas. *Er* sandte den Menschen Erkennen und Lernen."

„Trismegistos, sandte er sie nur zu den Menschen?"

„Ja, Asklepios, er sandte sie nur zu den Menschen. Und wir glauben, dir auch eine Erklärung schuldig zu sein, warum er nur den Menschen Erkennen und Lernen, die Zuteilung seines Guten, gewährte.

Höre also: Der Gott und Vater, also der Herr, schuf den Menschen, nachdem er die Götter erschaffen hatte, und er nahm den Stoff dazu aus dem Bereich der Materie. Materie ist also an der Erschaffung des Menschen [...] beteiligt, und in der Materie stecken auch die Leidenschaften. Daher überfluten sie unaufhörlich seinen Körper, denn dieses Lebewesen Mensch kann nur dadurch leben, daß es Nahrung zu sich nimmt – es ist ja sterblich. Unvermeidlich wohnen also seiner unwürdige und schädliche Leidenschaften in ihm. Die Götter brauchen kein Lernen und kein Erkennen, weil sie aus reinem Stoff ins Dasein getreten sind. Denn die Unsterblichkeit der Götter *besteht* in Lernen und Erkennen, da sie aus reinem Stoff ins Dasein getreten sind. Die Unsterblichkeit verleiht ihnen den Zustand des Erkennens und des Lernens. Dem Menschen aber mußte (Gott) eine Grenze setzen. Ihn stellte er (vor die Aufgabe) des Lernens und Erkennens.

Was dies betrifft (also Lernen und Erkennen), worüber wir schon anfangs gesprochen haben, so vervollkommnete sie (Gott), damit der Mensch dadurch seine Leidenschaften und Übel entsprechend dem Willen Gottes zähme. Er versetzte die sterbliche Existenz (des Menschen) in die Unsterblichkeit. Der Mensch wurde gut und unsterblich, wie ich schon gesagt habe. Denn (Gott) schuf eine zweifache Natur für ihn: die unsterbliche und die sterbliche.

So geschah es nach dem Willen Gottes, daß Menschen besser als Götter sein können, da zwar die Götter unsterblich sind, aber nur die Menschen sowohl unsterblich als auch sterblich. Deshalb wurde der Mensch den Göttern verwandt, und jeder der beiden hat dann Einblick in die Angelegenheit des anderen. Die Götter erkennen die Angelegenheiten der Menschen und die Menschen die Angelegenheiten der Götter. Ich spreche jetzt aber nur über diejenigen Menschen, Asklepios, die Lernen und Erkennen erlangt haben. Über alle, die bar jeder Erkenntnis und leer sind, sollten wir weiter keine Worte verlieren, da wir selbst göttlich sind und uns mit heiligen Dingen beschäftigen.

Da wir gerade das Thema des Austausches zwischen Göttern und Menschen erörtern, erfahre jetzt auch, Asklepios, worin die eigentliche Stärke des Menschen besteht. Denn ebenso, wie der Vater, der Herr des Alls, Götter erschafft, so erschafft auch der Mensch, dieses sterbliche, irdische Lebewesen, das Gott nicht gleich ist, Götter. Er gibt nicht nur Stärke, sondern er wird auch selbst gestärkt. Er ist nicht nur Gott, sondern er erschafft sich auch Götter. Wunderst du dich darüber, Asklepios? Bist du jetzt ebenso ungläubig wie die Menge der Ungläubigen?"

„Nein, Trismegistos, ich stimme dem zu, was du sagst. Und ich glaube, was du sagst. Aber trotzdem bin ich auch erstaunt über deine Worte. Und ich muß sagen: Der Mensch ist tatsächlich gesegnet, wenn er sich einer so großen Stärke erfreuen darf."

„Und was stärker ist als alles andere, Asklepios, ist ja wirklich aller Bewunderung wert.

Es wird uns also alles offenbart, was das Geschlecht der Götter betrifft, und wir bekennen mit allen anderen, daß es aus reinem Stoff ins Dasein getreten ist. Ihre Körper bestehen nur aus dem Haupt. Was aber die Menschen erschaffen, ist das Bildnis der Götter (in der Materie). Denn die Götter stammen aus dem entferntesten (feinsten) Teil der Materie, aber (das Bildnis) stammt vom äußeren Dasein der Menschen (von der groben Materie). Und was die Menschen erschaffen, sind nicht nur die Häupter, sondern auch alle anderen Glieder des Körpers, entsprechend ihrem Bildnis. Ebenso wie Gott gewollt hat, daß der innere Mensch nach seinem Bild geschaffen würde, so erschafft der Mensch auf Erden Götter nach seinem eigenen Bild."

„Trismegistos, du sprichst jetzt aber nicht über die Götzen, nicht wahr?"

„Asklepios, du selbst bist es, der von Götzen spricht. Du siehst, daß du selbst, Asklepios, jetzt meinen Worten wieder nicht glaubst. Du sagst von jenen, die Seele und Atem haben, es seien Götzen – also von jenen, die so gewaltige Ereignisse verursachen. Du sagst von jenen, die Prophezeiungen machen, es seien Götzen – von jenen, die den Menschen Krankheit und Heilung bringen, (es seien Götzen)!

Weißt du nicht, Asklepios, daß Ägypten das Bild des Himmels ist? Es ist auch die Wohnstätte des Himmels und aller Kräfte, die im Himmel sind. Um die Wahrheit zu sagen: Unser Land ist der Tempel der Welt. Und es ist deine Pflicht, nicht unwissend darin zu sein, daß die Zeit kommen wird, da es so aussehen wird, als ob die Ägypter der Gottheit vergeblich gedient haben und all ihr religiöser Eifer zuschanden wird. Denn alles Göttliche wird dann Ägypten verlassen und in den Himmel hinauffliehen. Ägypten wird zur Witwe werden, verlassen von den Göttern. Denn Fremde werden in Ägypten eindringen und darüber herrschen. O Ägypten! Ja man wird die Ägypter dann sogar daran hindern, Gott anzubeten. Und die äußerste Katastrophe wird über sie kommen, besonders über alle, die man beim Beten zu Gott und der Verehrung Gottes antrifft.

Und in diesen Tagen wird das Land, das frömmer als andere Länder war, gottlos werden. Es wird nicht mehr voller Tempel sein, sondern voller Gräber, und nicht mehr voller Götter, sondern voller Leichen. O Ägypten! Ja Ägypten wird wie eine Fabel sein. [...] Und die Barbaren werden religiöser sein als du, Ägypten, seien es Skythen, Hindus oder andere dergleichen.

Und was soll ich über die Ägypter selbst sagen? Denn sie werden Ägypten nicht verlassen. Wenn die Götter das Land Ägypten verlassen haben und zum Himmel hinaufgefahren sind, werden die Ägypter sterben. So wird Ägypten von Göttern und Ägyptern zur Wüste gemacht werden. Und was dich betrifft, du Strom Ägyptens, so wird der Tag kommen, da mehr Blut als Wasser in dir fließt. Und Leichen werden sich an dir häufen, höher als die Dämme. Und die Toten wird man weniger beklagen als die Lebenden. Der Lebende wird in der zweiten Zeitperiode nur an seiner Sprache als Ägypter erkannt werden. – Asklepios, warum weinst du jetzt? – In seinen Lebensgewohnheiten wird er wie ein Fremder aussehen.

Aber das göttliche Ägypten wird noch größere Übel erleiden müssen als diese. Ägypten, das Gott liebt, Wohnstätte der Götter, Schule der Religion, wird ein Beispiel der Gottlosigkeit sein.

Und in diesen Tagen wird man die Welt nicht bewundern [...].

(Die Welt) wird dann weder ein einzigartiges Gebilde noch eine großartige Erscheinung mehr sein. Sondern es besteht dann die Gefahr, daß sie zu einer Last für alle Menschen wird. Daher wird man sie verachten – die herrliche Welt Gottes, sein unvergleichliches Werk, die große Kraft, in der seine Güte wirkt, die vielgestaltige Erscheinung, der Überfluß, der auf nichts neidisch ist und jede Erscheinung enthält.

Finsternis wird man dem Licht vorziehen und Tod dem Leben. Niemand wird mehr zum Himmel aufblicken. Und den Frommen wird man als geisteskrank ansehen und den Gottlosen als Weisen verehren. Der Mensch, der sich fürchtet, wird dann für stark gehalten und der gute Mensch wie ein Verbrecher bestraft.

Und die Seele und was mit ihr zusammenhängt und was mit der Unsterblichkeit zusammenhängt und all das übrige, was ich schon gesagt habe, Tat, Asklepios und Ammon – man wird sich nicht nur darüber lustig machen, sondern es auch zum bloßen Hirngespinst erklären. Glaube mir: Menschen dieser Art laufen die größte Gefahr für ihre Seele. Und man wird ein neues Gesetz aufstellen. [...] Die bösen Engel werden sich bei den Menschen aufhalten und unter ihnen wohnen und sie zu rücksichtsloser Bosheit verführen; auch zum Atheismus, zu Kriegen und Raubzügen, alles dadurch, daß sie Dinge lehren, die im Gegensatz zur Natur stehen.

In diesen Tagen wird die Erde schwanken, und der Mensch wird das Meer nicht befahren noch die Sterne am Himmel kennen. Jede heilige Stimme des Wortes Gottes wird zum Schweigen gebracht und die Luft verseucht sein. Das ist das Greisenalter der Welt: Gottlosigkeit, Korruption und Mißachtung aller edlen Worte.

Und wenn all das geschehen ist, Asklepios, entwirft der Herr, der Vater und alleinige erste Gott, Gott der Schöpfer, sobald er sieht, was da geschieht, seinen Plan gegen die Unordnung: einen guten Plan. Er nimmt den Irrtum hinweg und zerstört das Böse. Manchmal läßt er es in einer großen Flut untergehen, zu anderen Zeiten durch Feuer verzehren, und dann wieder vernichtet er es durch Kriege und Pestilenz [...]. Das ist die Geburt der (neuen) Welt.

Die Wiederherstellung des Wesens der Frommen, die gut sind, wird in einer Periode stattfinden, die keinen Anfang kennt. Denn der Wille Gottes kennt keinen Anfang, wie auch sein Wesen, das sein Wille ist, keinen Anfang kennt. Denn das Wesen Gottes ist sein Wille. Und sein Wille ist das Gute."

„Trismegistos, ist Absicht also Wille?"

„Ja, Asklepios, da Wille sich in Beschlüssen kundtut. Denn wie sieht das aus, was (Gott) besitzt? Er ‚will' ja nicht deshalb, um einen Mangel zu beseitigen. Er ist in jedem seiner Teile vollständig, und daher will er nur das, was er schon in Fülle besitzt. Er besitzt alles Gute. Und was er will, das will er. Und er besitzt das Gute schon, das er will. Darum besitzt er alles. Und Gott will, was er will. Und die gute Welt ist ein Bildnis dessen, der allein gut ist."

„Trismegistos, ist die Welt gut?"

„Asklepios, sie ist gut insofern, als ich es

dich lehre. [Gut ist] der Wechsel der Jahreszeiten, die Schönheit und das Reifen der Früchte und Dinge ähnlicher Art. Aus diesem Grund regiert Gott über die Höhen des Himmels. Er ist überall und übersieht alles. Und dort, wo er sich befindet, ist weder Himmel noch Stern. Und er ist fern vom Körper.

Der Schöpfer dagegen regiert in dem Raum zwischen Erde und Himmel. Er heißt Zeus, was ‚Leben' bedeutet. Plutonios Zeus ist Herr über Land und Meer. Aber nicht er ist es, der die Nahrung für alle sterblichen Lebewesen bereithält, denn das ist Kore, die Frucht bringt. Diese Kräfte wirken stets im Kreislauf der Erde, aber alle anderen Kräfte stammen nur von dem, der wahrhaft *ist*.

Und die Herren der Erde werden sich dann zurückziehen. Sie werden sich in einer Stadt niederlassen, die in einem Winkel Ägyptens liegt und gegen den Untergang der Sonne zu gebaut ist. Alle werden sich in sie begeben, sei es, daß sie vom Meer, sei es, daß sie vom Land kommen."

„Trismegistos, wo sind diese jetzt angesiedelt?"

„Asklepios, in der großen Stadt, die im libyschen Gebirge liegt [...]. Denn der Tod hält seine Ernte, und er ist die Lösung der Leiden des Körpers und die Lösung der Zahl des Körpers, denn der Tod vervollständigt die Zahl des Körpers. Der Körper stirbt, wenn er nicht mehr fähig ist, den Menschen zu beherbergen. Und das ist der Tod: die Auflösung des Körpers und die Zerstörung der Wahrnehmung des Körpers. Und niemand braucht sich davor zu fürchten oder überhaupt wegen dieser Tatsache zu fürchten, sondern in Furcht gerät man nur, wenn man etwas nicht kennt und nicht glaubt.

Höre, Asklepios! Es gibt einen großen Dämon. Der große Gott hat ihn dazu bestimmt, die Seelen der Menschen zu bewachen oder zu richten. Und Gott hat ihn in die Mitte der Luft zwischen Erde und Himmel plaziert. Wenn nun die Seele den Körper verläßt, trifft sie notwendig auf diesen Dämon. Der Dämon wird sofort auf (diesen Menschen) zueilen und prüfen, welchen Charakter er im Leben entwickelt hat. Und wenn er findet, daß er alle Handlungen, für die er auf die Welt kam, in Frömmigkeit ausgeführt hat, wird der Dämon ihm den Durchzug erlauben [...]. Doch wenn er nur [Übel] in ihm erblickt und bemerkt, daß er sein Leben mit bösen Taten zugebracht hat, packt ihn der Dämon, während er nach oben zu entfliehen sucht, und wirft ihn wieder hinunter, so daß er zwischen Himmel und Erde hängenbleibt und große Strafe erleidet. Und er wird jeder Hoffnung beraubt sein und große Pein leiden.

So wird also diese Seele weder auf die Erde

noch in den Himmel gebracht. Sie gerät ins offene Luftmeer der Welt, an den Ort, wo ein großes Feuer brennt und Eiswasser flutet und Feuer und Empörung wogen. Die Körper werden dort auf unterschiedliche Art gepeinigt. Manchmal werden sie ins schäumende Wasser geworfen, manchmal ins Feuer, das sie vernichten soll. Ich will damit nicht sagen, daß das den Tod der Seele bedeutet, denn sie ist vom Bösen (der Materie) befreit, aber es ist wie ein Todesurteil.

Asklepios, dies muß man glauben und sich davor fürchten, damit man nicht hineingerät. Denn die Ungläubigen sind gottlos und begehen Sünden. Danach werden sie dann zwangsläufig glauben *müssen* und werden nicht nur von der Wirklichkeit hören, sondern sie auch unmittelbar erleben. Denn sie hatten fortwährend geglaubt, sie würden das alles nicht erdulden müssen.

[...]

„Trismegistos, worin besteht die Ungerechtigkeit dort?"

„Stelle dir vor, Asklepios, daß jemand etwas aus einem Tempel raubt. So jemand ist gottlos. Denn er ist ein Dieb und ein Räuber. Eine solche Tat betrifft Götter und Menschen. Aber vergleiche nicht die hier (im Diesseits) lebenden mit denen am anderen Ort.

Diese Worte möchte ich dir alle im Vertrauen sagen. Denn niemand wird sie glauben. Denn die Seelen, die voller Bosheit sind, werden sich nicht frei in der Luft aufhalten, sondern an die Orte der Dämonen gebracht werden, die mit Qualen und mit Blut und Mord gefüllt sind. Ihre Speise wird Weinen, Klagen und Heulen sein."

„Trismegistos, wer sind diese Dämonen?"

„Asklepios, sie heißen die Würger, die die Seelen in den Kot wälzen, sie foltern, sie ins Wasser werfen, sie ins Feuer werfen und alles menschenmögliche Leid und Unglück über sie bringen. Denn Wesen dieser Art stammen weder von einer göttlichen Seele noch von einer vernünftigen menschlichen Seele ab. Sie stammen vom furchtbaren Bösen ab."

Die Sprüche des Sextus

Zu den „Sprüchen des Sextus"

Ein ausführlicher Kommentar zu den „Sprüchen des Sextus" ist nicht notwendig. Sie sprechen für sich und beschreiben zusammenfassend das Leben des Weisen oder Gläubigen – des „Selbsterzeugten" in der Terminologie der vorhergehenden Texte –, der sich seinem Lebensziel, der Erleuchtung durch Gott, zu nähern sucht. Denn er weiß, daß er in seinem Körper „etwas Gottgleiches" hat und daß „eine gute Seele der Sitz Gottes" ist. Wenn er aus dem Verlangen, Gott ähnlich zu sein, lebt, werden aus Wissen und Verlangen gute Taten folgen. Gute Taten sind Preisgabe all dessen, was von Gott abhält, und Verrichten all dessen, was näher zu Gott bringt. Deshalb: „Erkenne das Gute, damit du das Gute auch tust." Und solche Taten wirken zurück auf die Seele. Sie wird dadurch kräftiger und reiner, zum „Spiegel Gottes". Einst kommt dann der Augenblick, wo der Weise Gott – und sich selbst – erblickt: „Wenn du Gott siehst, wirst du dich selbst erblicken."

Die Sprüche des Sextus

1. Der gläubige Mensch ist der auserwählte Mensch.
2. Der auserwählte Mensch ist Mensch Gottes.
3. Gottes Mensch ist, wer Gottes würdig ist.
4. Gottes würdig ist, wer nichts tut, was Gottes unwürdig ist.
5. Bemühst du dich also, gläubig zu sein, so tue nichts, was Gottes unwürdig ist.
6. Der im Glauben wenig verläßliche (Kleingläubige) ist ungläubig.
7 a. Wer in der Prüfung des Glaubens zuverlässig (erfunden) ist, ist Gott in lebendigem Menschenleibe.
7 b. Wer unzuverlässig ist im Glauben, ist ein Toter im lebendigen Leibe.
8. Wahrhaft gläubig ist der Fehllose.
9. Selbst bis zu den kleinsten Dingen lebe gewissenhaft.
10. Denn nichts Kleines ist's, im Leben gegen das Kleine (zu verstoßen).
11. Sieh jede Sünde als gottlosen Frevel an.
12. Nicht Auge und Hand und dergleichen sündigt, sondern wer von Hand und Auge schlechten Gebrauch macht.
13. Jedes Glied des Körpers, das dich zur Unkeuschheit verleitet, wirf von dir. Denn besser ist's, ohne das Glied keusch, als mit dem Glied nichtswürdig zu leben.
14. Glaube, daß beim Gericht für dich die Ehren sowohl wie die Strafen ewig sein werden.

15. Sollte dir jemand alles, was du von der Welt hast, fortnehmen, so laß dich's nicht verdrießen.
16. Biete der Welt in dir keinen Angriffspunkt.
17. Außer der Freiheit laß ruhig deinen Mitmenschen dir alles fortnehmen.
18. Der besitzlose Weise ist Gott gleich.
19. Der Dinge der Welt bediene dich nur zur (Befriedigung des) eben Notwendigen.
20. Gib gewissenhaft der Welt, was der Welt, und Gott, was Gottes ist.
21. Glaube, daß du deine Seele von Gott als Treugut (erhalten) hast.
22. Wenn du von Gott sprichst, (so bedenke,) du wirst von Gott gerichtet.
23. Als beste Sühnung sieh an, niemandem Unbill zuzufügen.
24. Die Seele wird vom Weisen durch das Wort Gottes gereinigt.
25. Laß dir nicht einreden, daß das Wesen Gottes unempfindbar ist.
26. Insofern Gott selbstbewegter Geist ist, hat er ebenso auch Bestand.
27. Gottes Größe ergründest du nicht, und wenn du mit Flügeln flögest.
28. Gottes Namen suche nicht, denn du wirst ihn nicht finden. Alles, was einen Namen erhält, wird von dem Mächtigeren benannt, damit eines ruft, das andere gehorcht. Wer ist's nun, der Gott benannt hat? „Gott" ist keine Name Gottes, sondern nur eine Vorstellung, die wir uns von Gott machen.
29. Suche also an Gott nichts, was es (an Gott) nicht gibt.

30. Gott ist das weise Licht, das für das Gegenteil keinen Raum hat.
31. Gott hat alles, was er getan hat, um der Menschen willen getan.
32. Der Engel ist Gottes Diener im Interesse des Menschen; auf niemanden sonst nämlich erstreckt sich seine Tätigkeit. Der Mensch genießt also bei Gott höhere Wertung als der Engel.
33. Das erste (Wesen), das nämlich, welches wohltut, ist Gott; das zweite, dem wohlgetan wird, ist der Mensch.
34. Lebe also auch als der, der (im Range) gleich nach Gott kommt.
35. Als Auserwählter hast du in deinem Körper etwas Gottgleiches. Behandle also den Körper als Tempel Gottes.
36. Dem Gläubigen gibt Gott die gottgemäße Freiheit (des Handelns), die reine also gibt er ihm und fehllose.
37. Die Welt soll dein(e) Leben(sführung) hochachten.
38. Biete niemandem in dir einen Angriffspunkt.
39. Den Bösewicht züchtigt nach Befreiung vom Leib ein böser Dämon, bis er auch den letzten Heller eingezogen hat.
40. Glückselig der Mann, dessen Seele auf der Reise zu Gott niemandem etwas anhaben wird.
41. Was du über alles schätzest, das wird über dich Gewalt haben.
42. Schätze das Beste, damit du vom Besten auch beherrscht wirst.

43. Wenn du von dem Besten beherrscht wirst, wirst du selbst über das herrschen, was immer du wünschen magst.
44. Die größte Ehrung für Gott besteht in der Erkenntnis Gottes und in der Angleichung an ihn.
45. Gott gleich ist zwar nichts, am wohlgefälligsten aber ist ihm das, was ihm nach besten Kräften angeglichen wird.
46 a. Die Seele des Frommen ist ein heiliger Tempel Gottes.
46 b. Der beste Altar für Gott ist ein reines und sündloses Herz.
47. Das einzig angenehme Opfer für Gott besteht darin, den Menschen um Gottes willen wohlzutun.
48. Der Mensch handelt Gott wohlgefällig, der nach besten Kräften Gott gemäß lebt.
49. Gott bedarf nichts, der Gläubige bedarf allein Gottes.
50. Dem Bedürfnislosen (also Gott) eifert nach, wer, sofern es überhaupt unvermeidlich, nur des Wenigen bedarf.
51. Bestrebe dich, groß bei Gott, bei den Menschen aber untadlig zu sein.
52. Bist du gütig gegen die Bedürftigen, so dürftest du groß bei Gott sein.
53. Der Weise findet im Leben bei den Menschen nur wenig Beachtung; nach dem Tod erst wird sein Ruhm gesungen.
54. Die Zeit, in der du nicht an Gott gedacht hast, sieh für verloren an.
55. Dein Leib allein weile auf Erden, deine Seele sei stets bei Gott.

56. Erkenne das Gute, damit du das Gute auch tust.
57a. Die Gesinnung des Menschen ist Gott nicht verborgen.
57b. Deine Gesinnung sei rein von allem Bösen.
58. Sei würdig dessen, der dich des Namens „Sohn" für würdig erachtet hat, und handle in allem wie Gottes Sohn.
59. Wenn du Gott Vater nennst, so gedenke dessen bei deinen Handlungen.
60. Ein reiner und sündloser Mann hat bei Gott Macht wie Gottes Sohn.
61. Eine gute Seele ist Sitz Gottes.
62. Eine schlechte Seele ist Sitz des Schlechten.
63. Wenn du den Ungerechten vom Unrechttun abbringst, bestrafst du ihn im Sinne Gottes.
64. Strebe nicht, gerecht zu scheinen, sondern zu sein; denn der Schein beraubt einen jeden des Seins.
65. Liebe die Gerechtigkeit um ihrer selbst willen.
66. Du kannst nicht heimlich vor Gott Unrecht tun, ja nicht einmal denken.
67. Der keusche Mann gilt vor Gott als rein.
68. Fliehe die Zuchtlosigkeit.
69. Übe dich in ruhiger Überlegung.
70. Beherrsche deine Gelüste.
71a. Meistere den Leib in allem.
71b. Aus der Genußsucht (entspringt die) Zuchtlosigkeit; (ihr) wirst du nicht entgehen.
72. Den Genußsüchtigen erhört Gott nicht.
73. Des Schwelgens Ende ist das Verderben.
74. Deine Vernunft sei der Taten Führerin.

75a. Das Schrecklichste ist, Sklave der Leidenschaften zu sein.
75b. So viele Leidenschaften die Seele hat, ebenso viele Herren hat sie auch.
76. Liebe zum Geld beweist Liebe zum Körperlichen.
77. Erwirb dir, was der Seele eignet, da es von sicherer (Dauer) ist.
78. Sage dich los von den Dingen des Körpers, soweit du dessen nur fähig bist.
79. Als angemessen sieh allein das Gute an.
80. Wie du beim Beten sein willst, so sei immer.
81. Wenn du deinen schönsten Besitz mit Überlegung in den Kot geworfen hast, dann bist du rein, und dann erst bitte Gott um etwas.
82a. Wie du bei Gott sein willst, so sei jetzt schon.
82b. Verachte die Güter dieser Welt, indem du von ihnen mitteilst.
82c. Gedenke, daß du (im Range) nach Gott kommst.
82d. Die Seele des Gottesfürchtigen ist Gott im Leibe.
82e. Wer von Gott schlecht denkt, beschmutzt Gott.
83. Eine Lästerzunge beweist schlechte Gesinnung.
84. Besitze eine Zunge, die Gutes redet, besonders über Gott.
85. Es vermag niemand Gott Böses zuzufügen;

(unter den Sündern) ist der gottloseste aber der Lästerer; denn vermöchte er es, so täte er es auch.

86 a. Enthaltsamkeit ist das Fundament der Frömmigkeit.
86 b. Das Ziel der Frömmigkeit ist die Freundschaft zu Gott.
87. Behandle den Frommen wie dich selbst.
88. Bitte, daß dir zuteil werde, nicht, was du willst, sondern was nottut und dir frommt.
89. Wie du willst, daß dich die Menschen behandeln, so behandle auch du sie.
90. Was du tadelst, das tue nicht.
91. Niemand soll dich überreden, irgendwie gegen das Bessere zu handeln.
91 a. Laß dich's nicht verdrießen, wenn jemand, was dir gegeben ist, wieder wegnimmt.
92. Was Gott gibt, nimmt niemand weg.
93. Überlege vor der Tat und prüfe, was du tust, damit du nicht treibst, was man nicht darf.
94. Wovon du bei deinem Tun nicht willst, daß Gott es wisse, das tue auch nicht.
95 a. Vor allem, was du tust, denke an Gott.
95 b. Dein Licht sei deiner Taten Führer.
96. Der größte Frevel gegen Gott ist die Verführung eines Menschen.
97. Die Seele wird durch die Betrachtung Gottes erleuchtet.
98. Übe Selbstgenügsamkeit.
99. Trachte nicht danach, alles (zu besitzen).
100. Erforsche eifrig die Ursachen des Schönen.
101. Was den Leib angeht, das liebe nicht.

102. Unrein macht den Menschen schändliches Tun.
103. Reinigung verleiht der Seele die Widerlegung des Irrwahns.
104. Gott ist den Menschen Führer zu schönen Taten.
105. Halte niemanden für deinen Feind.
106 a. Liebe das dir Wesensverwandte.
106 b. Liebe deinen Gott, auch noch vor deiner Seele.
107. Es ist schwer, daß Sünder sich zusammenfinden, ohne zu sündigen.
108 a. Viele Nahrung ist der Keuschheit abträglich.
108 b. Unmäßigkeit im Essen macht unrein.
109. Die Verwendung alles Tierischen (zur Nahrung) ist etwas Indifferentes, vernünftiger jedoch ist die Enthaltung.
110. Nicht Speise und Trank, die durch den Mund eindringen, beflecken den Menschen, sondern was aus seinem schlechten Charakter herausdringt.
111. Die Speise, die du ‚von Begierde' besiegt zu dir nimmst, beschmutzt dich.
112. Befleißige dich nicht, der Menge zu gefallen.
113. Für all deine guten Taten sieh Gott als den Urheber an.
114. Am Schlechten ist Gott unschuldig.
115. Erwirb nicht mehr, als der Körper verlangt.
116. Gold errettet die Seele nicht vom Übel.
117. Zum Schwelgen bist du von Gott nicht geschaffen worden.
118. Erwirb, was niemand dir nehmen (kann).

119. Das Notwendige trage als notwendig.
120. Übe Seelengröße.
121 a. Nach dem, um dessen Verachtung willen du mit gutem Grunde gelobt wirst, strebe nicht.
121 b. Worauf du mit gutem Grunde stolz bist, das besitze (behalte).
122. Bitte Gott um das, was Gottes würdig ist.
123. Die Vernunft in dir nimm zur Richtschnur deines Lebens.
124. Erbitte von Gott, was du von einem Menschen nicht erhalten könntest.
125. Wozu der Weg nur an Hand mühsamen Strebens führt, das erbitte dir als Lohn für dein mühsames Streben.
126. Das Gebet des Leichtfertigen ist nichtiges Gerede.
127. Wessen du nach Befreiung vom Körper nicht bedarfst, das verachte.
128. Einen Besitz, den du nicht behalten kannst, erbitte nicht von Gott.
129. Gewöhne deine Seele, nächst Gott von sich selbst hoch zu denken.
130. Schätze nichts von dem, was ein Bösewicht dir fortnehmen kann.
131. Als gut sieh allein an, was Gott angemessen ist.
132. Was Gottes würdig ist, steht auch einem guten Menschen an.
133. Was nicht zur Glückseligkeit Gottes paßt, paßt auch nicht zu der des Menschen.
134. Wolle das, was auch Gott wollen könnte.
135. Gottes Sohn ist, der das allein hochschätzt, was auch Gott hochschätzt.

136. Solange der Körper noch Begierden unterliegt, ist die Seele in Unkenntnis über Gott.
137. Verlangen nach Besitz ist der Habsucht Anfang.
138. Aus Eigenliebe entspringt Ungerechtigkeit.
139 a. (An sich) bedeutet der Körper nur eine geringe Belästigung für die Seele.
139 b. (Erst) der Hang zur Lust macht den Körper unerträglich.
140. Alles Übermaß ist dem Menschen feindlich.
141. Wenn du liebst, was man nicht soll, wirst du nicht lieben, was man soll.
142. Bemühst du dich um das Unschöne, so wird dir das Schöne verborgen bleiben.
143. Des Weisen Seele weilt stets bei Gott.
144. In des Weisen Seele wohnt Gott.
145. Den Weisen erkennt man (schon) an wenigem.
146. Jegliche Begierde [nach jeglichem] ist unersättlich, also auch unerfüllbar.
147. Das Weise ist stets sich selbst gleich.
148. Gott erkennen und ihm ähnlich sein, genügt zum Glück.
149. Schlechte werden durch Schmeicheleien noch schlechter.
150. Durch Lob wird die Schlechtigkeit unerträglich.
151. Deine Zunge folge deiner Überlegung.
152. Es ist ratsamer, unbedacht einen Stein zu werfen, als ein Wort.
153. Überlege vor dem Reden, damit du nicht redest, was sich nicht gehört.
154. Worte ohne Überlegung sind leerer Schall.

155. Geschwätzigkeit bleibt nicht vor Sünde bewahrt.
156. Neben der Kürze der Rede geht die Weisheit einher.
157. Weitschweifigkeit der Rede ist ein Zeichen von Unbildung.
158. Liebe die Wahrheit.
159. Die Lüge behandle wie Gift.
160. Laß dich bei deinen Worten vom rechten Zeitpunkt leiten.
161. Sprich, wenn Schweigen nicht frommt.
162 a. Über das, was du nicht weißt, schweige.
162 b. Über das, was du weißt, sprich, wenn's nötig ist.
163. Eine Rede zu unpassender Zeit ist ein Beweis übler Gesinnung.
163 a. Wenn's zu handeln gilt, rede nicht.
164. In der Versammlung dränge dich nicht danach, als Erster zu reden.
164 a. Reden und Schweigen sind dieselbe Kunst.
165. Besser die Wahrheit sagen und unterliegen, als mit Täuschung obsiegen.
165 a. Wer durch Täuschung siegt, wird durch die Wahrheit besiegt.
165 b. Lügenreden sind die Zeugen der Schlechten.
165 c. (Es muß schon) eine große Not (sein), der die Lüge ansteht.
165 d. Wenn du dich durch Wahrhaftigkeit vergehst, so wirst du dich unbedingt in diesem Falle durch Lügen nicht vergehen.
165 e. Täusche niemanden, besonders aber den nicht, der dich um deinen Rat angeht.

165f. Wenn du mit mehreren redest, wirst du eher das Ersprießliche erkennen.
166. Der Glaube ist Führer zu allen guten Handlungen.
167. Die Weisheit geleitet die Seele zu Gott.
168. Der Weisheit ist nichts verwandter als die Wahrheit.
169. Dieselbe Natur kann unmöglich aufrichtig und lügenhaft sein.
170. Bei einer feigen und unfreien Natur kann keine Aufrichtigkeit sein.
171. Ist etwas zu sagen notwendig, so ziehe als verläßlicher Mensch nicht das Anhören vor.
171 a. Im Kreise der Zuverlässigen höre lieber zu statt zu reden.
172. Der genußsüchtige Mensch ist in allem unbrauchbar.
173. Ohne geprüft zu sein, rede nicht über Gott.
174. Die Sünden der Unwissenden sind ein Schandmal für ihre Lehrer.
175. Tot sind bei Gott, durch die der Name Gottes geschmäht wird.
176. Der Weise ist nächst Gott ein Wohltäter (der Menschheit).
177. Deine Worte soll bei den Hörern dein Leben bestätigen.
178. Was man nicht tun darf, das bring dich auch nicht in Verdacht zu tun.
179. Was zu tun unsittlich ist, das ist auch einem anderen aufzutragen unsittlich.
181. Selbst bis zu den Gedanken sei rein von Verfehlungen.

182. Wenn du über Menschen herrschst, bedenke, daß du von Gott beherrscht wirst.
183. Wer einen Menschen richtet, wird von Gott gerichtet.
184. Für den Richter ist das Risiko größer als für den, der gerichtet wird.
185. Schade einem Menschen mit allem eher als mit der Rede.
186. Einen Menschen kann man durch die Rede täuschen, Gott jedoch nicht.
187. (Die Wahrheit) kennen und im Wort unterliegen, ist kein Unglück.
188. Ehrsucht im Glauben ist ein Hauptgrund zur Unehre.
189. Lege Wert darauf, gläubig zu sein (nicht äußerlich freilich, sondern) durch (wahrhaftes) Sein.
190. Verehre den Weisen als lebendes Ebenbild Gottes.
191. Der Weise soll dir, selbst wenn er nackt ist, als weise erscheinen.
192. Ehre niemanden wegen seines großen Vermögens.
193. Es ist schwer, daß ein Reicher erlöst wird.
194. Einen Weisen und Gott tadeln, ist die gleiche Sünde.
195. Wenn du über Gott sprichst, so denke, daß dir die Seelen deiner Zuhörer als Treugut übergeben sind.
196. Ohne den echten Glauben ist's dir nicht möglich, schön zu leben.
197. Nur das Schöne halte für gut und für schön allein das, was Gott angemessen ist.
198. Tue Großes, ohne Großes zu versprechen.

199. Weise wirst du nicht werden, wenn du meinst, es zu sein, bevor du es bist.
200. Große Not erweist einen zuverlässigen Mann.
201. Als Ziel des Lebens betrachte das gottgemäße Leben.
202. Halte nichts für schlecht, was nicht (zugleich) häßlich ist.
203. Die Folge des Bösen ist der Frevel, die des Frevels ist das Verderben.
204. Leidenschaft wird zur Seele des Gläubigen nicht hinaufdringen.
205. Jede Leidenschaft der Seele ist der Vernunft feindlich.
206. Was du im Affekt tust, wirst du bereuen.
207. Leidenschaften sind der Anfang von Krankheiten.
208 a. Die Schlechtigkeit ist eine Krankheit der Seele.
208 b. Die Ungerechtigkeit ist der Seele Tod.
209. Halte dich erst dann für gläubig, wenn du dich von den Leidenschaften der Seele freigemacht hast.
210. Behandle alle wie ein gemeinsamer Wohltäter der Menschen.
211. Behandelst du die Menschen schlecht, wirst du dich selbst schlecht behandeln.
212. Der Gläubige wird niemandem Böses tun.
213. Bitte darum, den Feinden wohltun zu können.
214. Den Schlechten scheint der Weise unnütz zu sein.
215. Ohne Gott kannst du nicht schön leben.

216. Um des gottgemäßen Lebens willen ertrage alles.
217. Das Gebet dessen, der bittende Menschen nicht erhört, erhört Gott nicht.
218. Der Philosoph ist dem Philosophen ein Geschenk von Gott.
219. Wenn du den Philosophen ehrst, wirst du dich selber ehren.
220. Sei gläubig mit Bewußtsein.
221. Wenn jemand dich Sohn nennt, bedenke, wessen Sohn er dich nennt.
222. Wenn du Gott Vater nennst, so gedenke dessen bei deinen Handlungen.
223. Deine gläubigen Reden seien erfüllt mit reicher Frömmigkeit.
224. Bei deinen Handlungen halte dir Gott vor Augen.
225. Es ist frevelhaft, Gott als Vater anzuerkennen und dabei etwas Schimpfliches zu begehen.
226. Wer den Weisen nicht liebt, liebt auch sich selbst nicht.
227. Kein Besitz soll dem Philosophen als eigen gelten.
228. Es entspricht nicht der Frömmigkeit, wenn die, so Gott, und zwar als Vater, gemeinsam haben, nicht auch ihren Besitz gemeinsam haben.
229. Wer den Philosophen nicht hochschätzt, ist Gott mißfällig.
230 a. Er erlaubt (nämlich), die Ehe auszuschlagen, damit du als Beisasse Gottes leben kannst.
230 b. Heirate und zeuge Kinder, aber in dem Be-

wußtsein, daß beides widrig ist. Solltest du dich indessen, gleichsam im Bewußtsein der Widrigkeit des Krieges, als mannhaft erweisen wollen, so heirate und zeuge Kinder.

231. Jeder zügellose (Gatte) ist der ehebrecherische Schänder seines Weibes.
232. Tue nichts der nackten Lust wegen.
233. Wisse, daß du ein Ehebrecher bist, selbst wenn du nur in Gedanken die Ehe brichst. Dasselbe gelte dir auch von jeder Sünde.
234. Dadurch, daß du dich gläubig nanntest, hast du zugesichert, gegen Gott nicht zu sündigen.
235. Dem gläubigen Weib soll als Schmuck die Sittsamkeit gelten.
236. Ein Mann, der seine Frau entläßt, gesteht damit ein, daß er nicht in der Lage ist, seine Frau zu regieren.
237. Ein sittsames Weib ist des Mannes Ruhm.
238. Wenn du deine Frau in Ehren hältst, wird auch sie dich in Ehren halten.
239. Die Ehe der Gläubigen sei ein Kampf um die Enthaltsamkeit.
240. So wie du über deinen Bauch Herr bist, wirst du auch über die geschlechtlichen Regungen Herr sein.
241. Nimm dich in acht vor dem Lob, das von den Ungläubigen kommt.
242. Was du unentgeltlich von Gott erhältst, das gib auch (du) unentgeltlich.
243. Gläubige wirst du in großer Anzahl nicht finden, denn das Gute ist spärlich.
244. Den Weisen ehre nächst Gott.

245. Wenn du beschuldigt wirst, weise zu sein, so wisse den Beschuldigern Dank.
246. Wer den Weisen nicht ertragen kann, kann auch das Gute nicht ertragen.
247. Willst du gläubig sein, so sündige vor allem nicht; geschieht es gleichwohl einmal, so wiederhole es (wenigstens) nicht.
248. Eine Lehre, die Gottes nicht würdig ist, lerne nicht.
249. Die Sucht, viel zu wissen, hat als leere Neugierde der Seele zu gelten.
250. Wer das weiß, was Gottes würdig ist, ist ein weiser Mann.
251. Ohne Wissen kannst du Gott nicht lieben. Strebe (also) danach als nach etwas Notwendigem.
252. Der Weise kargt mit der Zeit.
253. Sei freimütig bei bescheidener Zurückhaltung.
254. Schlecht lebende Kinder sollen dir mehr Kummer machen als die Tatsache gar nicht lebender.
255. Denn das Leben (als solches) steht nicht bei uns, wohl aber steht bei uns, daß sie gut leben.
256. Ungläubige Kinder sind gar keine Kinder.
257. Der Gläubige trägt den Verlust seiner Kinder in Dankbarkeit.
258. Halte den nicht für einen Philosophen, dem du nicht in allem vertraust.
259. Verleumdungen gegen einen Philosophen nimm nicht an.
260. Bestrebe dich, ein den Menschen gemeinsamer Wohltäter zu sein.

261. Verabscheue es, jemanden selbst nach Recht und Gerechtigkeit zu bestrafen.
262. Wenn du mit Frohsinn leben willst, so meide die Vielgeschäftigkeit; denn treibst du vieles, wirst du auch Schlimmes treiben.
263. Was du nicht niedergelegt hast, nimm auch nicht auf; denn sonst lebst du nicht nach dem Ideal des Selbstgenügsamen.
264 a. Laß fahren, was du besitzest, und folge der richtigen Lehre.
264 b. Indem du Gott dienst, wirst du von allem frei sein.
265. Höre zu essen auf noch vor der Sättigung.
266. Von deiner Nahrung teile jedem mit.
267. Dafür, daß der Bettler zu essen bekommt, ist es schön, sogar (selbst) zu fasten.
268. Jeder Trank sei dir willkommen.
269. Vor Trunkenheit hüte dich aber ebenso wie vor Raserei.
270. Der Mensch, der von seinem Bauch unterjocht wird, ist dem Tier gleich.
271. Aus dem Fleisch entsteht nichts Gutes.
272. Bei schändlicher Lust schwindet das Lustvolle schnell, die Schande aber bleibt.
273. Man kann Menschen sehen, die um der Gesundheit des übrigen Körpers willen sich Glieder abhauen und wegwerfen. Um wieviel besser (geschähe das) um der Keuschheit willen.
274. Die Herrschaft über den Körper sieh an als hohe(s) Erziehung(sgut).
274 a. [Denn] der Besitz von Schätzen wird dem Verlangen nach Besitz kein Ziel setzen.
275. Weise ist nichts, was die Freiheit mindert.

276. Die notwendigen Gelüste betrachte als notwendig.
277. Das Gute zu haben, wünschen alle, nur die aber erwerben es, welche unverfälschten Anteil haben am göttlichen Wort.
278. Bist du ein Freund der Weisheit, so sei lieber ernst als ein Freund des Scherzes.
279. Etwas Seltenes seien dir Scherz und Muße.
280 a. Maßloses Gelächter ist ein Zeichen von Disziplinlosigkeit.
280 b. Gestatte dir keine Erheiterung über das Lächeln hinaus.
281. Sei mehr ernsthaft als heiter.
282. Das Leben sei dir ein Kampf um ehrbarernstes Leben.
283. Das beste ist, gar nicht zu sündigen; sündigt aber einer, ist es besser (für ihn), es zu erkennen, als in Unkenntnis zu sein.
284. Der Prahlhans ist kein Philosoph.
285. Halte für groß die Weisheit, mit deren Hilfe du die Unbildung der Unwissenden zu ertragen vermagst.
286. Sieh es als schimpflich an, wenn du es darauf anlegst, um deines Körpers willen gelobt zu werden.
287. Die Seelen der Weisen sind unersättlich in Gottesverehrung.
288. Mit Gott fang an, alles zu tun, was du tust.
289. Denke häufiger an Gott, als du atmest.
290. Was man gelernt haben muß, um es zu tun, das versuche nicht ungelernt.
291. Das Fleisch liebe nicht.
292. Die gute Seele liebe nächst Gott.

293. Freundlich Zornesausbrüche ertragen zu können, entspricht dem Ideal des Weisen.
294. Des Philosophen Reichtum ist die Enthaltsamkeit.
295. Was du anderen mitgibst und besitzt es selbst nicht, das halte nicht für gut.
296. Nichts ist gut, was nicht zum Gemeinbesitz gemacht werden kann.
297. Halte eine Sünde nicht für kleiner als eine andere.
297a. Sieh jede Sünde als gottlosen Frevel an.
298. Wie du bei deinen guten Taten gelobt und geehrt werden willst, so mußt du es auch ertragen können, bei deinen Fehlern getadelt zu werden.
299. Deren Lobspruch du verachtest, über deren Tadel sieh auch hinweg.
300. Einen Schatz vergraben, ist nicht menschenfreundlich, ihn heben, entspricht nicht dem Weisheitsfreund.
301. Würdest du dich soviel um die Seele bemühen, wie du es um den Leib tust, so wärest du weise.
302. Weise ist nichts, das Schaden anrichtet.
303. Für alles, was du tust, rufe Gott zum Zeugen an.
304. Gott bestärkt die Menschen zu guten Taten.
305. Zu bösen Taten ist ein böser Dämon Führer.
306. Den Weisen kannst du ebensowenig wie Gott zwingen, etwas zu tun, was er nicht will.
307. Der Weise bringt Gott den Menschen nahe.

308. Gott ist bei (allen) Werken seiner (Schöpfung) am meisten stolz auf den Weisen.
309. Nichts ist nächst Gott so frei wie der Weise.
310. Aller Besitz Gottes ist gleichfalls (Besitz) des Weisen.
311. Der Weise nimmt teil an Gottes Herrschaft.
312. Der Schlechte will nicht, daß es eine Vorsehung Gottes gibt.
313. Die schlechte Seele flieht Gott.
314. Alles Üble ist Gott feindlich.
315. Das Vernünftige in dir, das sieh für den (eigentlichen) Menschen an.
316. Wo deine Vernunft, da ist dein Gut.
317. Im Fleisch suche nichts Gutes.
318. Was der Seele nicht schadet, schadet auch dem Menschen nicht.
319. Den Philosophen ehre als Diener Gottes nächst Gott.
320. Die Hütte der Seele als Last zu empfinden, ist Überhebung; sie aber, wenn es sein muß, ohne Harm ablegen zu können, ist Seligkeit.
321. Verursache nicht deinen eigenen Tod; dem aber, der dich vom Leib befreit, sei nicht gram.
322. Wer den Weisen seines Körpers beraubt, erweist ihm durch sein Verbrechen eine Wohltat; denn jener wird wie aus Banden erlöst.
323. Den Menschen quält die Furcht vor dem Tode infolge seiner Unkenntnis von der Seele.
324. Das männermordende Erz wäre am besten

überhaupt nicht geworden. Nun es aber geworden ist, glaube nicht, daß es für dich da ist.
325. Keine Verstellung bleibt lange verborgen, vor allem im Glauben.
326a. Wie dein Charakter, so soll auch dein Leben sein.
326b. Ein gottesfürchtiger Charakter verschafft ein glückliches Leben.
327. Wer gegen einen anderen Böses sinnt, der erleidet zuvor selbst Böses.
328. Ein undankbarer Mensch darf dich vom Wohltun nicht abbringen.
329. Nichts von dem, was du auf Bitten hin (sogleich) gibst, halte für wertvoller als den Empfänger.
330. Dein Vermögen wirst du am schönsten verwenden, wenn du den Bedürftigen bereitwillig mitteilst.
331. Einem Bruder, der unverständig handelt, rede zu, nicht so zu tun; ist er aber unverbesserlich, so behüte ihn.
332. Ringe darum, alle Menschen durch Verständigkeit zu übertreffen.
333. Verstand wirst du nicht eher haben, als bis du einsiehst, daß du ihn nicht hast.
334. Übe Selbstgenügsamkeit.
335. Die Glieder des Körpers sind denen, die von ihnen keinen Gebrauch machen, zur Last.
336. Anderen dienen, ist besser, als von anderen bedient zu werden.
337. Wen Gott vom Körper nicht befreit, der soll nicht unzufrieden sein.

338. Einen unsozialen Grundsatz halte für schändlich, nicht nur zu haben, sondern auch anzuhören.
339. Wer etwas unter Schmähen schenkt, frevelt [und sündigt gegen Gott].
340. Nimmst du dich der Waisen an, wirst du ein Gott wohlgefälliger Vater vieler Kinder sein.
341. Wem du um des Ruhmes willen dienstfertig gewesen bist, dem hast du um (klingenden) Lohn gedient.
342. Hast du (jemandem) etwas zu dem Zweck gegeben, daß es bekannt werde, so hast du es nicht dem Menschen gegeben, sondern deinem eigenen Vergnügen.
343. Reize nicht den Zorn der Menge auf.
344. Lerne [also], was der tun muß, der glücklich werden will.
345. Hungers sterben ist besser, als durch Unmäßigkeit des Bauches die Seele zu blenden.
346. Den Leib sieh an als Hülle der Seele; halte ihn also rein.
347. Was immer die Seele während ihres Wohnens im Körper getrieben hat, das begleitet sie als Zeugnis zum Gericht.
348. In der unreinen Seele üben unreine Dämonen Vergeltung.
349. Eine gläubige und gute Seele hindern böse Dämonen nicht auf Gottes Weg.
350. An der Lehre von Gott gib nicht jedem Anteil.
351. Für die Ruhmverblendeten ist es nicht gefahrlos, von Gott zu hören.

352. Über Gott ist selbst die Wahrheit sagen keine geringe Gefahr.
353. Über Gott sprich nichts, was du nicht von Gott erfahren hast.
354. Einem Gottlosen [aber] sprich nichts über Gott.
355. Die wahre Rede über Gott ehre wie Gott (selbst).
356. Wenn du nicht rein bist von unheiligen Werken, laß keine Rede über Gott laut werden.
357. Die wahre Rede über Gott ist Gottes Rede.
358. Erst überzeuge dich von der Frömmigkeit derer, zu denen du sprichst, und dann rede von Gott.
359. Deine Werke der Gottesliebe sollen jeder Rede über Gott vorangehen.
360. Bemühe dich nicht, bei der Menge über Gott zu reden.
361. Mit Reden über Gott sei sparsamer als mit jenen über die Seele.
362. Es ist geratener, achtlos eine Seele preiszugeben als eine Rede über Gott.
363 a. Über eines gottliebenden Mannes Leib kannst du Macht haben, über seine Seele wirst du keine Gewalt bekommen.
363 b. Über eines Weisen Leib hat auch ein Löwe Macht, über den Leib allein auch ein Tyrann.
364. Kommt von einem Tyrannen eine Drohung, dann denke ganz besonders daran, wem du gehörst.

365. Wer (zu Leuten) über Gott redet, zu denen es nicht verstattet ist, soll als Gottesverräter gelten.
366. Eine Rede über Gott unterdrücken, ist besser, als sich unbedacht über ihn unterhalten.
367. Wer Lügenhaftes über Gott sagt, erdichtet Lügen gegen Gott.
368. Der Mensch, der nichts Wahres über Gott zu sagen hat, ist von Gott verlassen.
369. Gott kann man nicht ohne Ehrfurcht erkennen.
370. Es ist undenkbar, daß jemand einem Menschen Unrecht tut und (gleichzeitig) Gott verehrt.
371. Fundament der Gottesverehrung ist die Menschenliebe.
372. Wer für die Menschen sorgt und für alle betet, der soll in Wahrheit als Gottes gelten.
373. Es steht Gott an zu erlösen, die er sich erwählt.
374. Sache des Frommen ist es, zu Gott um Erlösung zu beten.
375. Wenn dir auf deine Bitte von Gott Erfüllung wird, dann glaube, daß du Macht hast bei Gott.
376. Der Mensch, der Gottes würdig ist, ist Gott unter den Menschen.
376a. Gott und Sohn Gottes stehen zueinander wie das höchste Gut und wie das, was dem höchsten Gut am nächsten kommt.
377. Es ist besser, nichts zu besitzen als viel und davon nichts mitzuteilen.

378. Wenn du Bittenden nicht gibst, obwohl du dazu in der Lage bist, wirst du deinerseits als Bittender von Gott nicht empfangen.
379. Wenn jemand einem Bittenden von ganzer Seele Nahrung mitgibt, so (mag das an sich) eine kleine Gabe (sein), seine Bereitwilligkeit (gilt) aber als groß bei Gott.
380. Wer an Gott glaubt und zugleich der Meinung ist, daß nichts zu ihm Beziehung hat, ist ebensoviel wie ein Atheist.
381. Am besten verehrt Gott, wer sein Inneres Gott nach Kräften ähnlich macht.
382. Gott bedarf nach keiner Richtung hin etwas, er freut sich aber über die, welche den Bedürftigen geben.
383. Der Gläubigen Reden sollen wenig, Taten hingegen zahlreich sein.
384. Der lerneifrige Gläubige ist ein Arbeiter der Wahrheit.
385. Stelle dich ein auf die Unglücksfälle, damit du wohlgemut bist.
386. Tust du niemandem unrecht, so brauchst du auch niemanden zu fürchten.
387. Ein Tyrann kann das Glück nicht rauben.
388. Was du tun mußt, tue gern.
389. Was man nicht tun darf, tue auch unter keinen Umständen.
389a. Versprich alles lieber als das Weisesein.
390. Die Ursache einer guten Tat schreibe Gott zu.
391. Niemand ist weise, der etwa die Augen niederschlägt auf Erde und Tische.
392. Der Philosoph soll frei sein, nicht freilich seinem Titel nach, sondern in seiner Seele.

393. Hüte dich vor dem Lügen; denn täuschen bedeutet, zugleich auch getäuscht werden.
394. Erkenne, wer Gott ist; lerne kennen das, was in dir denkt.
395. Ein guter Mensch ist ein schönes Werk Gottes.
396. Unselig sind die, durch die das Wort (Gottes) geschmäht wird.
397. Die Seele richtet nicht der Tod zugrunde, sondern ein schlechtes Leben.
398. Wenn du weißt, wozu du geworden bist, dann wirst du dich erkennen.
399. Ein gottgemäßes Leben ist nicht möglich, ohne verständig, schön und gerecht zu handeln.
400. Das Leben der Ungläubigen ist eine Schande.
401. Teile niemals, ohne dir dessen bewußt zu werden, einer niedrigen Natur vom Worte Gottes mit.
402. Der Glaube führt die Seele von der Erde hinauf zu Gott.
403. Die Größe der Seele des Weisen wirst du ebensowenig ergründen wie die Gottes.
404. Was Gott gibt, nimmt niemand weg.
405. Was die Welt bietet, das bewahrt sie nicht sicher.
406. Die Erkenntnis Gottes ist göttliche Weisheit.
407. Einer unreinen Seele wage nicht, von Gott zu sprechen.
408. Erprobe einen Mann eher an seinen Werken als an seinen Worten.
409. Leihe deine Ohren nicht einem jeden.

410. Von Gott eine Meinung zu haben, ist leicht, von ihm aber die Wahrheit auszusagen, ist allein dem Gerechten vergönnt.
411. Quäle deinen Leib nicht mit der Seele, und deine Seele nicht mit des Leibes Gelüsten.
412. Gewöhne dich, deinem Leib, was des Leibes ist, in Mäßigung, und deiner Seele, (was der Seele ist,) in Frömmigkeit zu gewähren.
413. Deine Seele nähre mit göttlichem Wort, deinen Leib mit schlichten Speisen.
414. Gewöhne deine Seele, sich zu freuen, worüber Freude zu haben, schön ist.
415. Die Seele, die sich über Nichtigkeiten freut, ist bei Gott mißachtet.
416. Des Weisen Seele wird von Gott zu Gott in Harmonie gebracht.
417. Des Weisen Seele schaut immer Gott.
418. Des Weisen Seele hat stets Umgang mit Gott.
419. Das Herz des Frommen steht fest in Gottes Hand.
420. Der Aufstieg der Seele zu Gott geschieht durch Gottes Wort.
421. Der Weise folgt Gott, und Gott folgt der Seele des Weisen.
422. Was herrscht, freut sich am Beherrschten, und also freut sich Gott am Weisen.
423. Was herrscht, ist mit dem Beherrschten untrennbar (verbunden), und also kümmert sich Gott vorsorglich um den Weisen.
424. Der Weise wird von Gott geleitet; deswegen ist er auch glücklich.

425. Die Seele des Weisen wird vermittels des Leibes von Gott geprüft.
426. Nicht die Zunge des Weisen steht bei Gott in Ansehen, sondern seine Gesinnung.
427. Der Weise ehrt Gott auch im Schweigen [da er weiß, um wessen willen er schweigt].
428. Niemand ist gläubig, der nicht Leib und Unterleib in der Gewalt hat.
429. Der unbeherrschte Mensch befleckt seinen Gott.
430. Die Erkenntnis Gottes macht den Menschen wortkarg.
431. Die Unkenntnis macht viele Worte über Gott.
432. Der Mensch, der Gott kennt, prahlt nicht viel mit großen Worten.
433. Der erlesene Mensch vollführt alles gottgemäß; daß er aber erlesen ist, betont er nicht.
434. Der Gläubige verharrt in Ehrfurcht, bis er zu Gott geht.
435. Ein Mensch, der sich zweimal sättigt und nachts nie allein schläft, meidet den Beischlaf nicht.
436a. Das Verhängnis macht nicht gläubig.
436b. Das Verhängnis hat nicht Gewalt über Gottes Gnade; andernfalls (hätte es) auch (Gewalt) über Gott.
437. Der Gläubige nimmt nur schwer die Gelüste des Körpers hin.
438. Der Gläubige nährt sich mit Enthaltsamkeit.

439. Erkenne Gottes Worte und Schöpfungen und ehre Gott nach Gebühr.
440. Halte nichts für Gott eigentümlich, was schlecht ist.
441. Die gläubige Seele ist keusch und weise und eine Verkünderin der Wahrheit Gottes.
442. Du kannst den Herrn, deinen Gott, nicht lieben, wenn du nicht in dir hast, was Gott verlangt.
443. Das, was einander ähnlich ist, sieh als befreundet an.
444. Wenn du Gott nicht liebst, wirst du nicht bei Gott weilen.
445. Gewöhne dich, immer auf Gott hinzublicken.
446. Wenn du Gott siehst, wirst du dich selbst erblicken.
447. Wenn du Gott siehst, wirst du das Vernünftige in dir Gott gleich gestalten.
448. Verehre das (Göttliche) in dir, und mißhandle es nicht durch des Körpers Begierden.
449. Halte deinen Leib als ein Kleid der Seele, das du von Gott erhalten hast, fleckenlos, so wie du auch deinen Rock, das Kleid des Fleisches, fleckenlos hältst.
450. Die Seele des Weisen ist der Spiegel Gottes.
451. Einer zügellosen Seele wage nicht von Gott zu sprechen.

**Anhang
Zu den Texten**

Grundlage für fast alle im vorliegenden Band enthaltenen Texte sind die englischen Übersetzungen, gesammelt in The Nag Hammadi Library. E. J. Brill, Leiden 1977.

Für „Über die Achtheit und Neunheit" wurde auch die deutsche Übersetzung des koptischen Originals herangezogen. Sie befindet sich in „Theologische Literaturzeitung", 98. Jahrgang 1973, Nr. 7, federführend Karl-Wolfgang Tröger.

Die „Sprüche des Sextus" wurden in Nag Hammadi nur in einer unvollständigen (von vornherein oder durch Verluste bedingt?) Fassung gefunden. Man kennt sie aus anderen Quellen, insbesondere durch zwei griechische Originalmanuskripte. Sie werden hier vollständig und in der direkt aus dem Griechischen vorgenommenen deutschen Übersetzung abgedruckt: J. Kroll in: Neutestamentliche Apokryphen, herausgegeben von E. Hennekke, 2. Auflage, Tübingen 1924 (in der 3. Auflage nicht mehr enthalten).

Alle anderen Texte dieses Bandes liegen bisher nur in englischer Übersetzung vor. Es schien dem Herausgeber besser, sich wenigstens auf die englische Übersetzung zu stützen und die Schriften dem deutschen Publikum jetzt zugänglich zu machen, als darauf zu warten, bis unmittelbar aus dem Koptischen übertragene deutsche Texte vorliegen. Die Schriften sind zu wichtig, als daß man sie den Interessierten, vor allem den nicht Englisch sprechenden, noch länger vorenthalten dürfte.

In den vier in der Edition Argo erschienenen Nag-Hammadi-Bänden sind nunmehr alle dort gefundenen Texte enthalten, mit Ausnahme dermaßen beschädigter Schriften, daß ihr Sinn nicht mehr rekonstruiert werden kann. Es sind dies:
  „Eine valentinianische Abhandlung",
  „Melchisedek",
  „Hypsiphrone".
Ein zweiseitiges Fragment aus Platos „Politeia" wurde nicht mit aufgenommen, da es anderweitig leicht greifbar ist.

Konrad Dietzfelbinger

Edition Argo
Weisheit im
Abendland

Edition Argo
Bücher für die guten Stunden

Konrad Dietzfelbinger
Die Textfunde von Nag Hammadi

„Dreiunddreißig Generationen lang
vom Sand Ägyptens behütet,
tauchen die Gedanken
der Jünger Jesu wieder auf,
unverbraucht.
Sie zeugen uns von der Kraft des
ursprünglichen frühen Christentums."

APOKRYPHE EVANGELIEN
ISBN 3-926253-13-4 (272 S.) DM 34,80
SCHÖPFUNGSBERICHTE
ISBN 3-926253-17-7 (372 S.) DM 39,80
ERLÖSER UND ERLÖSUNG
ISBN 3-926253-19-3 (416 S.) DM 39,80
ERLEUCHTUNG
ISBN 3-926253-23-1 (332 S.) DM 38,00

Alle vier Bände in feinem Canvasleinen
Vergünstigter Gesamtpreis: ISBN 3-926253-25-8 DM 148,-
Die Bücher sind auch broschiert erhältlich
Fordern Sie bitte unseren Gesamtprospekt an

Dingfelder Verlag, PF 6, 82344 Andechs, Tel.08152/6671